Silvia Raga

Kreatives aus Papier

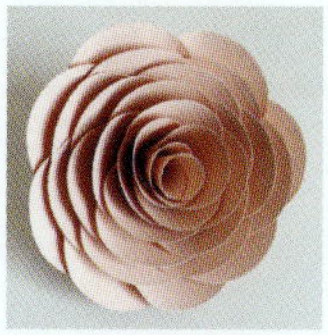

Home-Deko,
Blumen und
Organizer

Danksagung

Vielen Dank an alle, die in mein Leben gekommen sind.
Vielen Dank an meine „alte" Familie, ebenso an meine Kinder, Giada und Sebastian, denn ohne sie wäre nichts von dem hier entstanden. Sie sind der Motor, der mich antreibt, jeden Tag besser zu werden.

Vielen Dank an alle, die mich begleiten und mir seit meiner Kindheit nahe sind. Und an die, die ich erst seit Kurzem kenne: Meine Freundinnen, ihr seid meine Vertrauten, meine Stütze, mein Lachen, mein Vergnügen, mein Ansporn und mein Wachstum. Vielen Dank, dass ihr immer da seid und euch der flüchtigen Zeit und den Veränderungen entgegenstemmt.

Vielen Dank an alle Menschen (und das sind viele, sehr viele), die von Beginn an durch die Verbreitung in der Community sowie durch die Gestaltung dazu beigetragen haben, dass Giochi di Carta gewachsen ist und verbreitet wurde.

Vielen Dank an alle, die mich ermuntern, weiter zu zeichnen und kreativ zu sein, wenn ich dunkle Zeiten durchlebe.
Vielen Dank an den Verlag Il Castello, der es mir ermöglicht hat, einen Traum zu verwirklichen.

Vielen Dank an alle, die dieses Buch in den Händen halten: Ich habe meine Ideen, meine Hände, meine Gefühle hineingelegt, aber ohne Sie würde sich der Kreis nicht schließen und die Geschichte nicht weitergehen.

Inhalt

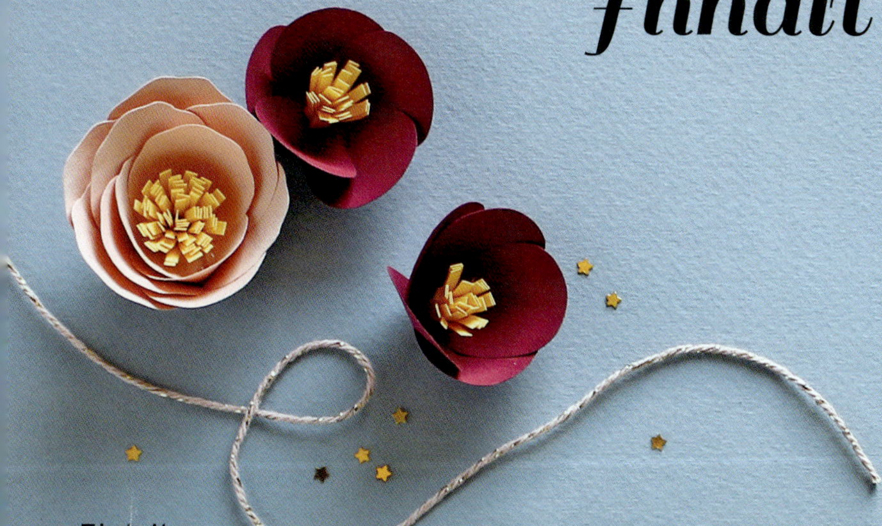

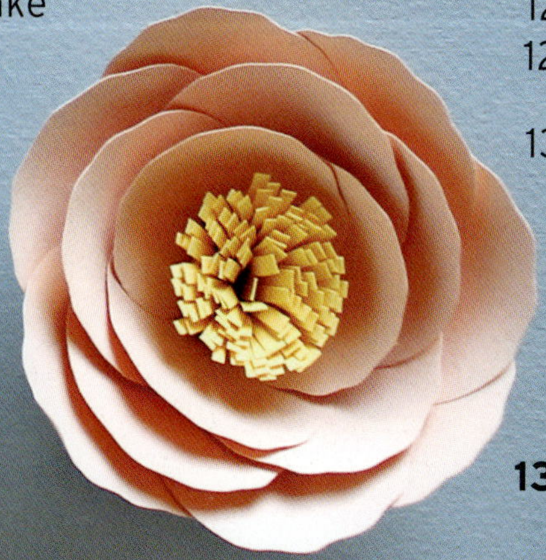

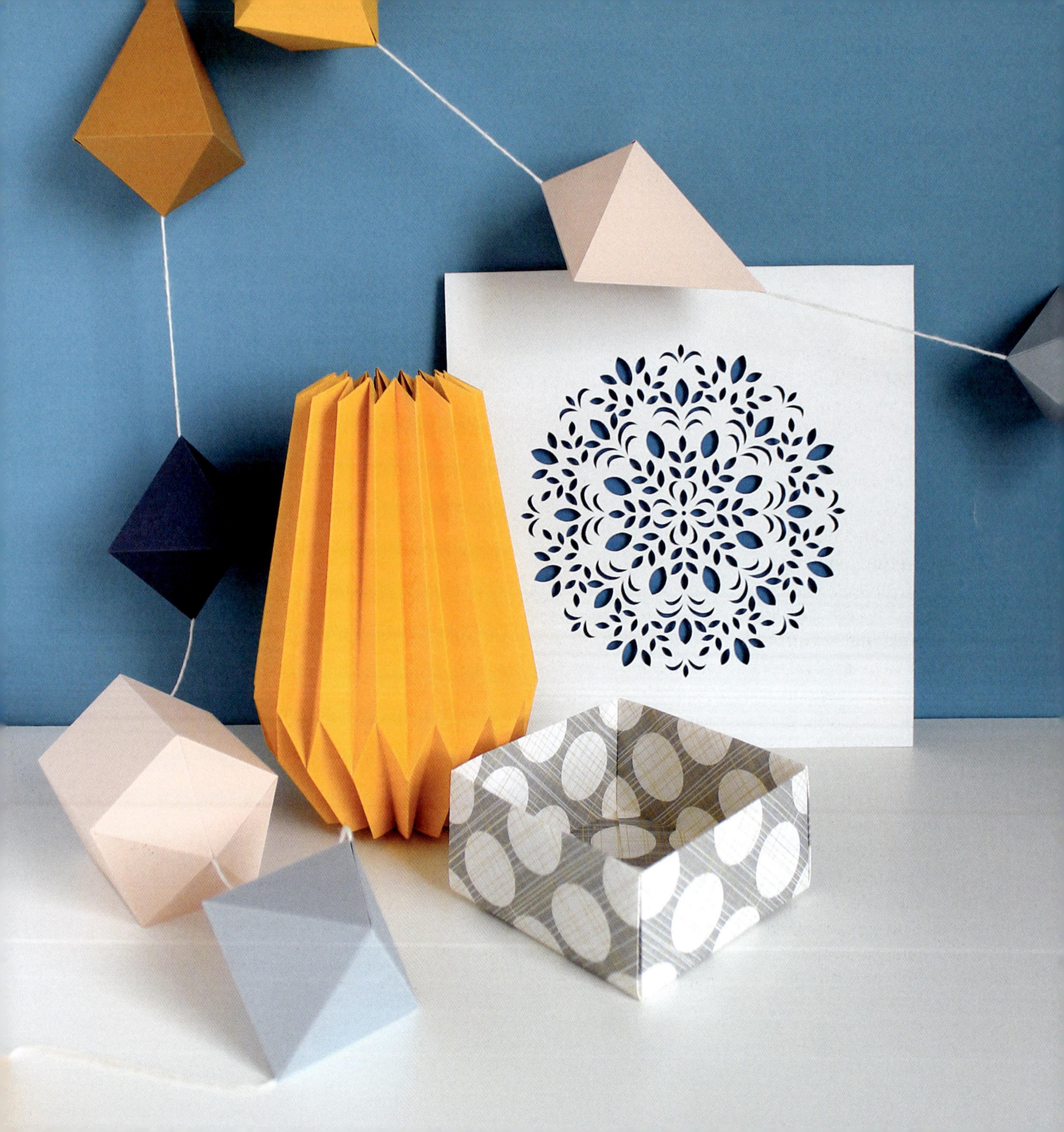

Einleitung

„Kreatives aus Papier" ist aus einem inneren Bedürfnis heraus entstanden, aus dem Wunsch nach Kontakt mit meiner Kreativität, mit der in mir schlummernden kindlichen Künstlerin, die ich zu einem früheren Zeitpunkt in meinem Leben fast vergessen hätte.
„Kreatives aus Papier" ist eine Idee, zunächst als persönlicher Blog konzipiert und entwickelt, und jetzt zu meiner großen Zufriedenheit und meinem Glück nicht nur ein integraler Bestandteil meiner derzeitigen Arbeit, sondern auch ein Buch mit vielen Projekten, die ich für die Home-Deko und für Feste und Feiern entwickelt habe. In diesem Buch findet man Techniken wie Origami und Paper Cutting, aber man kann hier ganz generell mit seinen Händen arbeiten. Ich wollte etwas für Erwachsene entwickeln, das wahrscheinlich für viele zu ihrer Kindheit gehört, nämlich Kreatives zum Schneiden, Falten, Kleben …
Und das ist wirklich die Idee, auf der dieses Buch fußt: spielerisch Lösungen für Projekte zu finden, die „zu etwas nützlich sind" und die man mit einem einfachen Papierbogen realisieren kann, wenn man sich wieder etwas sehr Wichtiges dafür nimmt, nämlich Zeit.
Man muss kein großer Künstler sein, jeder besitzt etwas Kreativität. Und ich bin überzeugt, dass die Kreativität ein sehr wirkungsvolles Heilmittel gegen Stress und Sorgen ist. Etwas zu kreieren macht glücklich und zufrieden: Alleine kann man dabei meditieren und nachdenken, mit anderen zusammen erlebt man ein schönes Gemeinschaftsgefühl.
Ich lade hier zum Ausprobieren ein. In diesem Buch gibt es Projekte für jeden, manche sind einfacher, andere etwas komplexer. Und ich hoffe, dass alle dabei dasselbe wie bei einem Spiel empfinden: Vergnügen!
Alles Liebe,

Silvia

Alles, was auf den folgenden Seiten zu sehen ist, wurde von mir erfunden und gezeichnet. Ich bitte daher, meine Arbeit zu respektieren und diese Projekte nur für den privaten Gebrauch anzufertigen. Gerne können sie im Netz unter dem Hashtag #giochidicartabook und #giochidicartabysilviaraga geteilt und verbreitet werden. Das ist für mich sehr wichtig. Danke.

Material und Techniken

GRUNDAUSSTATTUNG

Für Papierarbeiten benötigt man nur wenige und einfache Materialen.

1 Schmuckpapier Für Projekte in der Origami- oder Kartonage-technik; auf gute Qualität achten, nicht zu leicht (80–90 g/m^2), matt und angenehm in der Haptik.

2 Papier Für alle Objekte, bei denen Festigkeit und Solidität gefragt sind, oder für Paper-Cutting-Projekte. Am besten etwas raues Papier, denn bei glattem werden die Falten weniger „sauber" und es ist anfälliger für Flecken. Die ideale Grammatur liegt bei 160 g/m^2.

3 Schere Den Gebrauch muss man nicht erklären, man sollte sich nur vergewissern, dass sie richtig scharf ist und sich weit öffnen lässt, damit man jeden Schnittpunkt erreicht.

4 Skalpell Dieses Werkzeug wird für Paper Cutting verwendet; man hält es wie einen Stift oder Bleistift. Im Vergleich zu einem Cuttermesser ermöglicht seine scharfe, dünne Spitze ein präziseres Schneiden. Im Handel gibt es verschiedene Modelle.

5 Schneidematte Zum Schutz der Arbeitsfläche, unerlässlich vor allem beim Paper Cutting, denn dies ist eine Art „Teppich", auf dem man das Papier schneiden und dabei die Klinge des Skalpells laufen lassen kann, ohne dass die Unterlage beschädigt wird.

6 Cuttermesser vor allem zum Schneiden von geraden Linien.

7 Lineal Zum Ausmessen und, oft zusammen mit dem Cuttermesser, für gerade Schnitte.

8 Falzbein Vor allem für Kartonage- und Bindearbeiten verwendet: Damit fährt man Falze nach und verstärkt sie, statt Daumen und Fingernagel dafür zu nutzen.

9 Vinylkleber Der von mir bevorzugte Klebstoff, weil er schnell trocknet und es doch zulässt, dass man die Einzelteile noch einmal schnell zurechtschieben kann; zudem kann man damit Kleinteile sauber und präzise aufkleben, denn er ist flüssig und kann in kleinsten Mengen mit einem Pinsel aufgetragen werden.

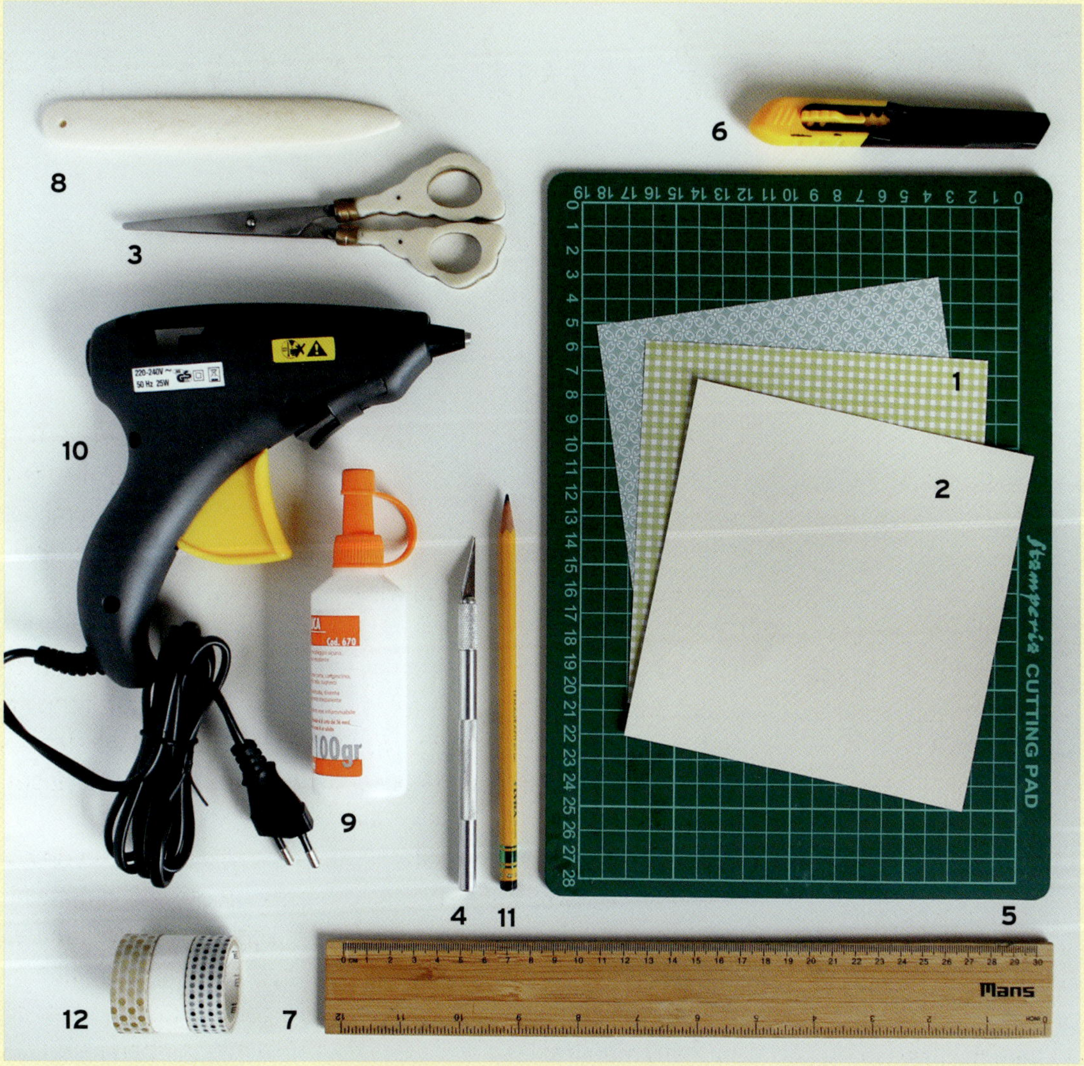

10 Heißkleber Unerlässlich für Projekte aus dickem, festem Material, weil er schnell und gut klebt.

11 Bleistift Zum Zeichnen und Eintragen von Maßen.

12 Washi Tape Rückstandslos ablösbares und wiederverwendbares Klebeband aus Reispapier, zum Fixieren von Vorlagen auf Papier, ohne dieses zu beschädigen, auch auf Wänden problemlos verwendbar.

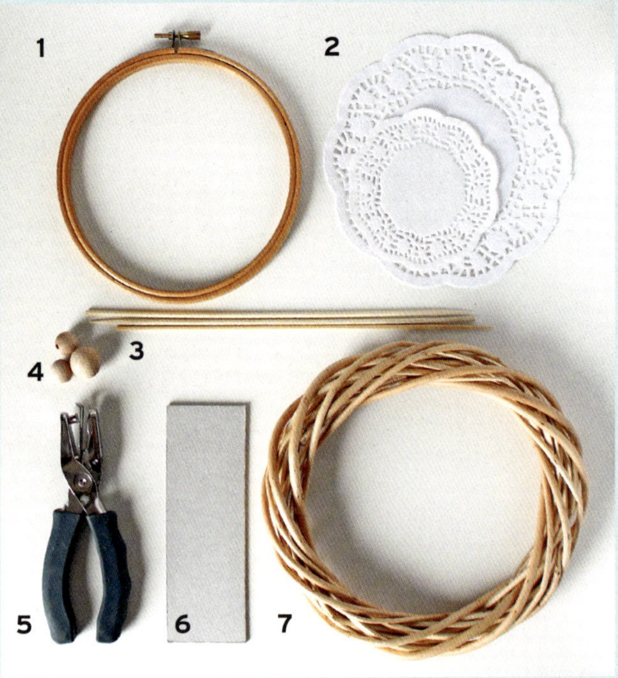

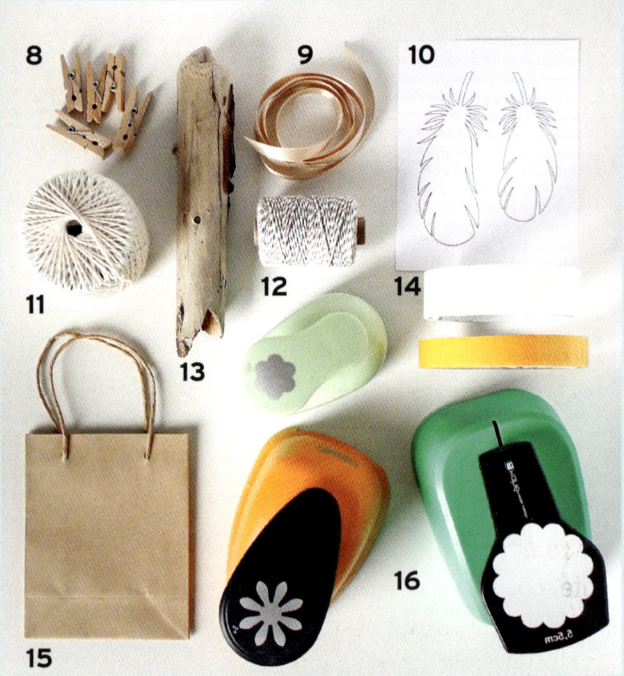

WEITERES MATERIAL

Auf den Fotos zeige ich hier besondere Materialen, die für einzelne Projekte benötigt werden. Alles ist problemlos erhältlich und man hat damit eine umfangreiche Ausstattung zum Basteln.

1 Stickring
2 Tortenuntersetzer
3 Holzspieße
4 Holzkugeln
5 Lochzange
6 Kraftpapier
7 Weidenring
8 Holzwäscheklammern
9 Satinband
10 Vorlagen für Zeichnungen und Bastelarbeiten
11 Baumwollband
12 Baker's Twine
13 kleine Äste
14 doppelseitiges Klebeband
15 Papiertüte
16 verschiedene Motivstanzer

TECHNIKEN

Die Techniken bei einigen der im Buch abgebildeten Projekte sind im Wesentlichen von Origami und Paper Cutting inspiriert. Beim Origamifalten werden insbesondere Ziehharmonikafalten gelegt, die aus einem regelmäßigen Wechsel von Auf- und Abwärtsfalten, sogenannten Berg- und Talfalten, bestehen.
Es ist wichtig, so genau wie möglich zu arbeiten, denn ein Millimeter mehr oder weniger ergibt schon einen entscheidenden Unterschied.
Dem Paper Cutting liegt eine Zeichnung zugrunde, die ausgeschnitten werden soll. Die Vorlagen für die gezeigten Projekte finden sich auf den letzten Seiten im Buch. Man kann sie übertragen und sie dafür mithilfe von Kopierpapier abpausen oder, besser noch, eine Fotokopie davon machen und diese auf das Papier kleben, so wie es bei mehreren Projekten im Buch gezeigt wird. So bleiben auf dem fertigen Werk weder auf der Vorder- noch auf der Rückseite Bleistiftspuren zurück und es kann von beiden Seiten verwendet werden.

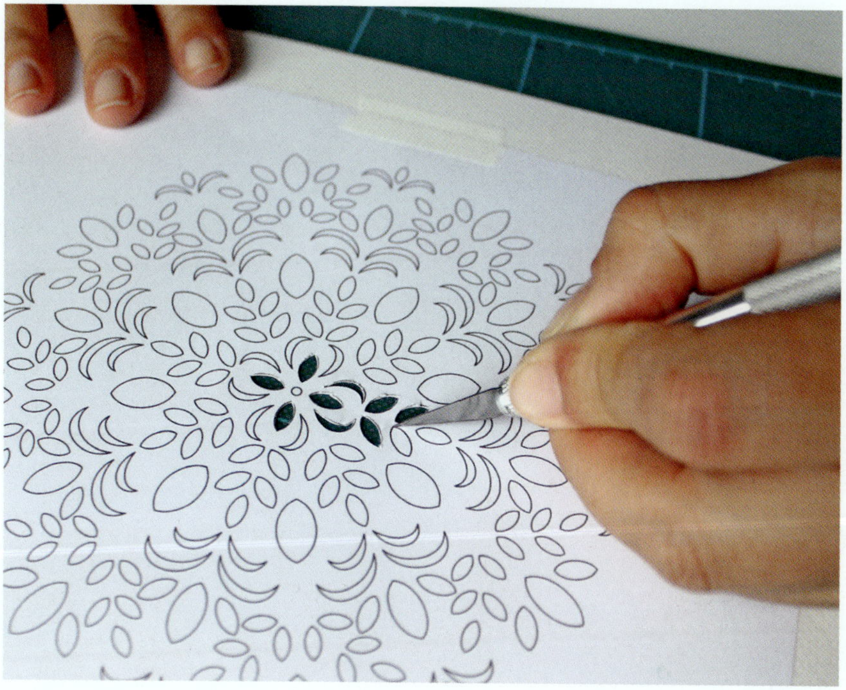

Außerdem benötigen Sie eine Schneidematte und ein Skalpell. Das Skalpell wird wie ein Stift mit möglichst starker Neigung nah am Papier gehalten, nicht senkrecht. Man sollte nicht nur mit der Spitze arbeiten, damit der Schnitt sauber wird und das Papier nicht reißt. Wie beim Schreiben wird damit von links nach rechts und von oben nach unten geschnitten.
Dabei sollte das Papier häufig gedreht werden, um unbequeme oder unnatürliche Handhaltungen zu vermeiden. Beim Einstechen der Skalpellklinge muss man ein wenig Druck ausüben. Bereits ausgeführte Schnitte sollten nicht erweitert werden und das aufliegende Papier darf nicht abgezogen werden. Stattdessen sollte man lieber die Ecke mit der Spitze der Skalpellklinge einschneiden und es dann vorsichtig abnehmen.

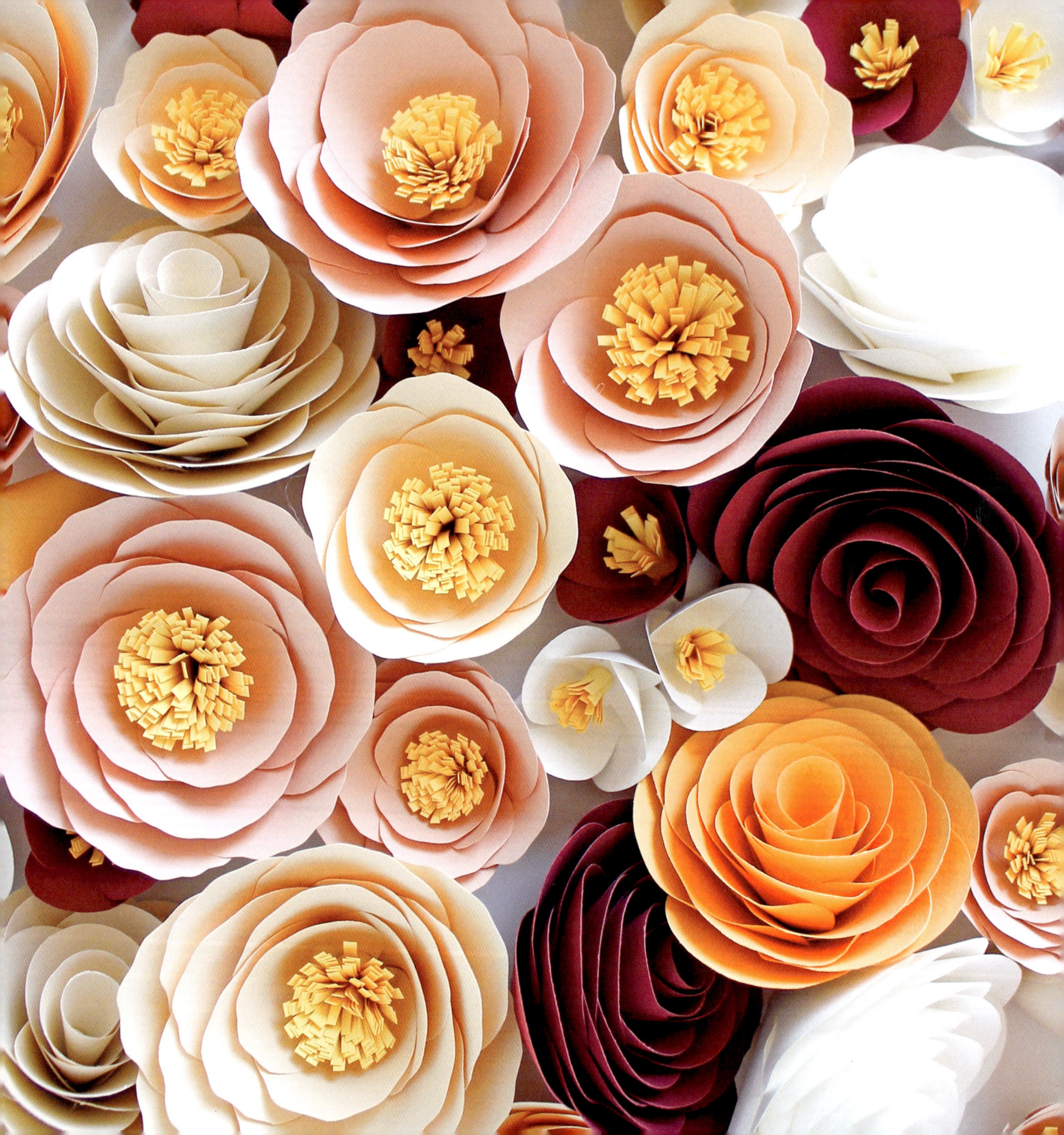

Home-Deko

Aus Papier kann man viel machen, kleine nützliche Gegenstände, wie Origami-Schachteln für Schreibtischutensilien, von Hand gebundene Hefte für Notizen oder Zeichnungen bis hin zu rein dekorativen Objekten zur Ergänzung der Einrichtung, wie etwa gefaltete Vasen. Die eigene Wohnung ist für mich eine richtige Inspirationsquelle. Daher gehört es zu meinen Leidenschaften, sie schön und gemütlich zu gestalten. Etwas mit den eigenen Händen für sein Zuhause zu erschaffen, ist für mich wirklich eine große Befriedigung. Ich hoffe, das geht Ihnen genauso!

Traumfänger

Traumfänger haben mich immer schon fasziniert. Ich habe einige zu Hause, aber es hat mich gereizt, einen selber zu machen! Wenn Sie auch einen basteln möchten und nicht wissen, woher Sie die Federn nehmen sollen – hier sind sie, natürlich aus Papier!

MATERIAL

- **Vorlage siehe S. 136**
- **weißes oder farbiges Papier, 160 g/m²**
- **Stickring**
- **Skalpell**
- **Schneidematte**
- **Lochzange für Kreise, ø 3 mm**
- **dicke Baumwollschnur**
- **dünne Baumwollschnur**
- **Nadel**
- **Häkeldeckchen**
- **Band**
- **Holzkugeln**
- **Schere**

Eigentlich hängt man den Traumfänger über das Kopfende des Bettes, um schlechte Träume und Einflüsse abzufangen, die den Schlaf stören könnten. Aber man kann ihn auch an eine Stelle hängen, an der man häufig vorbeikommt, zum Beispiel am Schreibtisch.

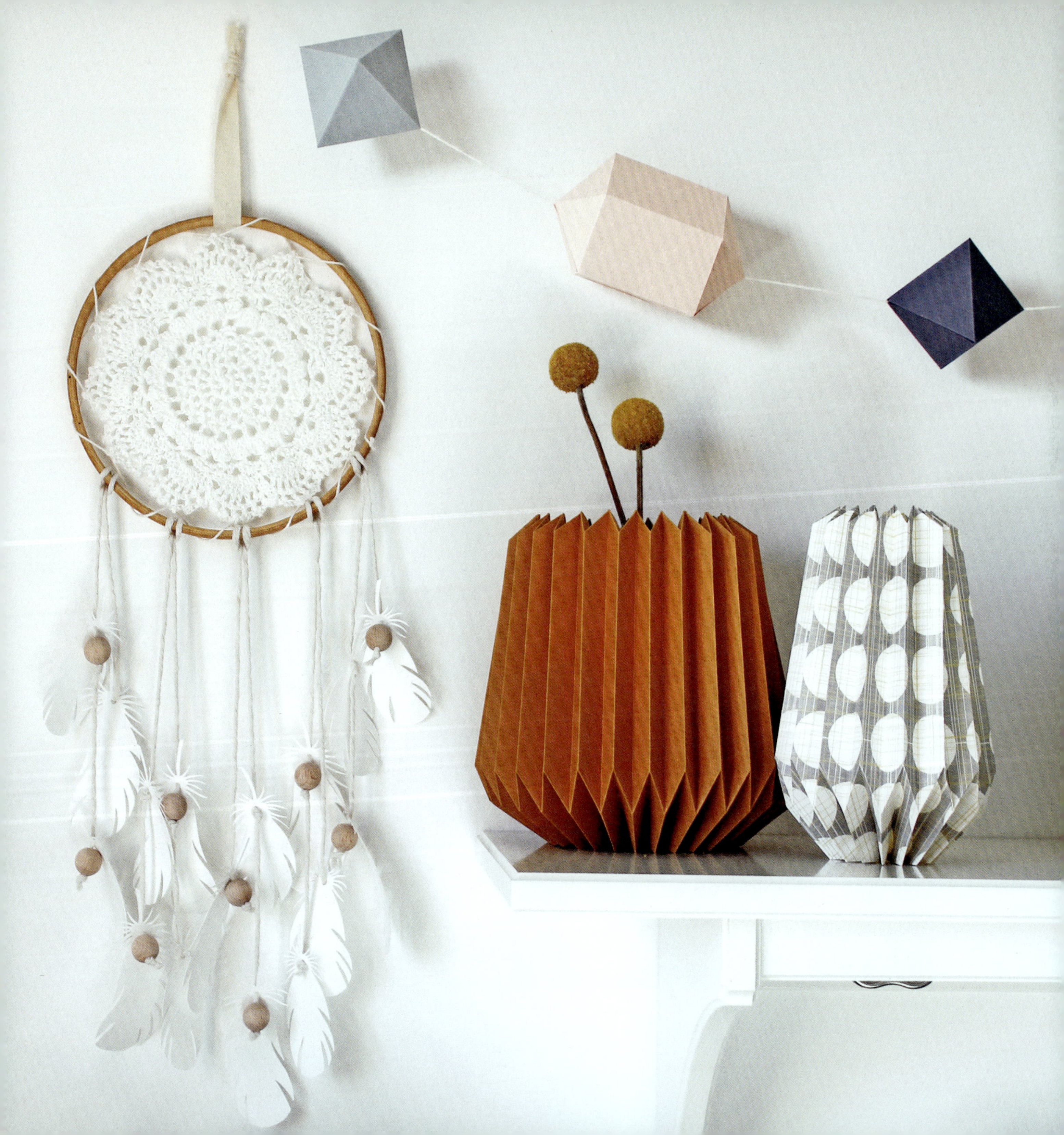

ANLEITUNG

1. Die Vorlage für die Federn auf das Papier legen und mit ablösbarem Klebeband fixieren.

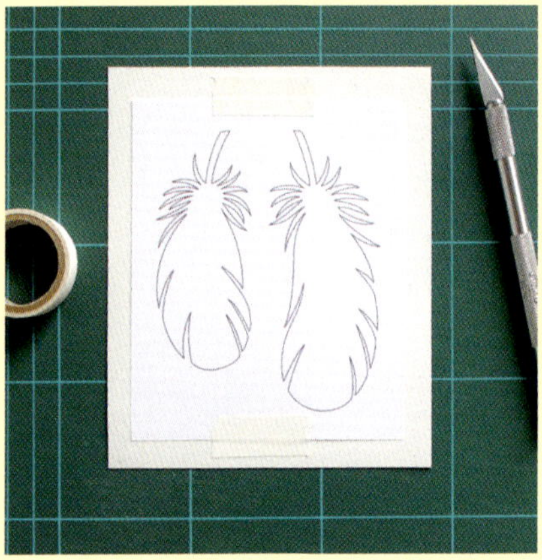

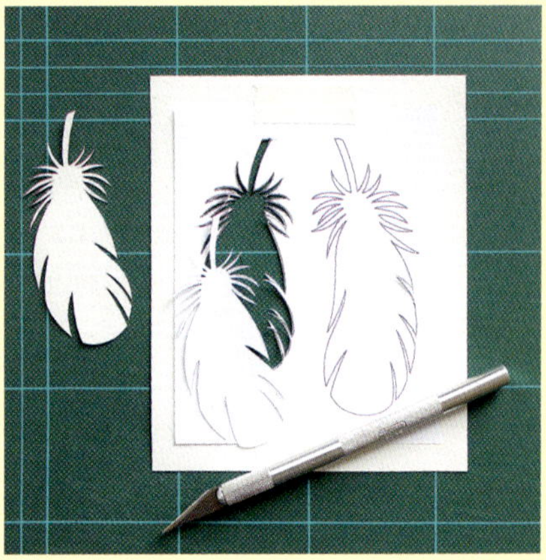

2. Die Federn mithilfe des Skalpells ausschneiden.

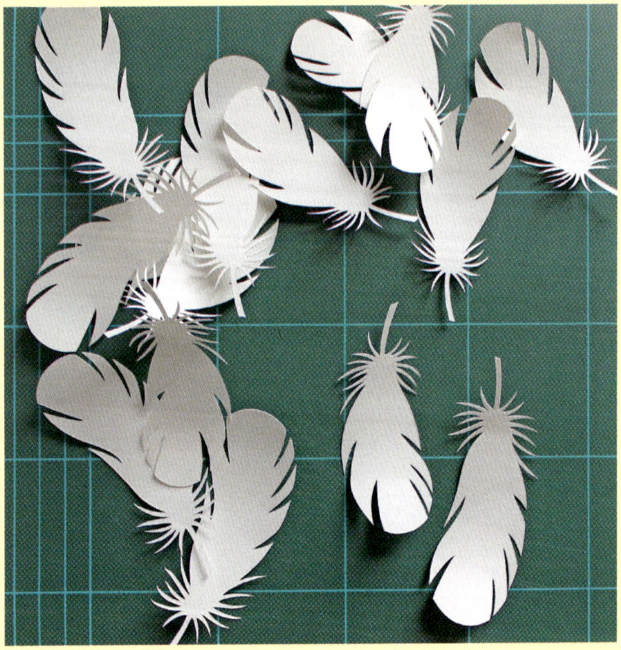

3. So viele Federn wie gewünscht anfertigen; hier wurden 16 Stück verwendet. Die Federn vorsichtig mit den Fingerspitzen in eine leichte Rundung formen, damit sie möglichst natürlich wirken.

4. Den äußeren Ring vom Stickring lösen. Ein Stück dicke Baumwollschnur doppelt nehmen und mit einem Schlaufenknoten unten mittig am Ring befestigen, sodass zwei Schnüre nebeneinander herunterhängen.

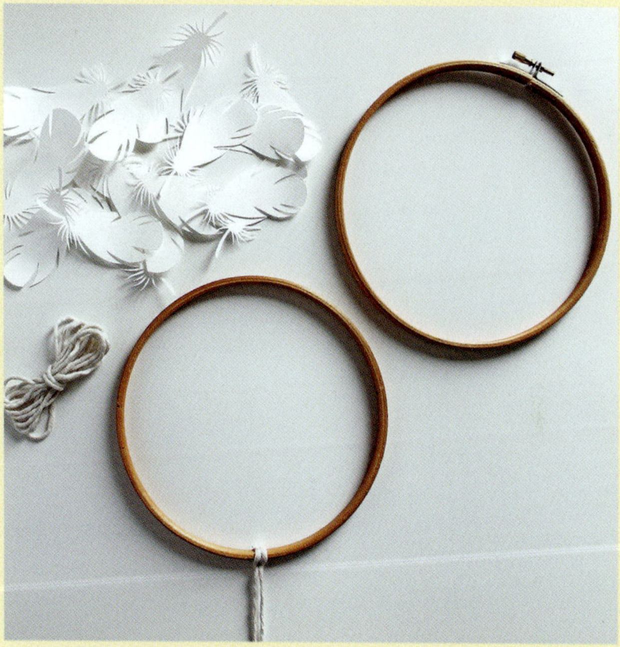

5. Mit der Lochzange am unteren Ende der Federn jeweils ein Loch stanzen, die Schnur durchfädeln und die Feder mit einem einfachen Knoten befestigen. An beliebigen Stellen Holzkugeln ergänzen.

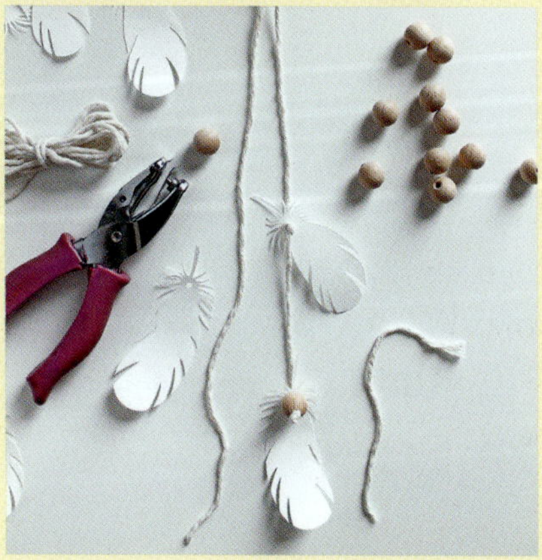

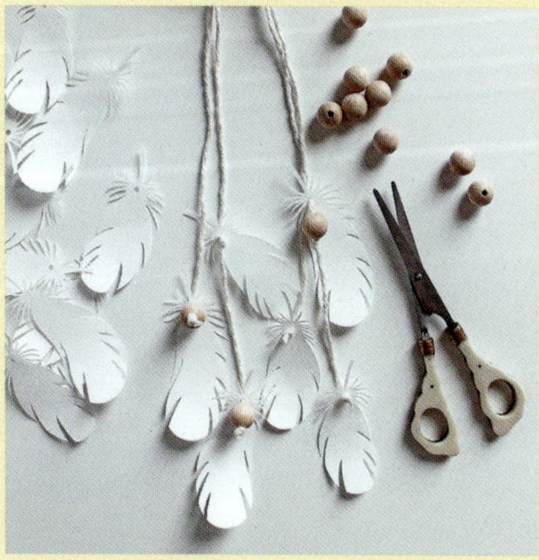

6. Ebenso mit einem weiteren Stück Schnur, weiteren Federn und Holzkugeln verfahren.

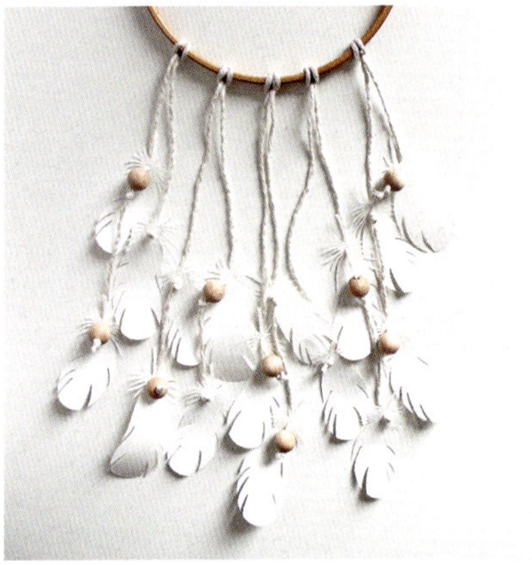

7. Die Anordnung muss keinen Regeln gehorchen, sie soll einfach nur harmonisch und ausgewogen wirken.

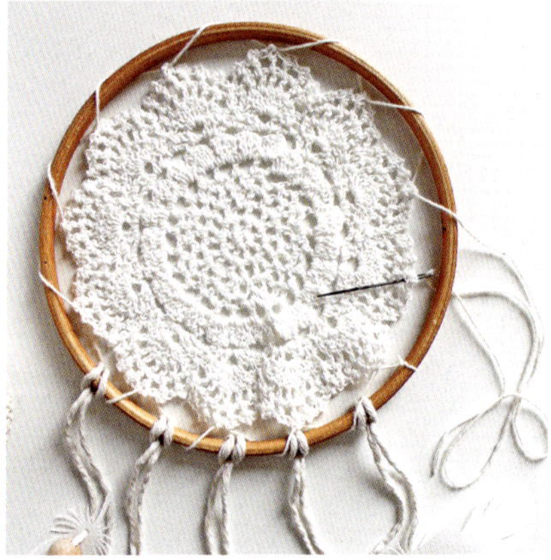

8. Wenn die Federn befestigt sind, das Häkeldeckchen in die Mitte des Rings legen und mit der dünnen Baumwollschnur wie auf dem Foto zu sehen daran befestigen.

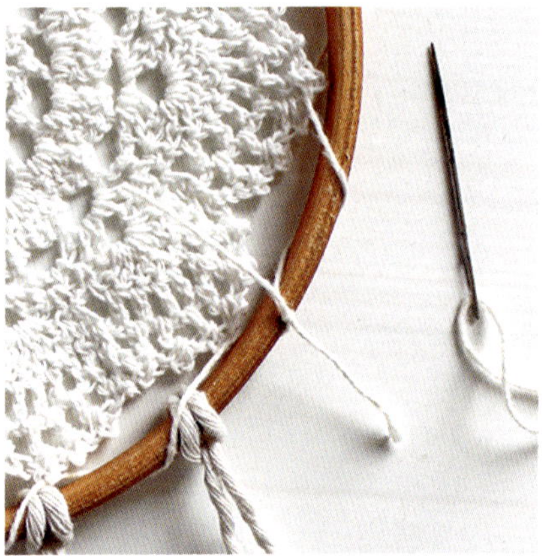

9. Zum Schluss den Anfangsknoten lösen und das Fadenende an den Fadenanfang knoten.

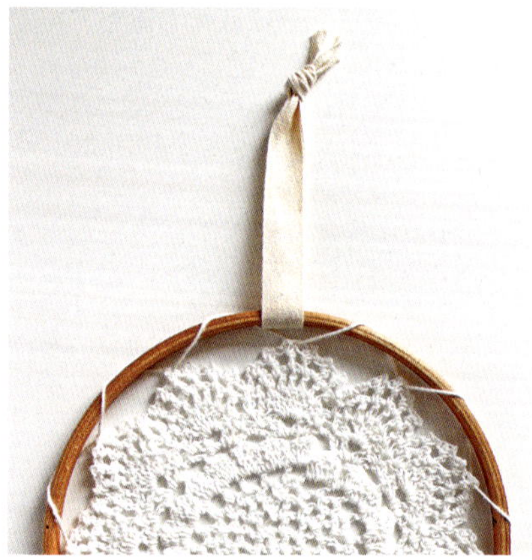

10. Für die Aufhängung ein Stück Band oben am Traumfänger anbringen.

Tipp

Die Kreation lässt sich beliebig verschönern, zum Beispiel mit Bändern aus Spitze, Satin oder Tüll.

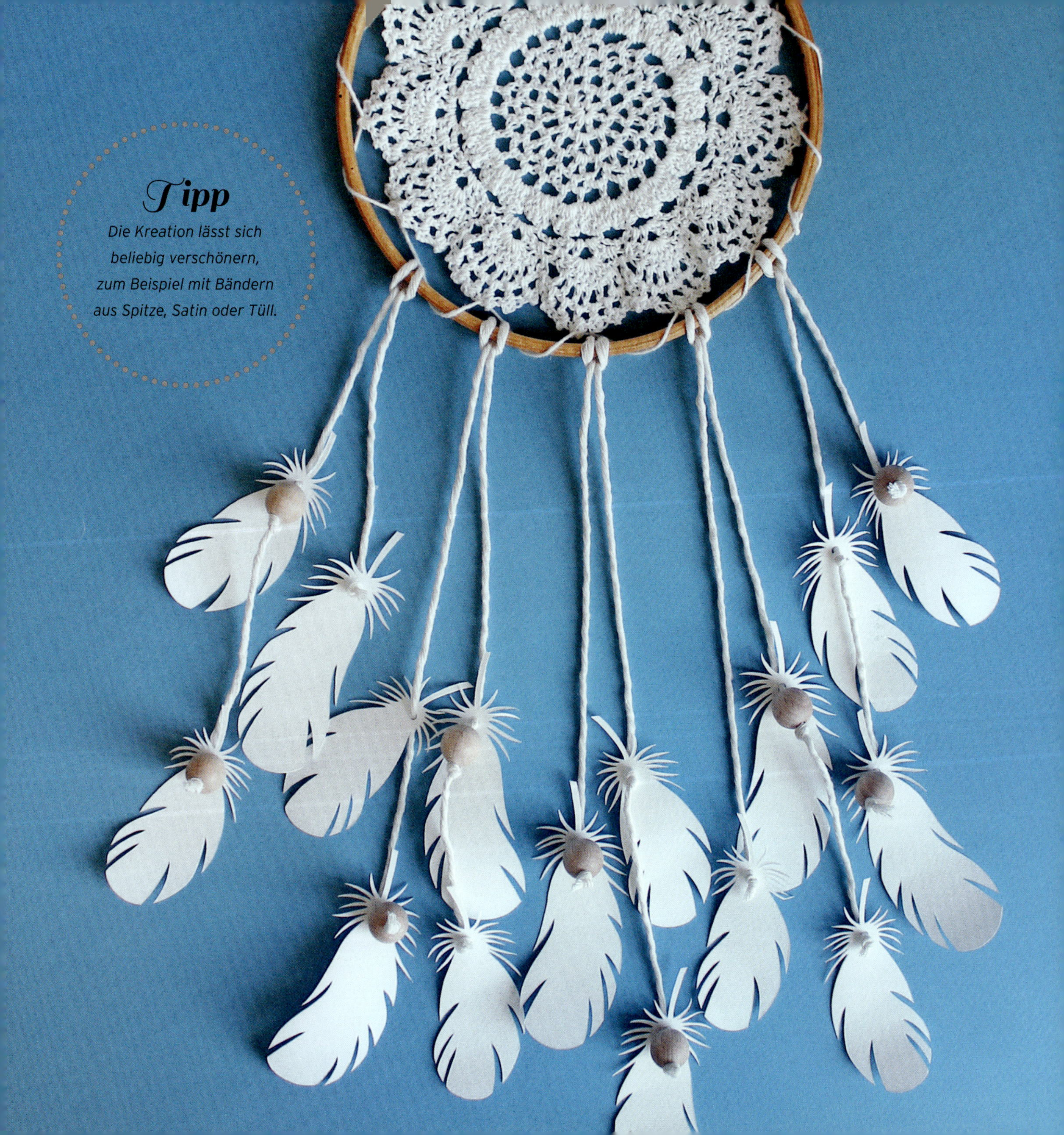

Backdrop

Ein Backdrop ist ein spontan angefertigter Hintergrund für Feste und Events jeglicher Art, als Kulisse für Fotos. Im Internet findet man unzählige Vorschläge zu diesem Thema. Ich wollte eine Art Wallpaper in 3D anfertigen. Dafür habe ich Blumen gebastelt, aber man kann das Prinzip auch auf einen anderen Hintergrund mit anderen Motiven anwenden, vom einfachen bunten Papierring über Origami bis hin zu geometrischen Formen. So wird die eigene Wand etwas ganz Besonderes, an dem man nicht einfach nur vorbeigeht!

MATERIAL

- **buntes Papier, 160 g/m^2**
- **2 unterschiedlich große Motivstanzer in Blumenform, 1 Stanzer für die Blütenstempel**
- **Heißkleber**
- **Washi Tape**

Eine bisher eher schlichte Wand wird jetzt zu etwas Besonderem. Man kann sie zu einem festlichen Anlass dekorieren und den Schmuck anschließend hängen lassen – so habe ich es gemacht!

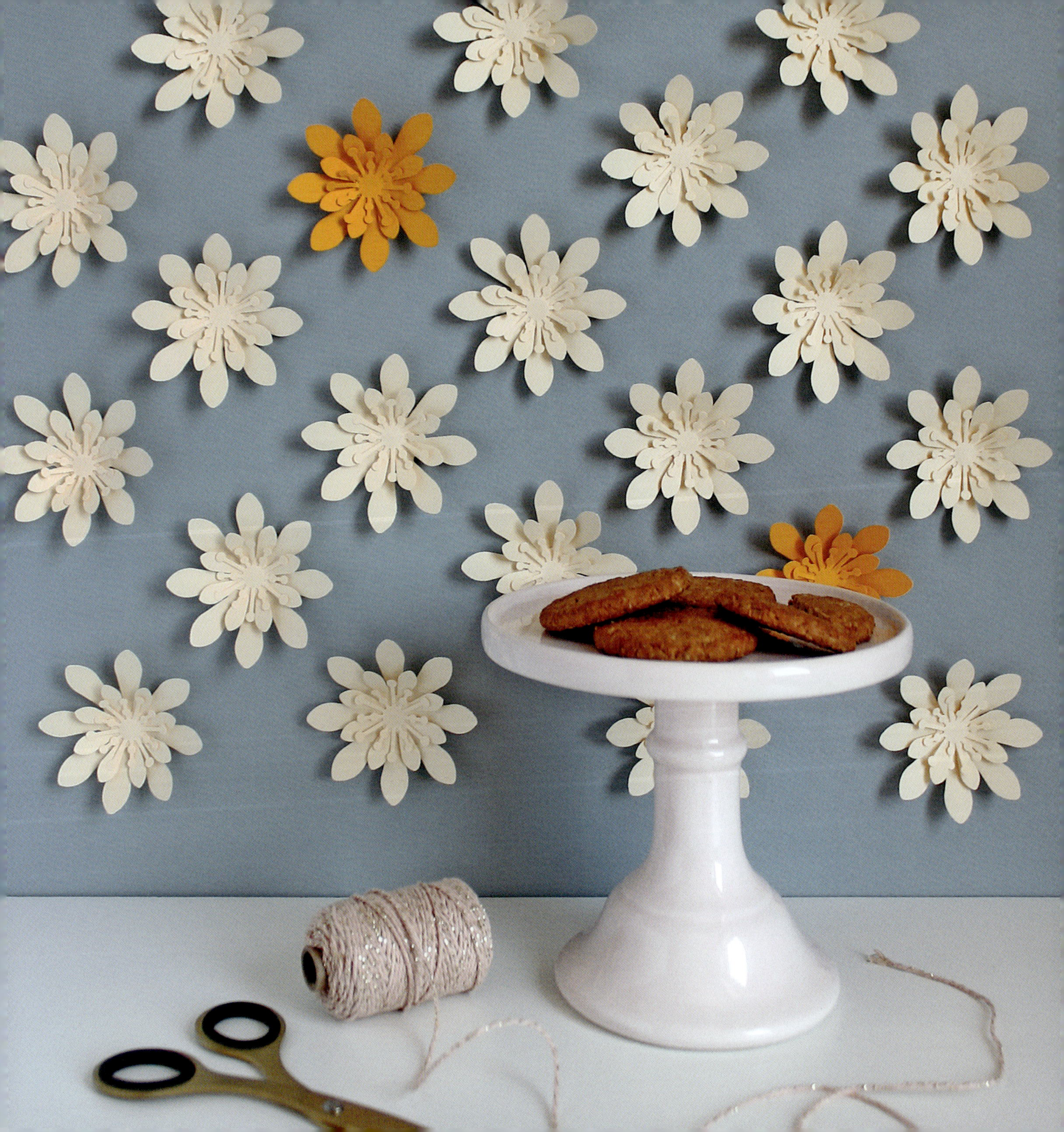

ANLEITUNG

1. Mit den Motivstanzern die drei Teile für die Blüte ausstanzen: die großen und kleinen Blütenblätter und die Blütenstempel.

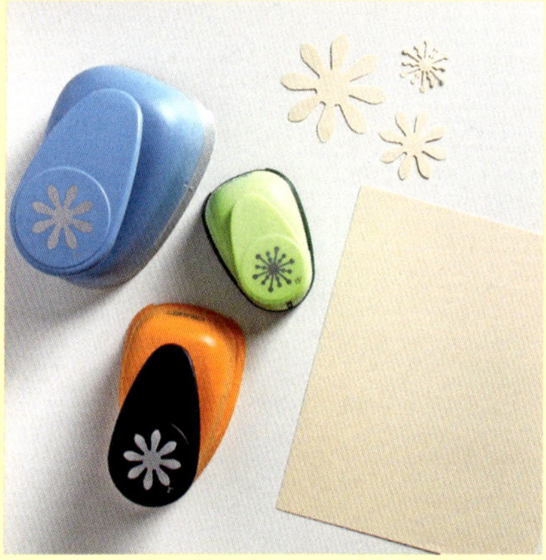

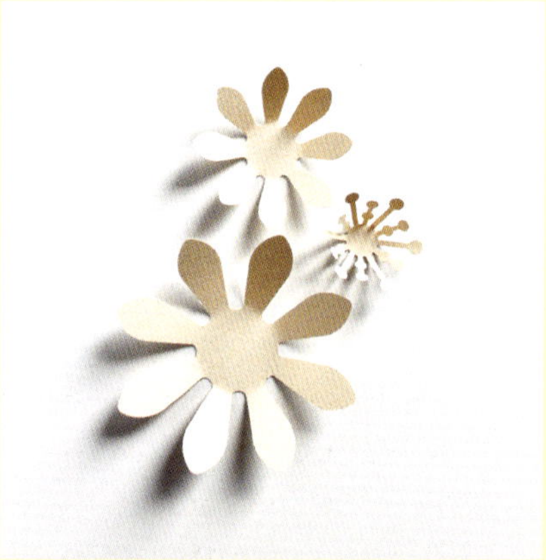

2. Die Blüte mit den Fingern formen, sodass die Blütenblätter und -stempel nach oben zeigen.

3. Mit Heißkleber die drei Teile zusammensetzen.

4. So viele Blüten, wie für die Wand nötig, anfertigen. Sie können gleichmäßig oder locker verstreut angeordnet werden.

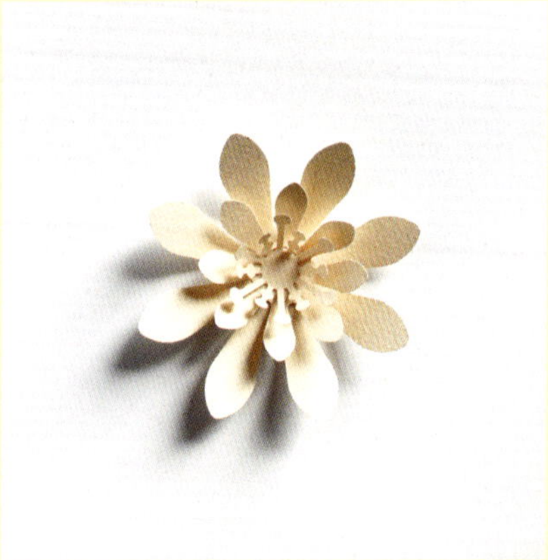

5. Die Blüten am besten mithilfe von Washi Tape an die Wand kleben, denn dieses kann rückstandslos und einfach gelöst und wieder neu aufgeklebt werden.

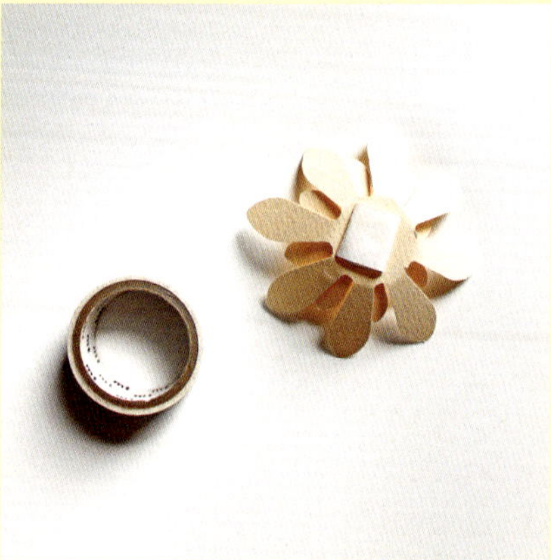

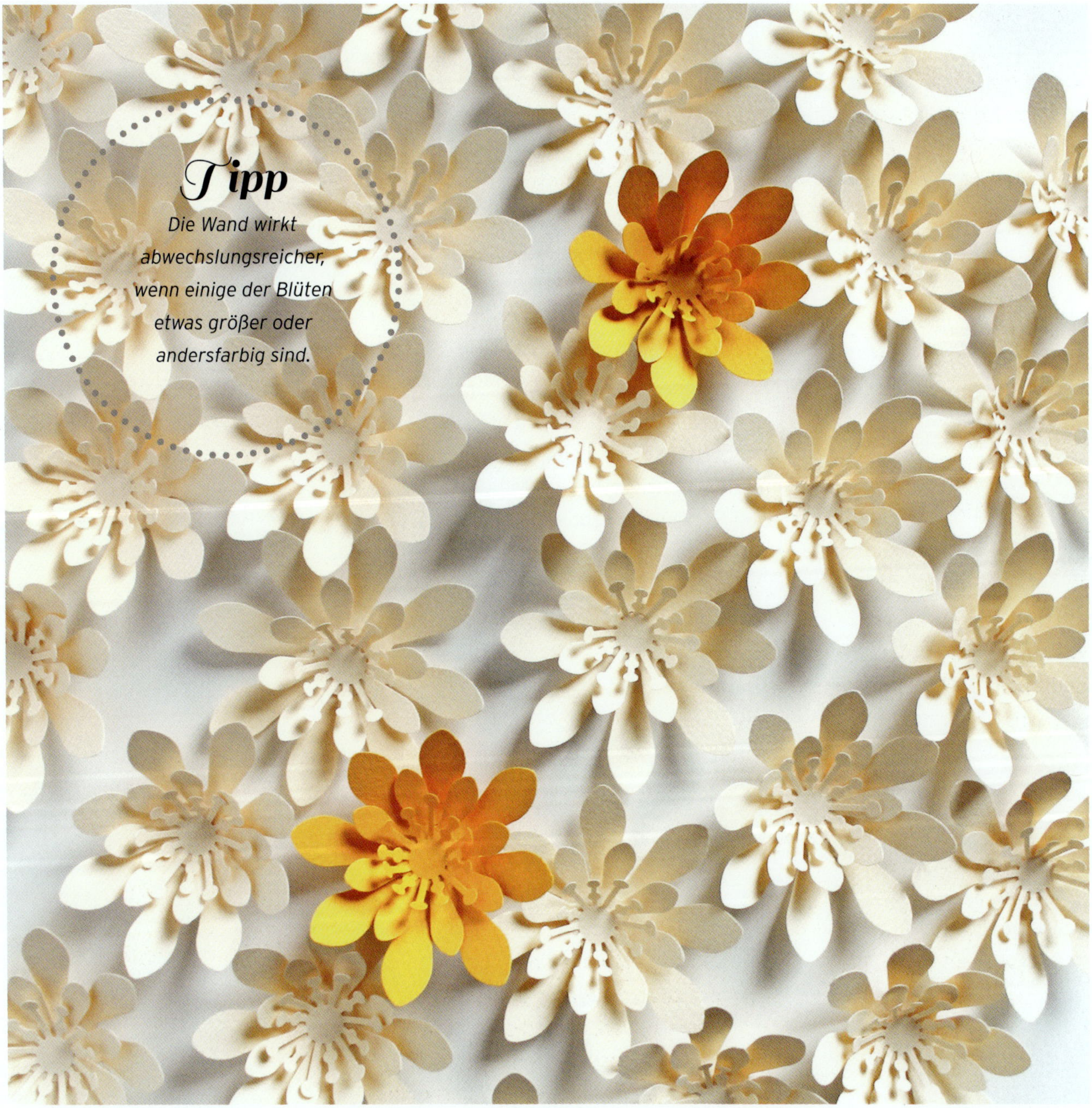

Tipp

Die Wand wirkt abwechslungsreicher, wenn einige der Blüten etwas größer oder andersfarbig sind.

Exotischer Blumenstrauß

Ein künstlicher „Blumenstrauß“ ist ideal für alle, die keinen grünen Daumen haben, aber Pflanzen lieben, sowie für diejenigen, die ganz schnell noch etwas Dekoratives für die Wohnung oder den Tisch basteln wollen, das zugleich witzig (deshalb die eher unnatürlichen Farben) und stilvoll sein soll.

MATERIAL

- **Vorlagen siehe S. 137 und 138**
- **farbiges Papier, 160 g/m²**
- **Skalpell**
- **Schneidematte**
- **Holzspieße**
- **Heißkleber**

Wenn Sie Ihrer Wohnung einen Dschungellook verleihen möchten, ist es hübsch, die Blätter in den Farben anzufertigen, die in Ihrer Einrichtung und Dekoration schon vorkommen.

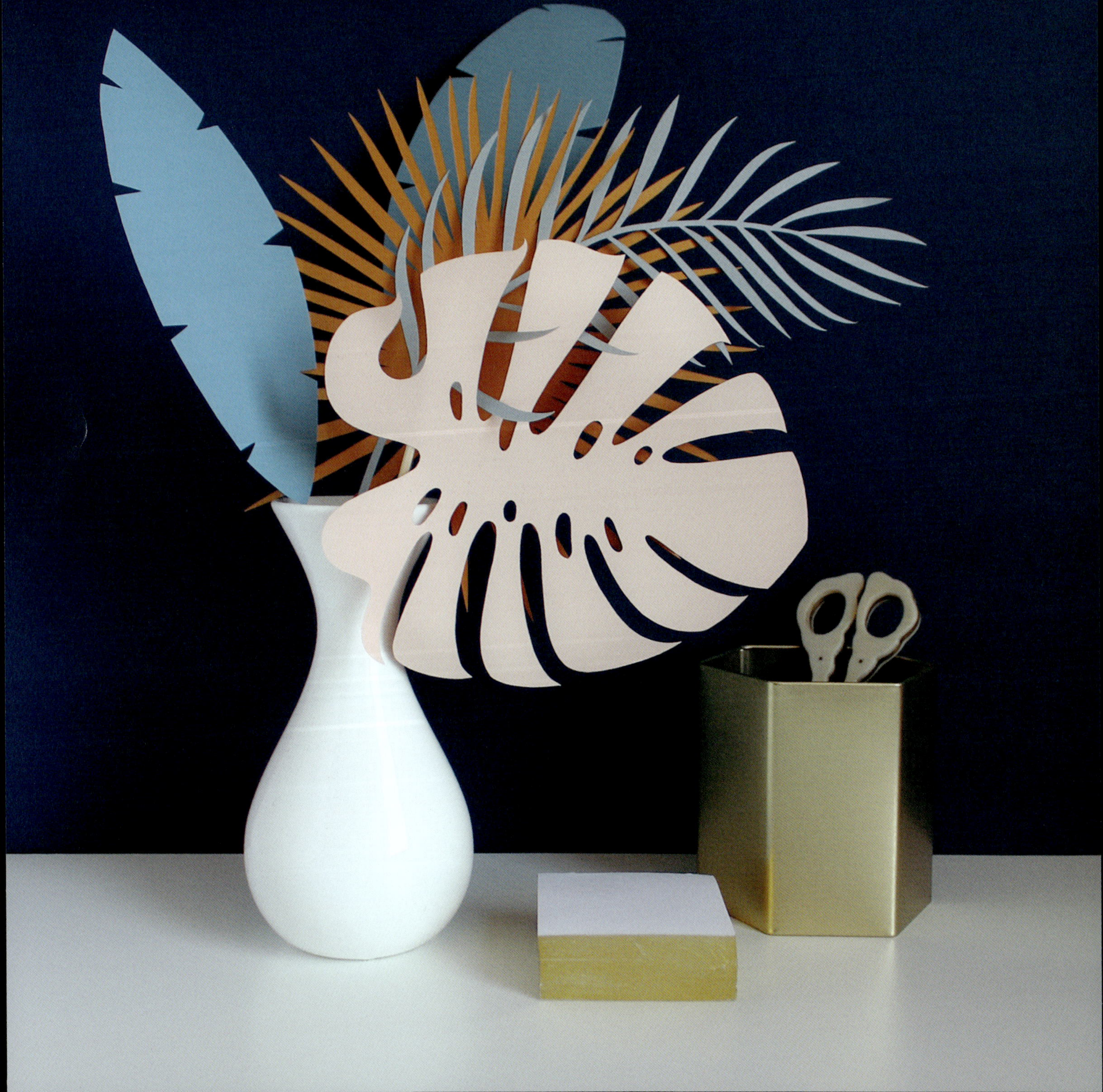

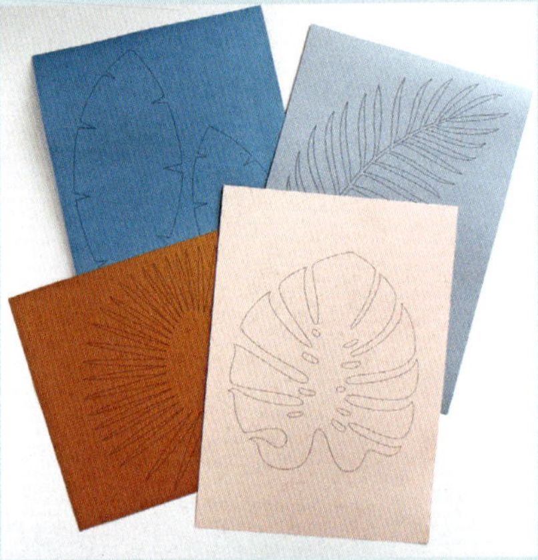

ANLEITUNG

1. Die Vorlagen für die Blätter auf das farbige Papier übertragen.

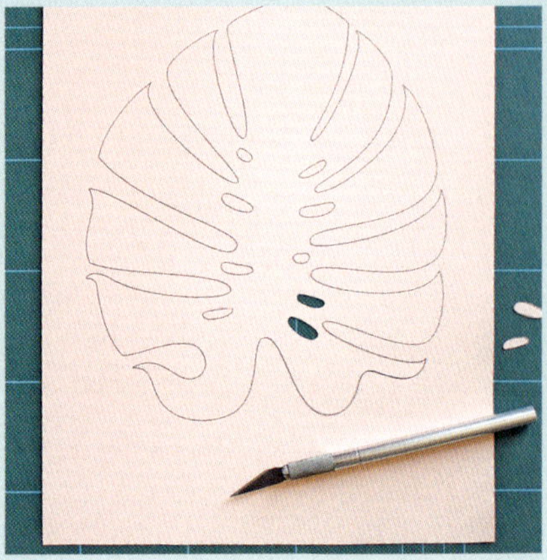

2. Jedes Blatt mit dem Skalpell ausschneiden ...

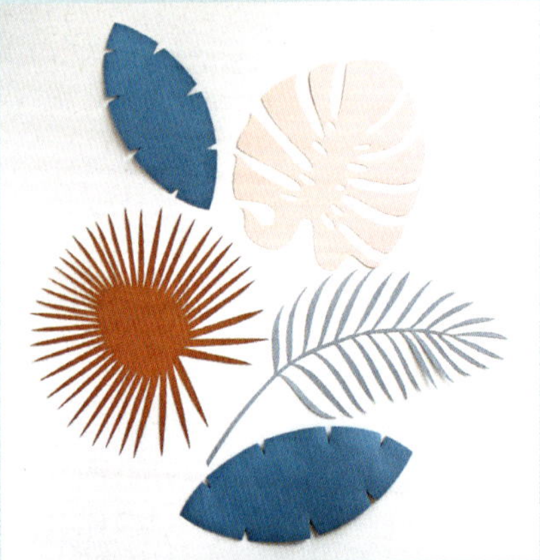

3. ... und in der gewünschten Anzahl und Farbe anfertigen.

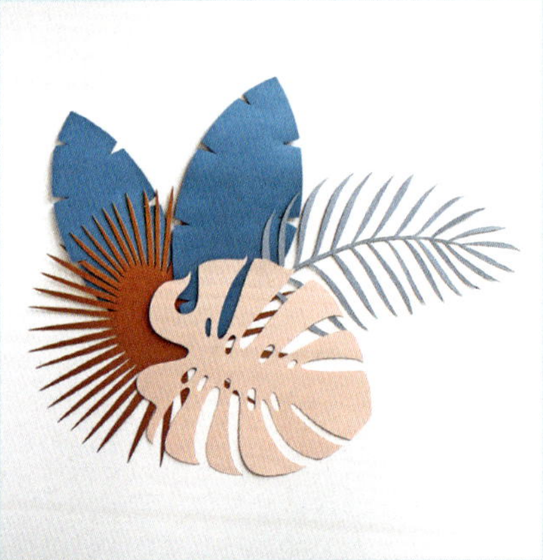

4. Ausprobieren, wie sich die Blätter für den Strauß zusammenstellen lassen, welche Größe sie haben und in welche Richtung sie zeigen sollen.

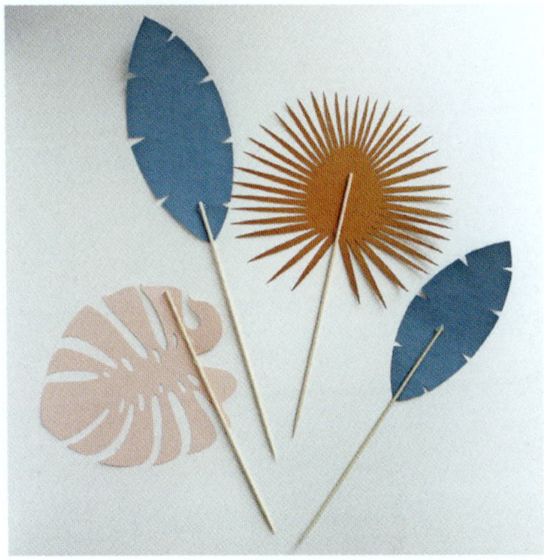

5. Mit Heißkleber Holzstäbchen so an die Blätter kleben, dass sie in die gewünschte Richtung zeigen. Ich habe das Monstera-Blatt bewusst seitlich fixiert.

Tipp

Wenn die Stiele gebogen werden oder höher als die Holzspieße sein sollen, kann man stattdessen auch Draht verwenden.

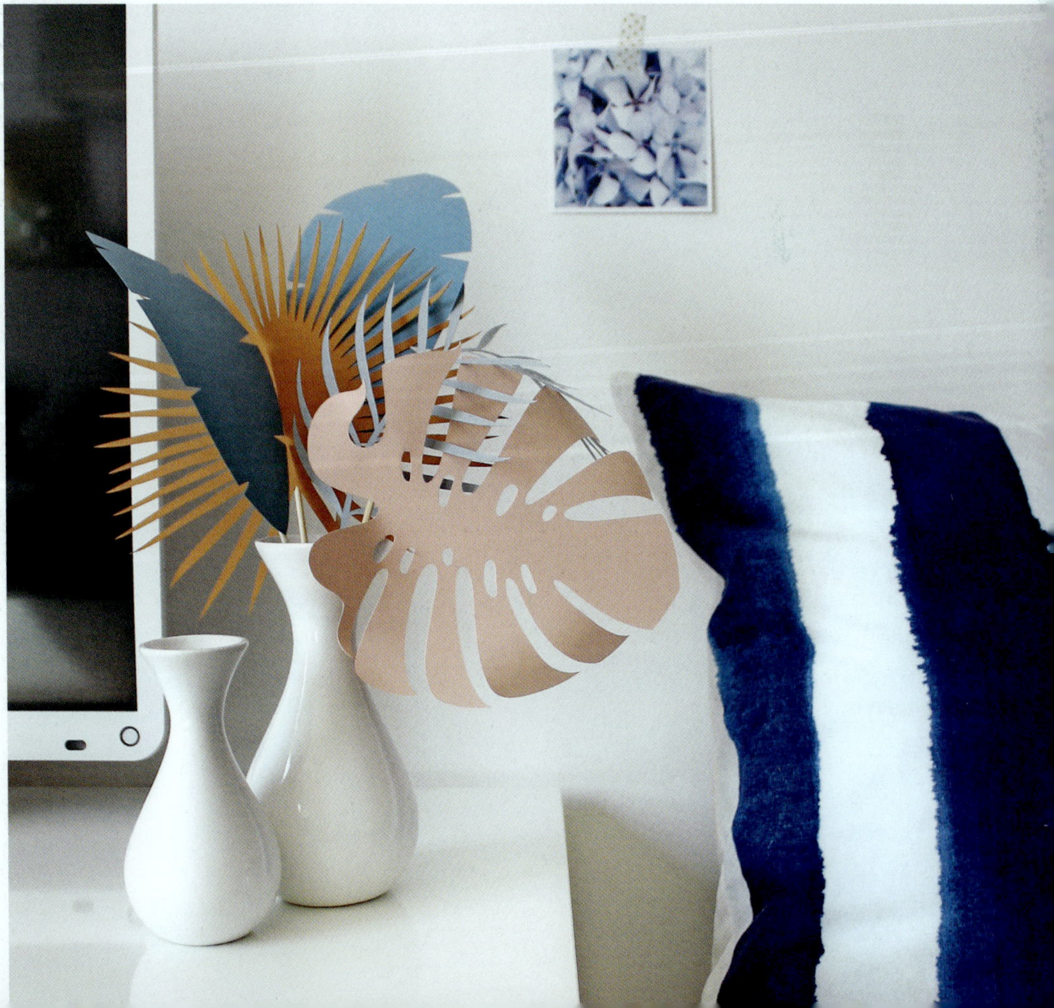

6. Die Blätter in eine Vase stellen und fertig ist der exotische Blumenstrauß!

Kaktus

Für alle, denen es selbst nicht gelingt, Dickblattgewächse zu pflegen, ist dieses Projekt genau das Richtige, aber auch für alle anderen! Papierkakteen sind einfach und witzig, um zum Beispiel ein Kinderzimmer zu dekorieren, wo echte Pflanzen mit Stacheln ganz bestimmt nicht angebracht sind, oder auch für eine dunkle Ecke mit wenig Lichteinfall. Sie sind schnell gemacht, daher kann man durchaus viele davon anfertigen!

MATERIAL

* **Vorlagen siehe S. 136**
* **grünes Papier, 160 g/m^2**
* **Skalpell**
* **Vinylkleber**
* **Pinsel**
* **Schneidematte**
* **kleine Blumentöpfe**

Viel Spaß beim Basteln von Kakteen in verschiedenen Größen! Man kann übrigens mit der Anleitung für die Rose auf Seite 66 auch Sukkulenten anfertigen. Dafür müssen die Papierringe für die Rosenblätter nur spitz zugeschnitten werden.

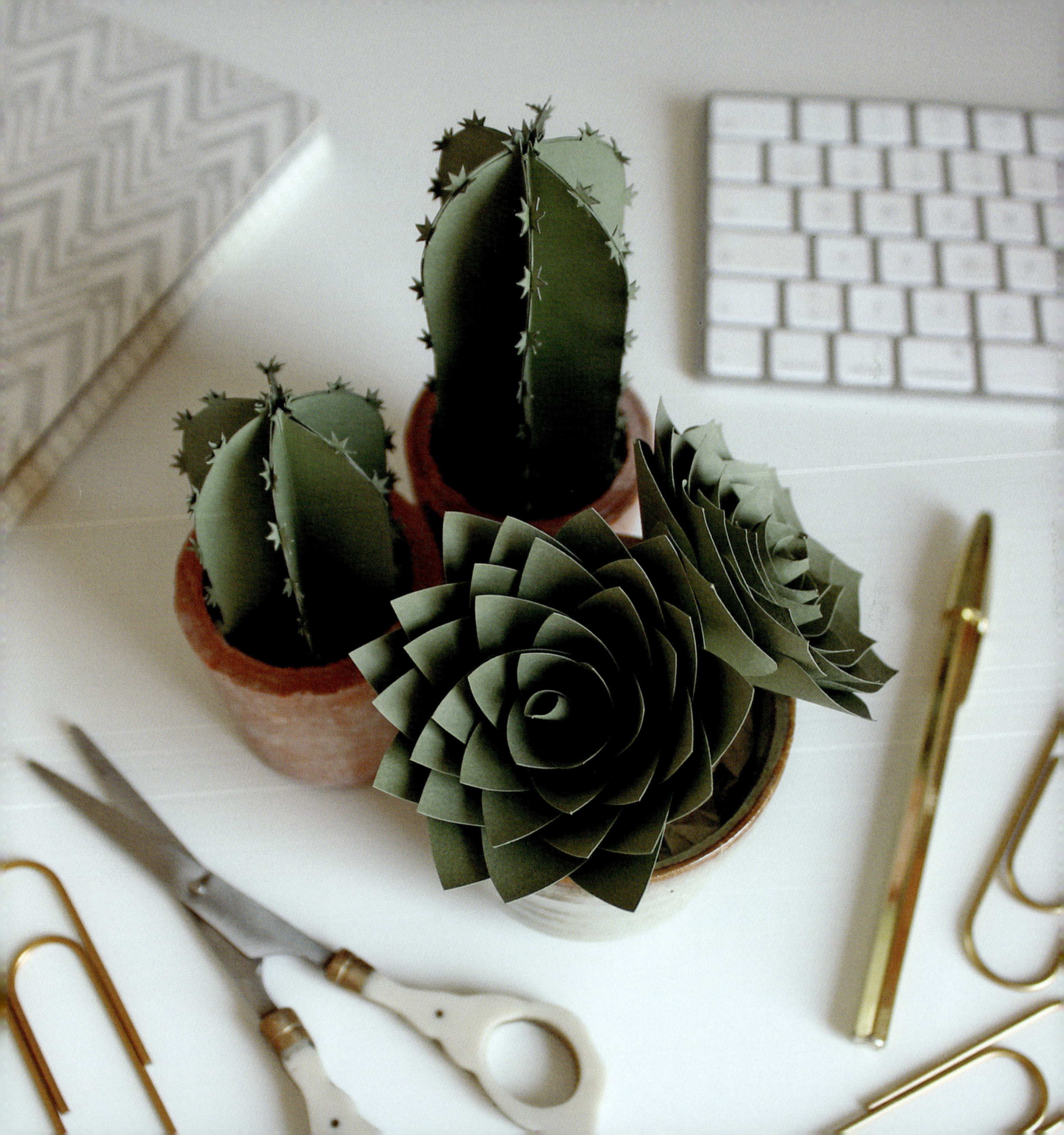

ANLEITUNG

1. Beide Kaktus-Vorlagen (es gibt eine größere und eine kleinere) auf grünes Papier übertragen.

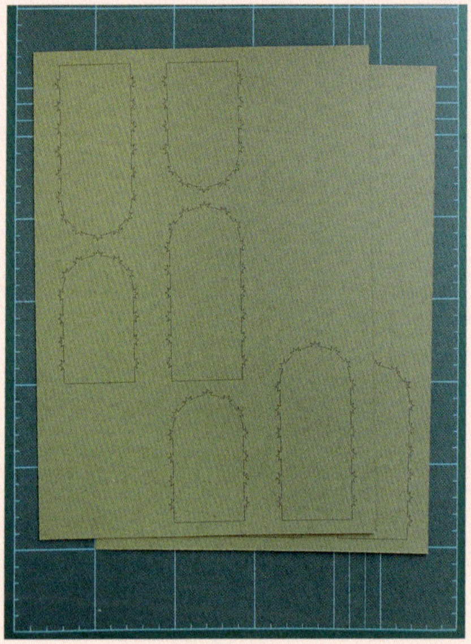

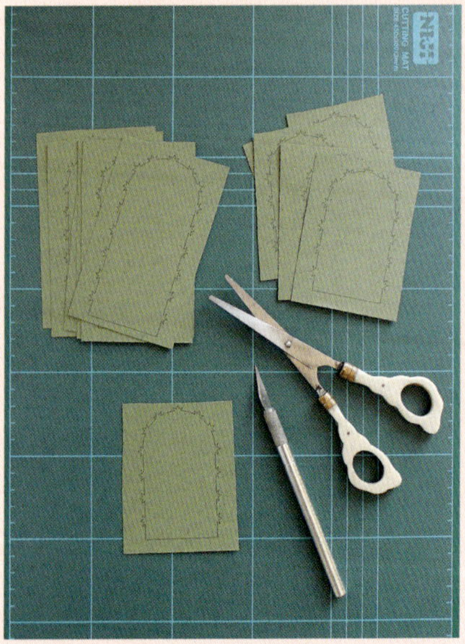

2. Zur besseren Handhabung jedes Teil zunächst grob mit der Schere ausschneiden. Pro Kaktus müssen es insgesamt sechs Stück sein.

3. Mit dem Skalpell die Formen ausschneiden. Das ist ziemlich einfach und geht schnell, weil die Linien alle gerade sind.

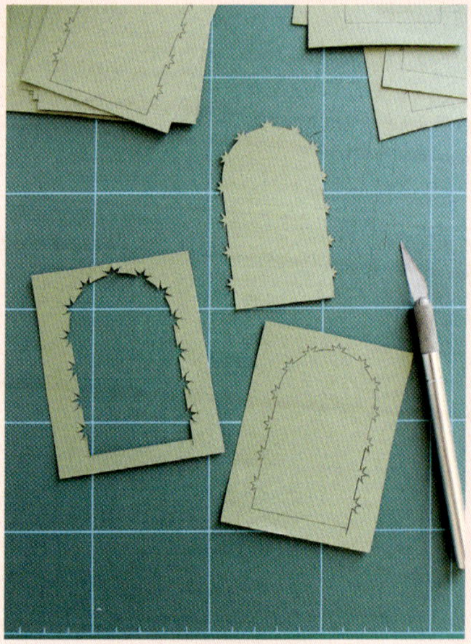

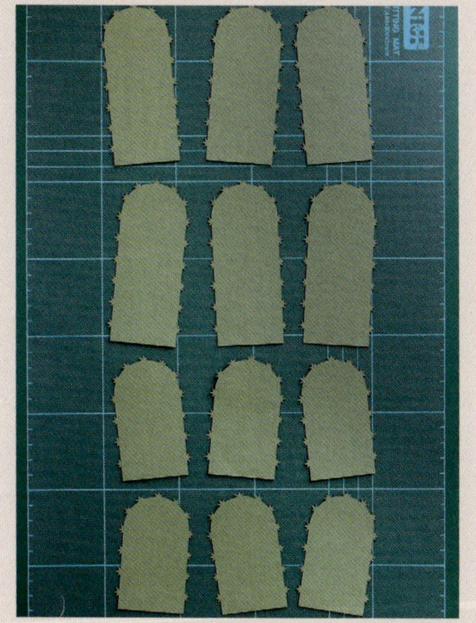

4. Fortfahren, bis alle Teile ausgeschnitten sind.

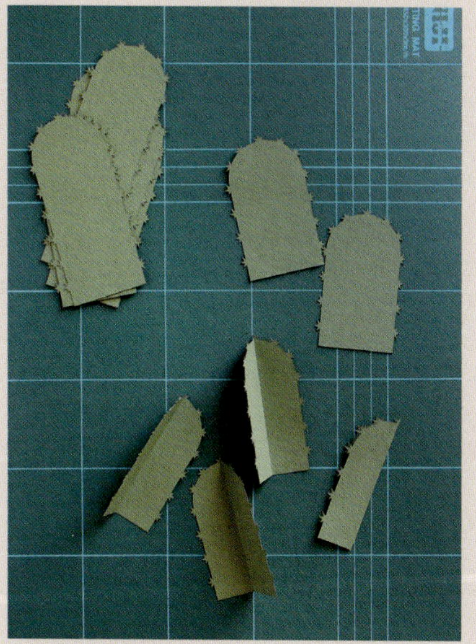

5. Die Teile längs mittig falten.

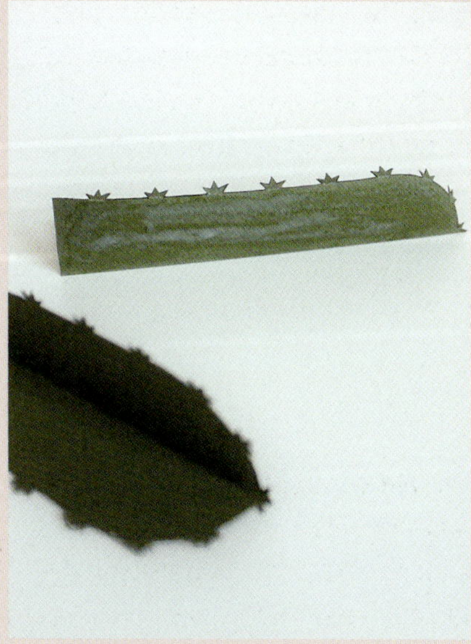

6. Mit dem Pinsel Klebstoff auf die Hälfte eines Papierteils auftragen und …

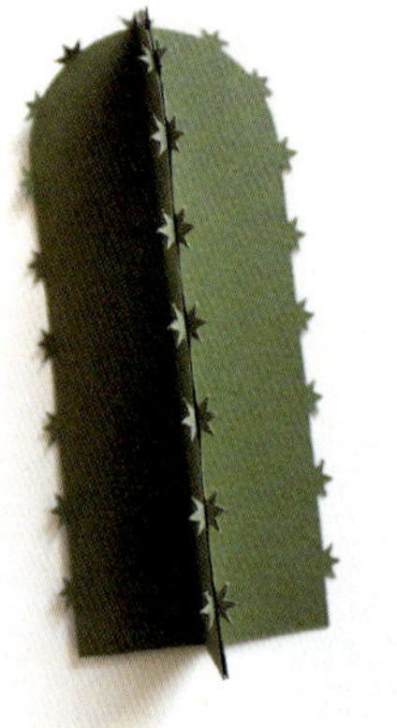

7. ... wie hier zu sehen auf ein anderes kleben.

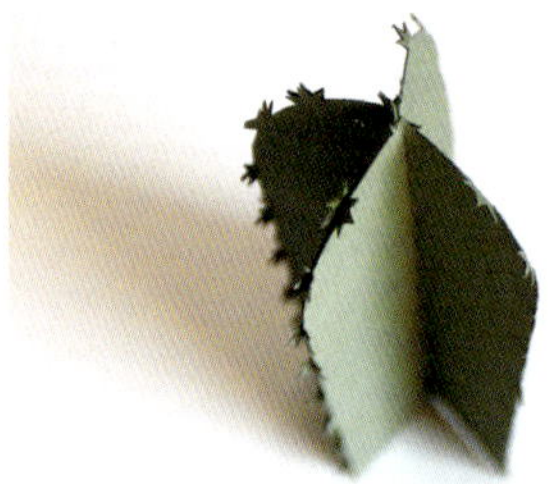

8. Mit dem dritten Stück ebenso verfahren ...

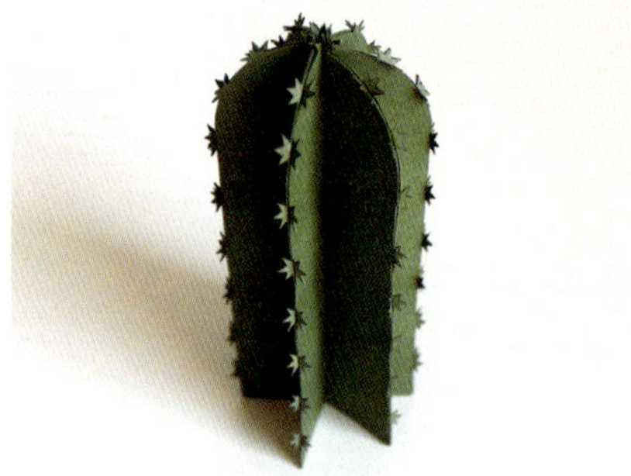

9. ... und die anderen Stücke ankleben, bis der Kaktus wie auf dem Foto aussieht.

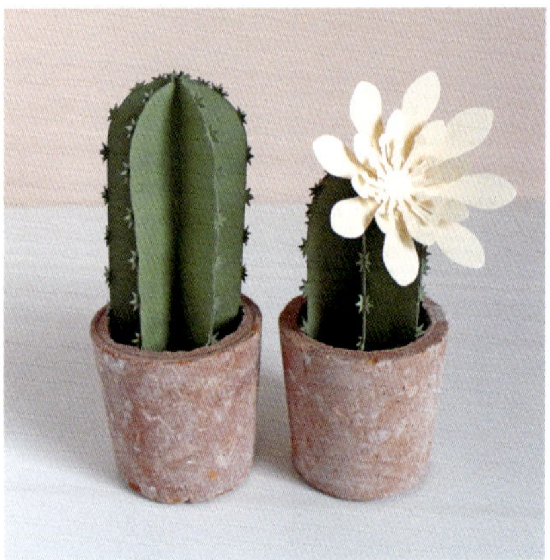

10. Den anderen Kaktus auf dieselbe Weise anfertigen. Jetzt muss man sie nur noch in die Blumentöpfchen setzen. Nach Belieben kann man mit einem Tropfen Heißkleber noch eine Blüte aufkleben (siehe S. 18).

Tipps

Damit die „Pflanzen“ stabil im Topf stehen, kann man etwas Packpapier zusammenknüllen und hineinstecken. Die Kakteen wirken noch echter, wenn man die Stacheln mit einem Bleistift oder weißem Acrylstift anmalt.

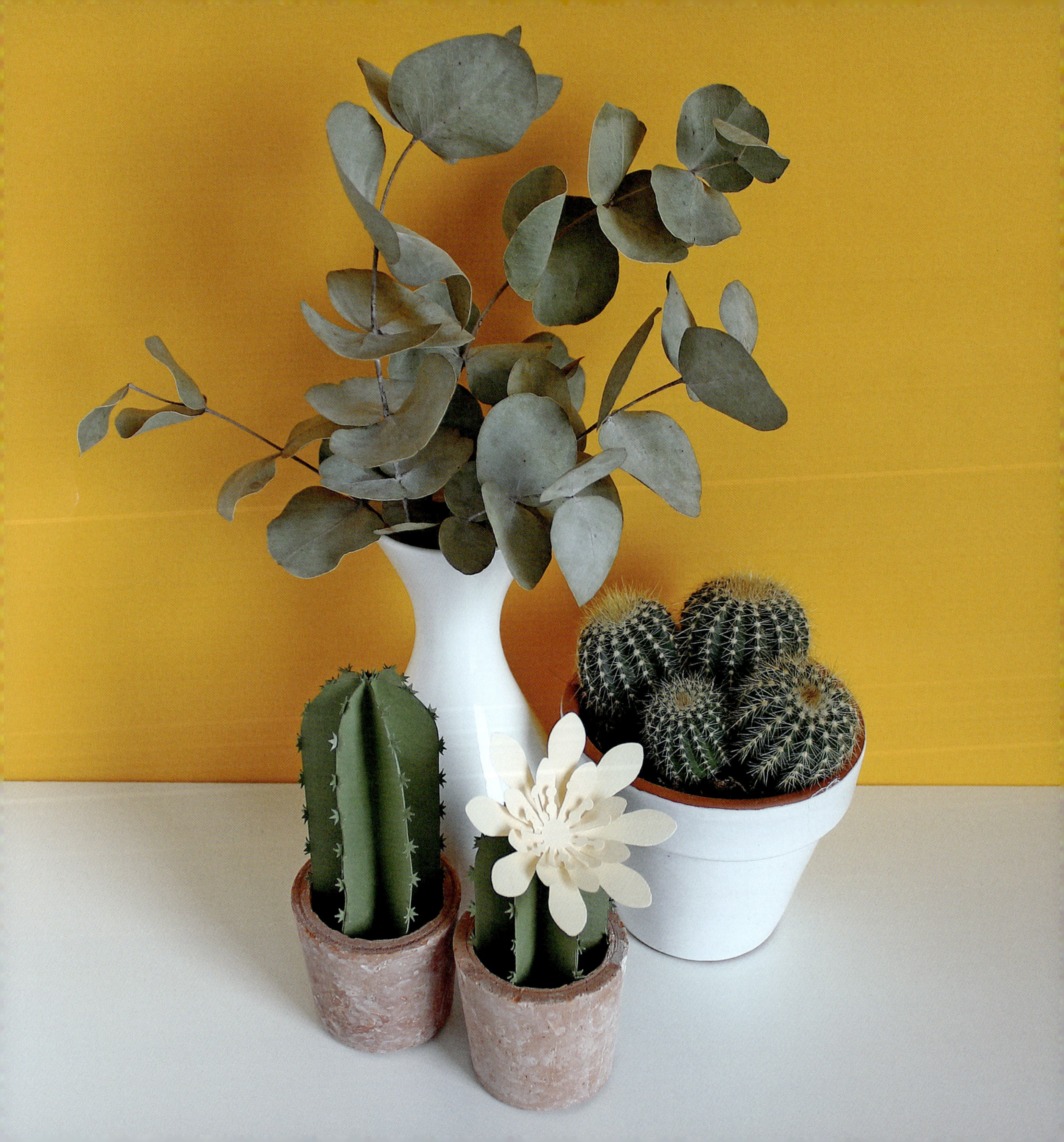

Wanddekoration

Diese Wanddekoration ist ganz einfach gemacht, erzielt aber einen tollen Effekt! Ich habe mich dabei von Makramee- und sogenannten Weaving- oder Wallhanging-Arbeiten inspirieren lassen.

MATERIAL

- **weißes und gemustertes Papier**
- **Lochzange für Kreise, ø 5 cm**
- **Nadel**
- **weiße Schnur**
- **Holzkugeln**
- **kleiner Ast oder Holzstange**

Dieses Modell besteht nur aus wenigen, einfachen Elementen, aber wenn man es in großen Dimensionen anfertigt, avanciert es zum Protagonisten in einer Ecke der Wohnung und verleiht ihr einen tollen Boho-Chic.

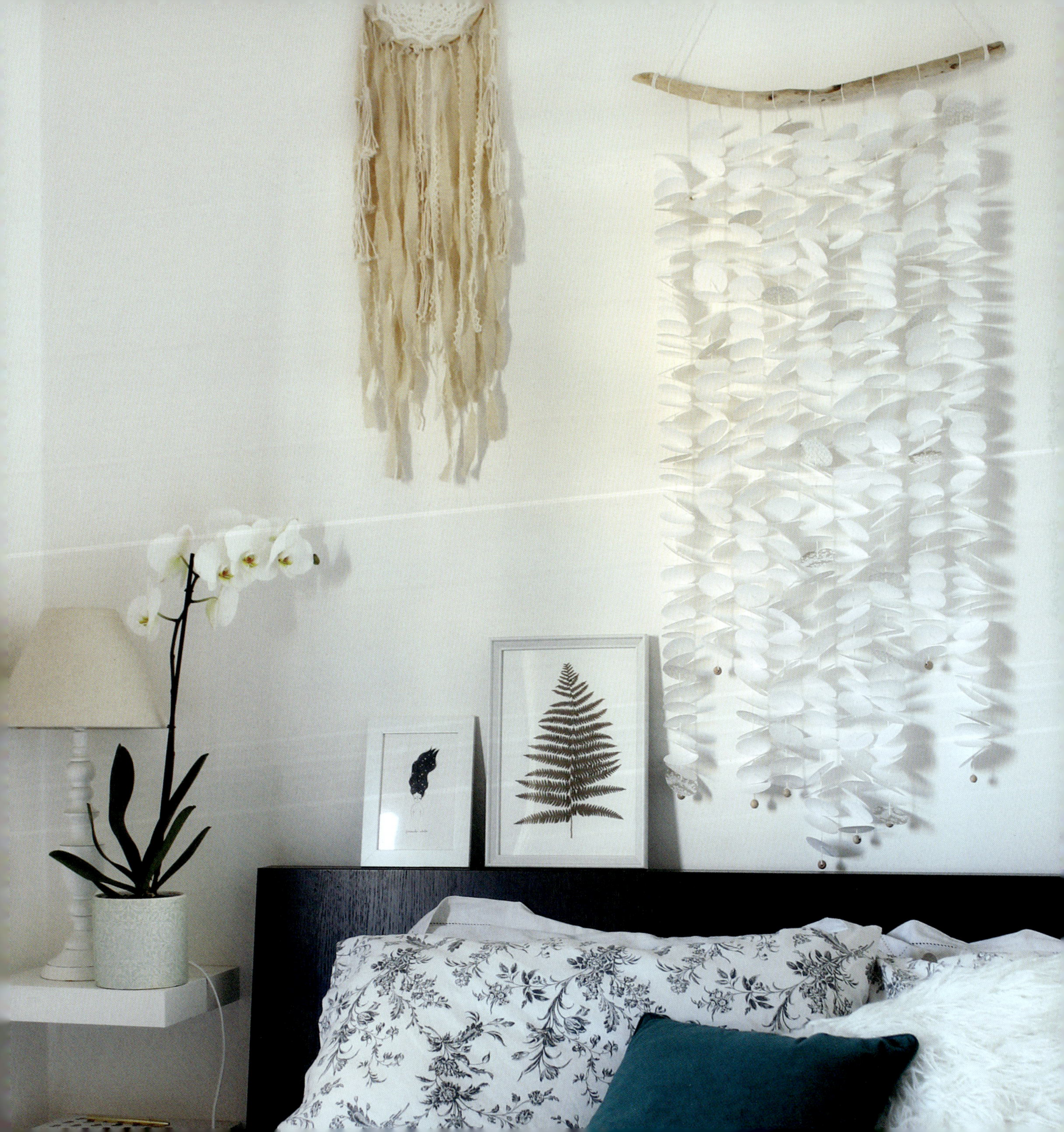

ANLEITUNG

1. Mit der Lochzange mehrere Kreise aus weißem und ein paar aus gemustertem Papier ausstanzen. Die Anzahl hängt davon ab, wie groß die Wanddekoration werden soll.

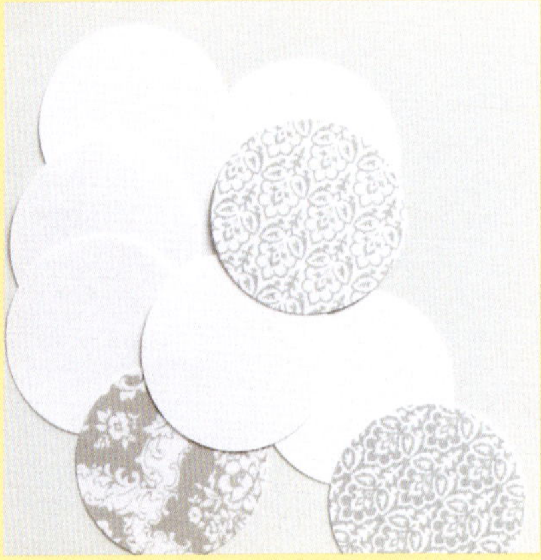

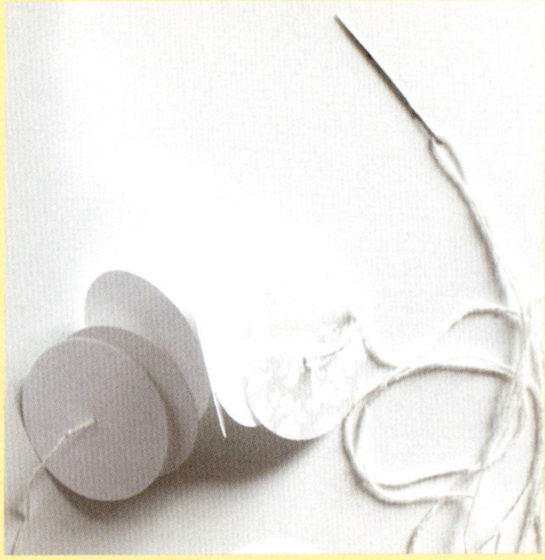

2. Die Schnur auf die Nadel fädeln und 10 cm über dem Ende mit einem Knoten versehen. Einen Papierkreis mittig durchziehen und auffädeln, einen weiteren Knoten in die Schnur machen und noch einen Papierkreis auffädeln.

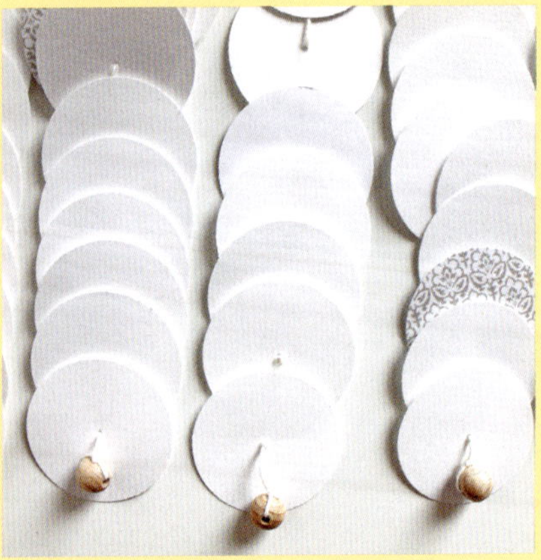

3. So fortfahren, bis die Schnüre die gewünschte Länge erreicht haben. Dann eine Holzkugel unten in das Schnurende knoten.

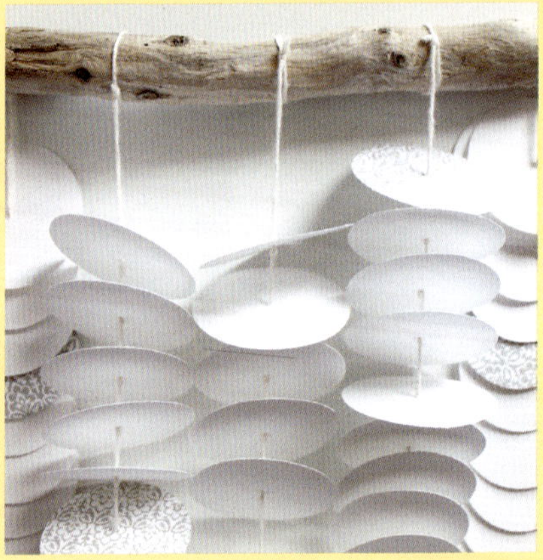

4. Die Schnüre an den Ast binden und mit einem Doppelknoten fixieren.

5. Zum Aufhängen ein Stück Schnur an beiden Astenden befestigen.

Tipp

Das weiße oder farbige Papier mit gemustertem Papier kombinieren, das die Farben aus dem Raum aufgreift. So wirkt die Wanddekoration noch harmonischer.

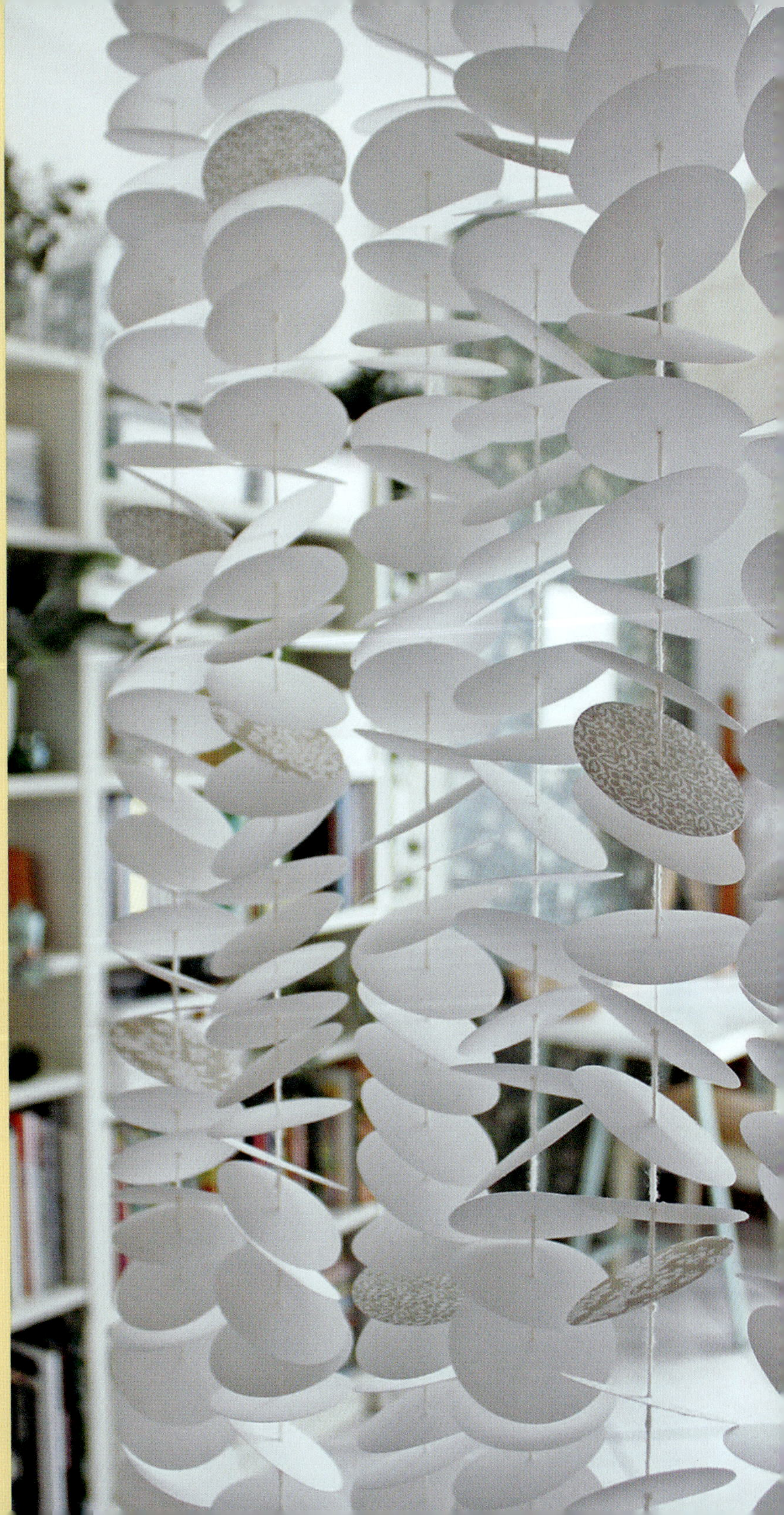

Girlande mit geometrischen Körpern

Girlanden gehören zu den vielseitigsten DIY-Projekten überhaupt, es gibt sicher Hunderte von „Variationen über das Thema" dazu. Hier ist eine mit geometrischen Körpern aus Papier. Diese kann man auch zu nordischen Weihnachtskugeln umfunktionieren, dann hat man zwei Projekte in einem.

MATERIAL

- **Vorlagen siehe S. 139**
- **farbiges Papier, 160 g/m²**
- **Lineal**
- **Cuttermesser**
- **Vinylkleber**
- **Pinsel**
- **Schneidematte**
- **weiße Baumwollschnur**

Diese Girlande kann man horizontal oder vertikal aufhängen, ganz wie es zur eigenen Wohnung passt!

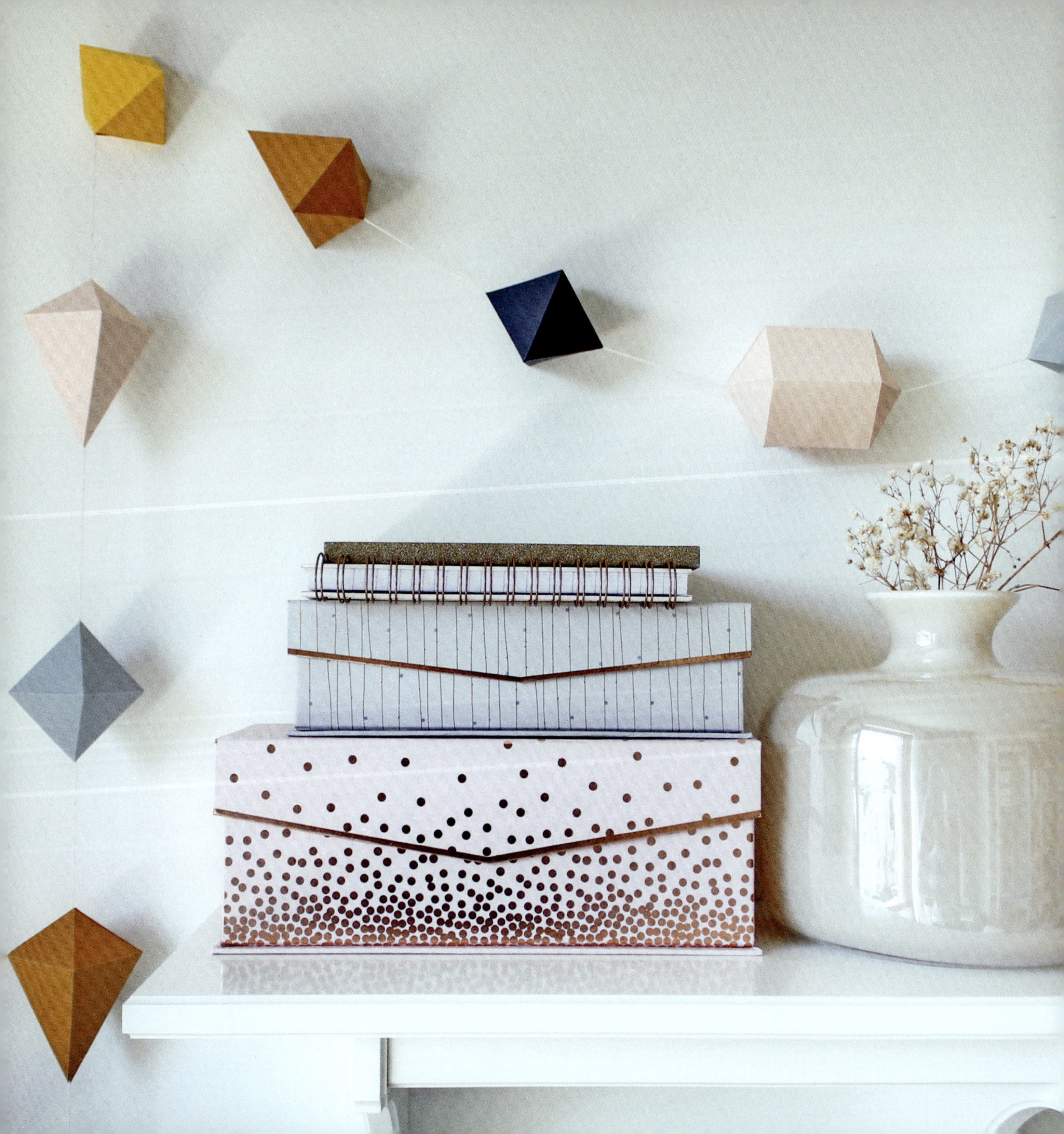

ANLEITUNG

1. Die Vorlagen für die geometrischen Körper auf farbiges Papier übertragen.

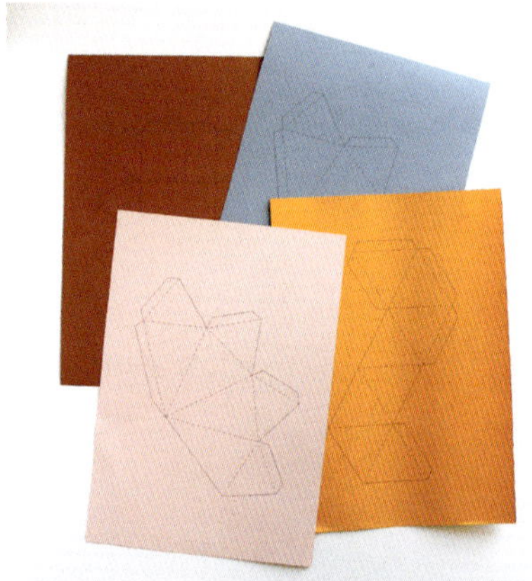

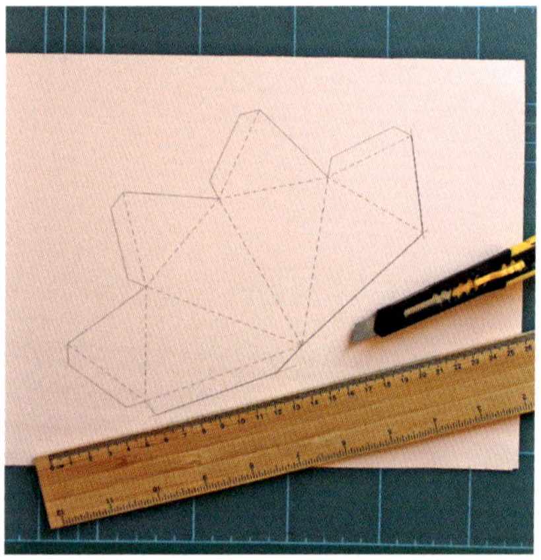

2. Mithilfe von Lineal und Cuttermesser die erste Vorlage ausschneiden.

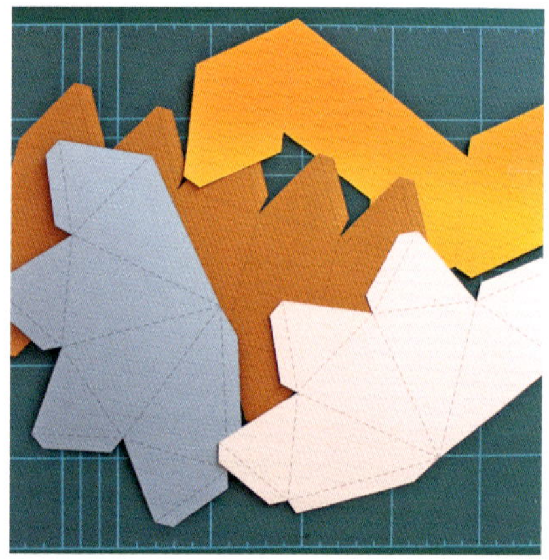

3. Dasselbe mit den anderen wiederholen.

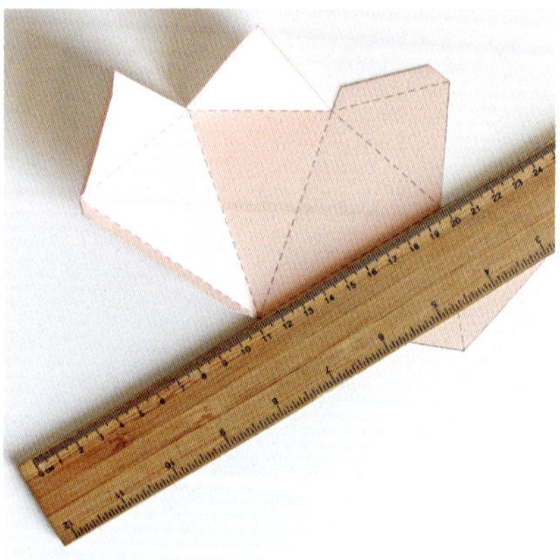

4. Mithilfe des Lineals die Formen an den eingezeichneten Linien falten und noch einmal gut über die Falze fahren.

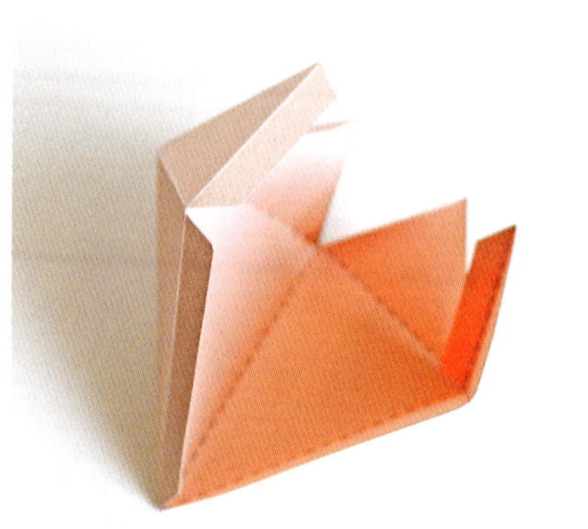

5. Den Körper in die richtige Form bringen ...

6. ... und dasselbe mit den anderen wiederholen.

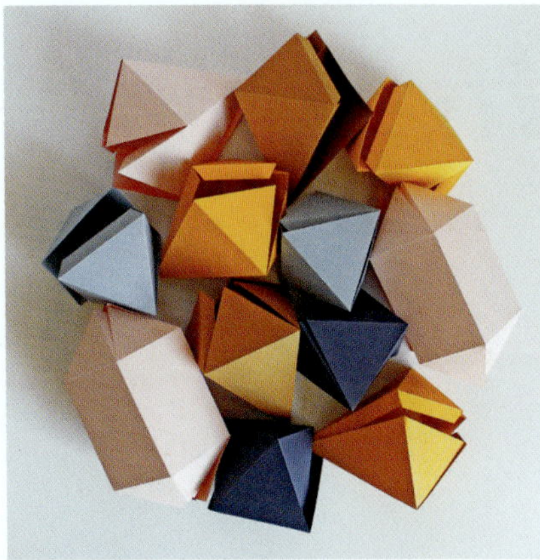

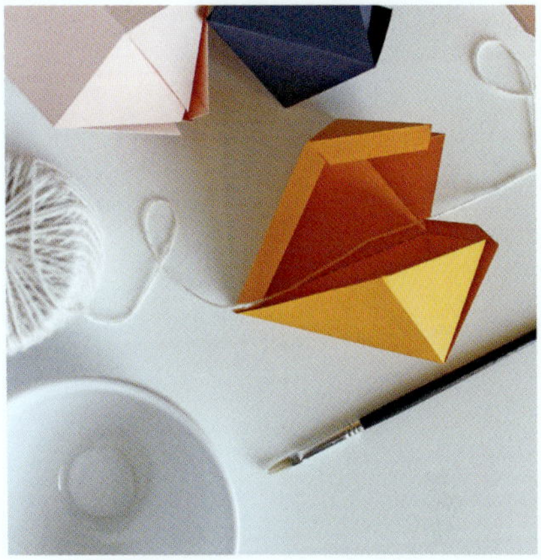

7. Dann die Schnur mittig in eine der Formen legen. Die Streifen für die Befestigung mithilfe des Pinsels mit Vinylkleber bestreichen ...

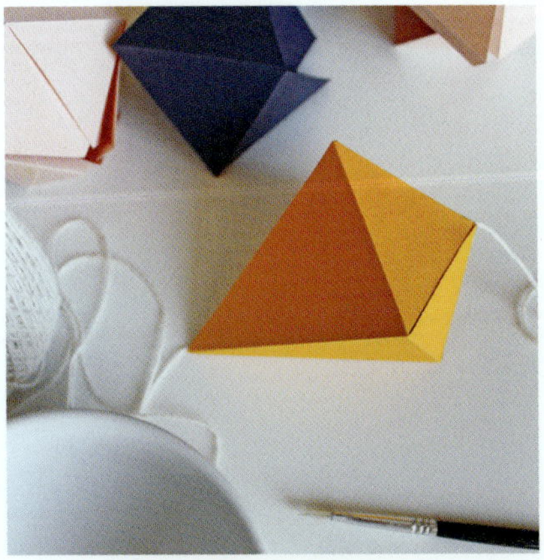

8. ... und die Form verschließen. Den Kleber jeweils trocknen lassen und erst dann weiterarbeiten.

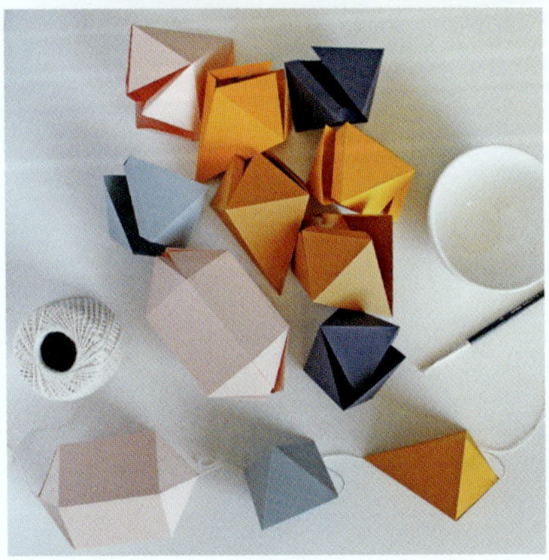

9. Fortfahren und die anderen Körper auf diese Weise jeweils mit etwas Abstand anbringen, ...

10. ... bis die Girlande fertig ist. Jetzt muss sie nur noch aufgehängt werden!

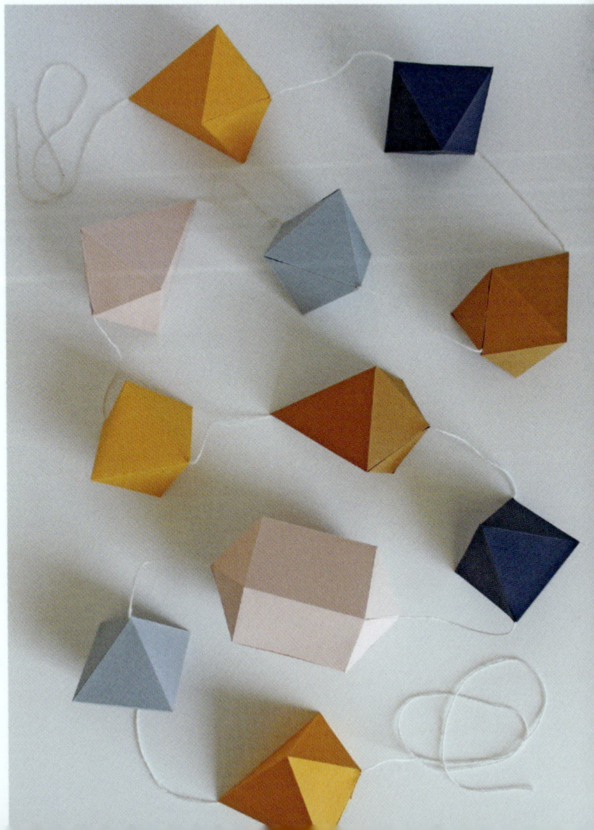

Mandala Paper Cutting

Mit der Paper-Cutting-Technik kann man viele komplexe Modelle anfertigen, aber für den Anfang ist ein einfacheres, aber doch effektvolles Projekt am besten geeignet, wie eine Zeichnung zum Aufhängen. Nicht zufällig habe ich dafür ein Mandala ausgewählt, das in der buddhistischen Kultur rituellen und meditativen Zwecken dient. Denn in Ruhe Papier auszuschneiden ist auch eine Art, zu entspannen und die eigene Kreativität zu erfahren.

MATERIAL

- **Vorlagen siehe S. 138**
- **weißes Papier, DIN-A4, und farbiges Papier, 21 x 21 cm, 160 g/m²**
- **Skalpell**
- **Schneidematte**
- **doppelseitiges Abstands-Klebeband**
- **Lineal**
- **Cuttermesser**
- **Schere**

Ich habe mein Mandala absichtlich nicht gerahmt und einfach auf ein Bord gestellt, damit ich es leicht auch woanders platzieren kann. Wählen Sie das Papier für den Hintergrund in einer Farbe, die sich auch in Ihrer Wohnung findet, damit es harmonisch wirkt und gut zueinanderpasst.

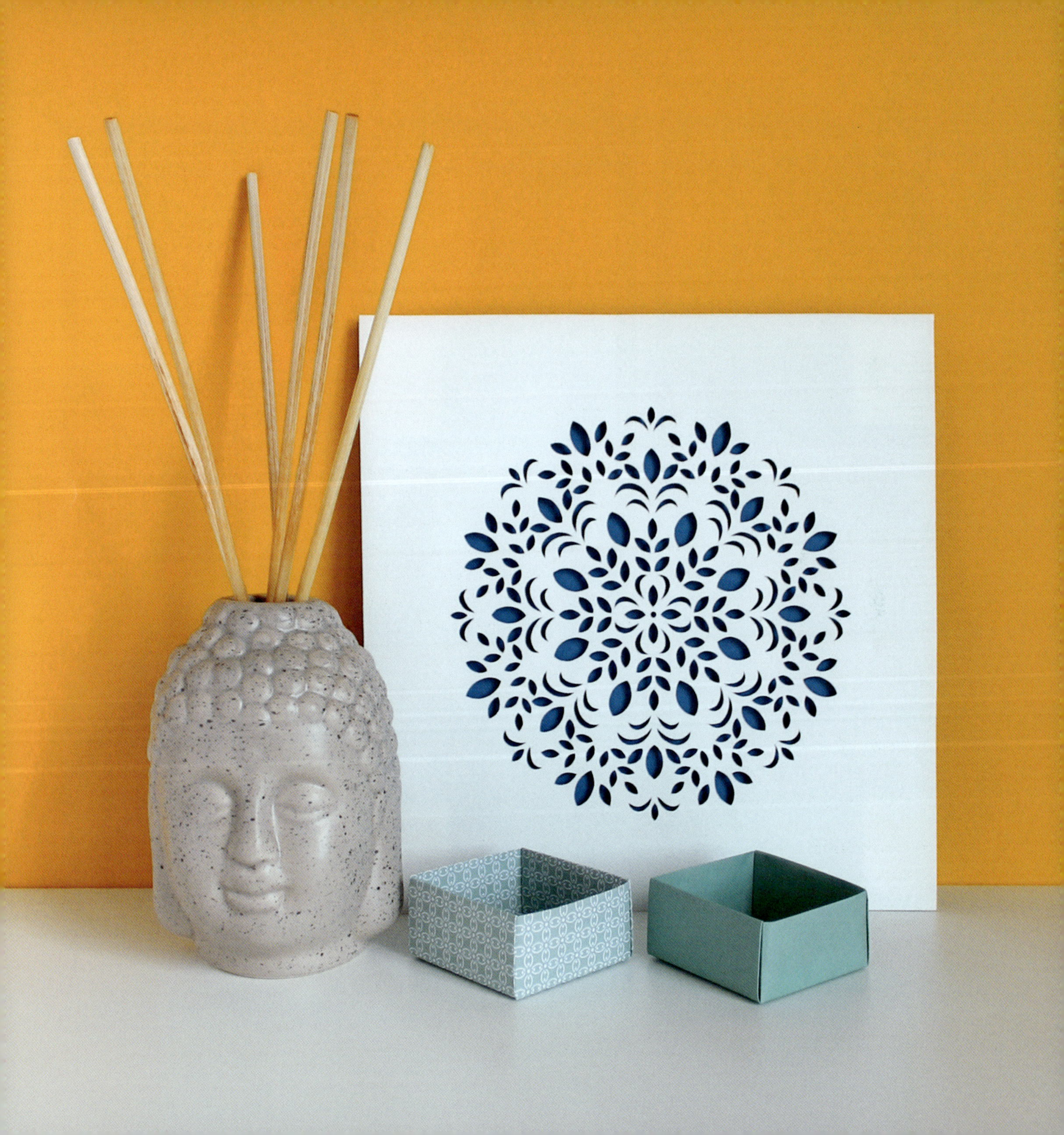

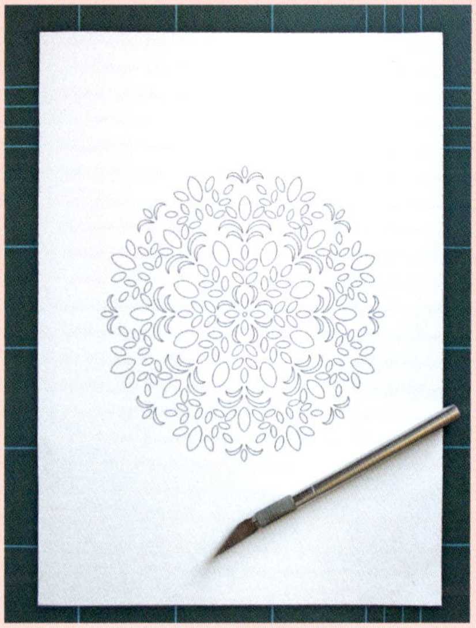

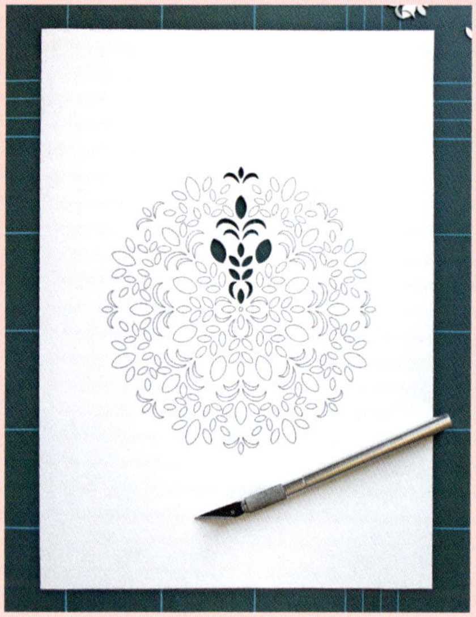

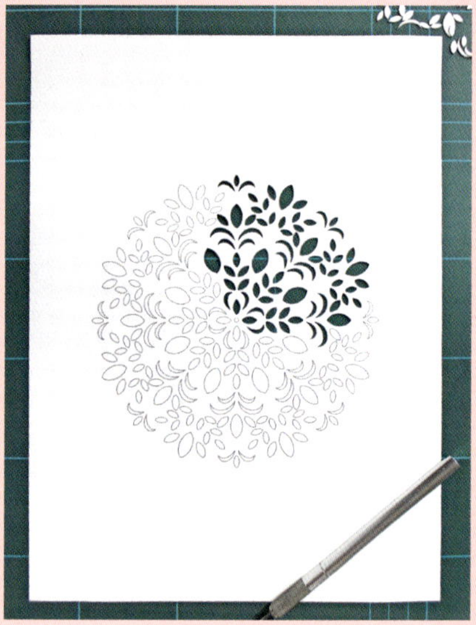

ANLEITUNG

1. Die Vorlage für das Mandala auf das weiße Papier übertragen.

2. Mit dem Ausschneiden in der Mitte beginnen ...

3. ... und nach außen hin arbeiten, ...

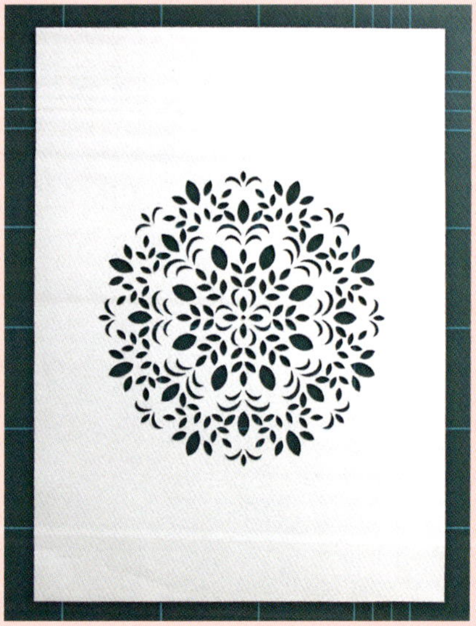

4. ... bis das Mandala fertig ist.

5. Mit dem Lineal das Papier so ausmessen, dass das Mandala mittig in einem 21 x 21 cm großen Quadrat liegt, überschüssige Teile mit dem Cuttermesser abschneiden.

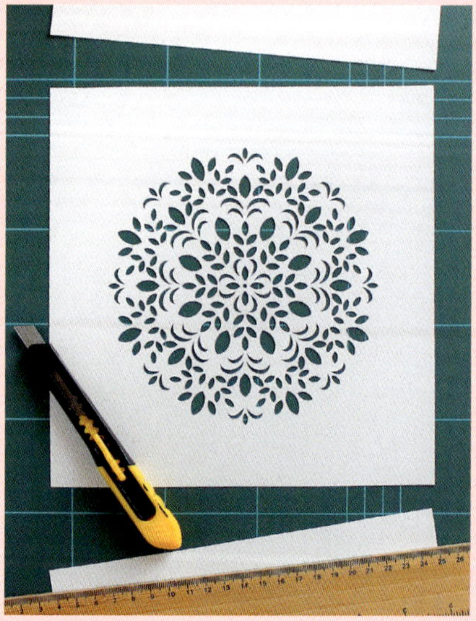

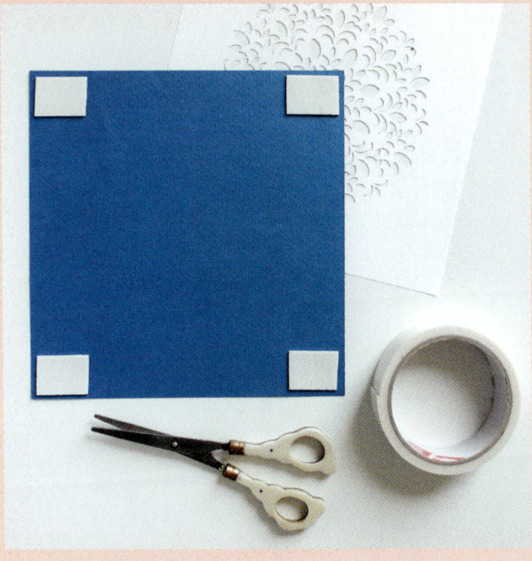

6. Auf die Ecken des farbigen Papiers für den Hintergrund (je dunkler die Farbe, desto stärker der Kontrast) jeweils ein Stück doppelseitiges Klebeband kleben. Wenn man mehrere Stücke Klebeband übereinanderklebt, hebt sich das Mandala stärker vom Hintergrund ab.

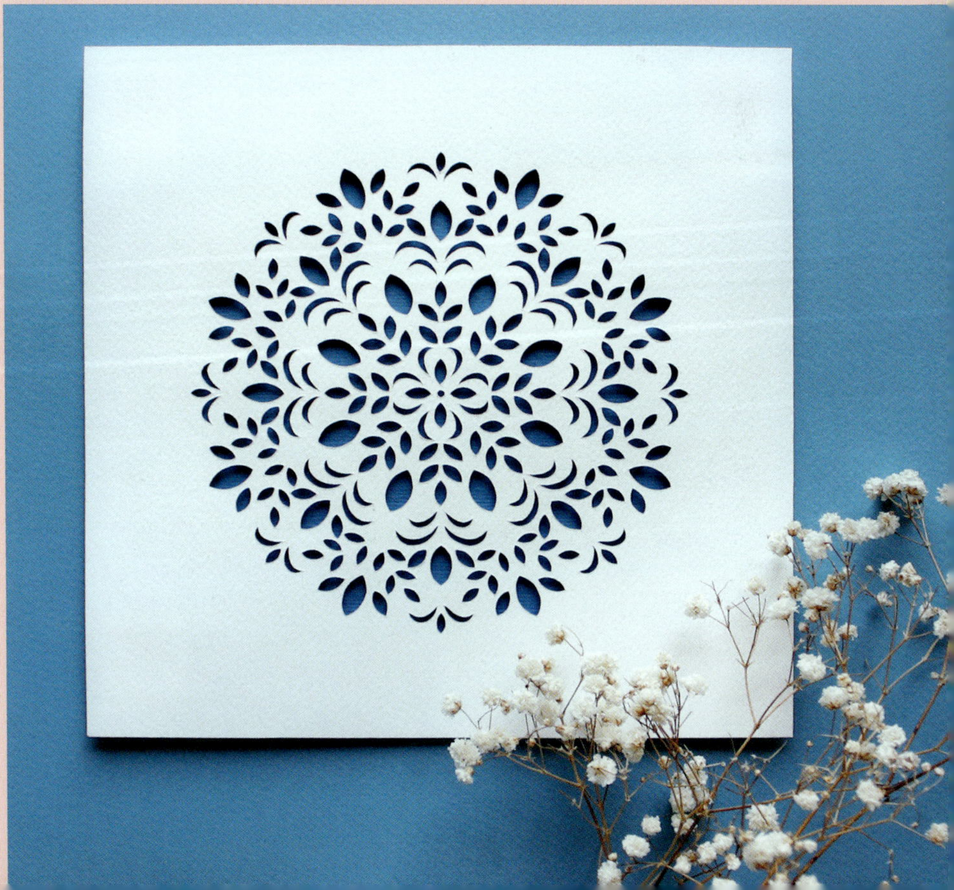

7. Das Mandala auf das farbige Papier kleben, dabei darauf achten, dass die Seite mit den Bleistiftzeichnungen hinten liegt. Jetzt kann das Mandala ausgestellt werden!

Mobile

Ein Mobile ist eine bewegliche Skulptur, die zugleich faszinierend und hypnotisierend wirken kann. Am bekanntesten sind die Mobiles des Künstlers Alexander Calder, von denen es zahlreiche Varianten gibt. Ein Mobile anzufertigen, ist ein schönes Spiel mit dem Gleichgewicht, aber wenn es einmal hängt, ist es zauberhaft zu sehen, wie es sich bewegt! Dies ist meine persönliche Interpretation dieses Themas – ein Mobile aus Zweigen und Papierkugeln.

MATERIAL

- **farbiges Papier, 160 g/m²**
- **Motivstanzer mit geometrischer Form**
- **Holzkugeln**
- **Vinylkleber**
- **Pinsel**
- **Baumwollschnur**
- **Schere**
- **Zweige**

Hier zeige ich einige Aufnahmen des Mobiles, wie es sich langsam bewegt, um zu demonstrieren, dass es eine echte Skulptur ist, die immer verschiedene Formen annimmt, um dann wieder zum „Ausgangspunkt" zurückzukehren und von vorne anzufangen ...

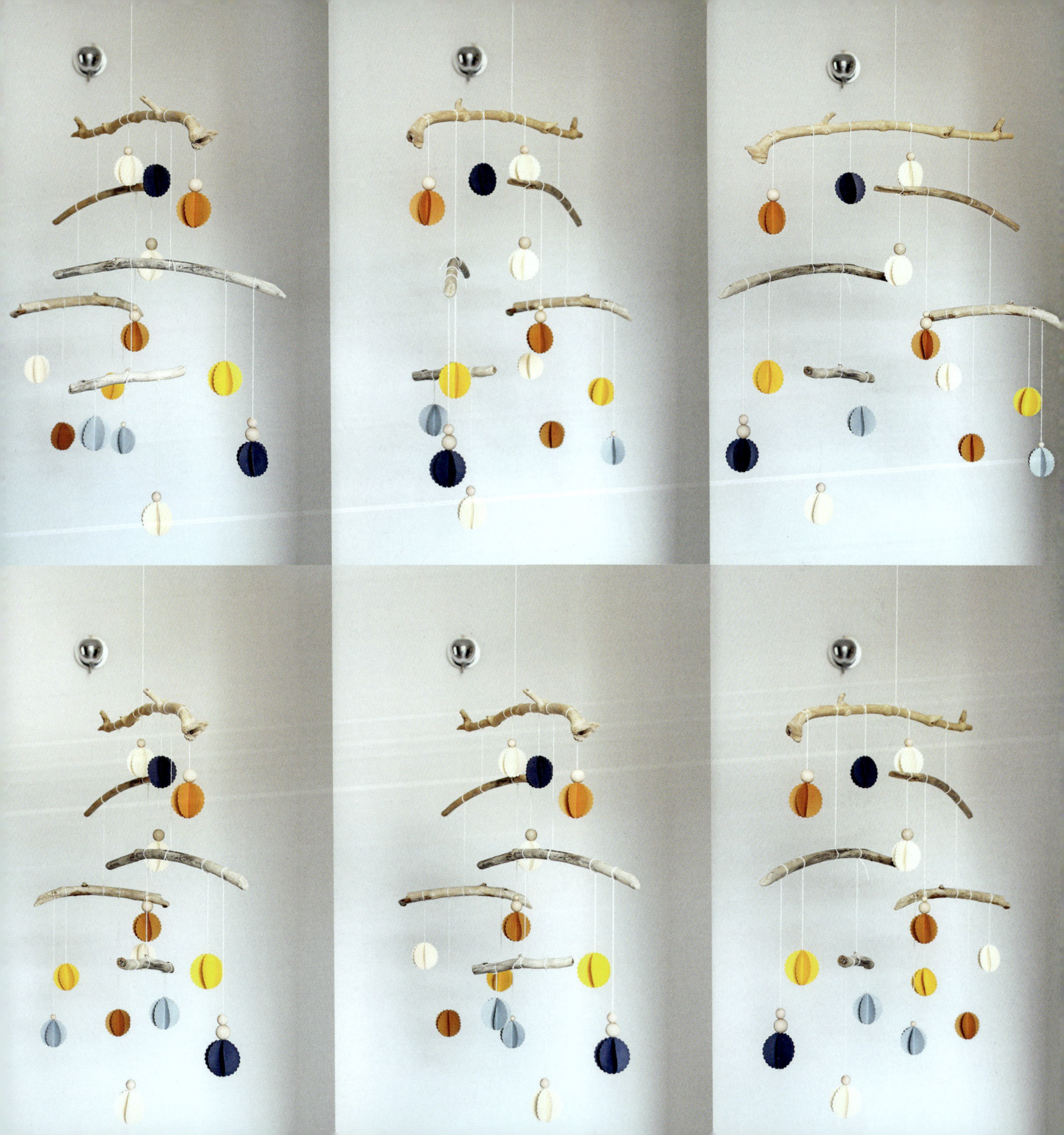

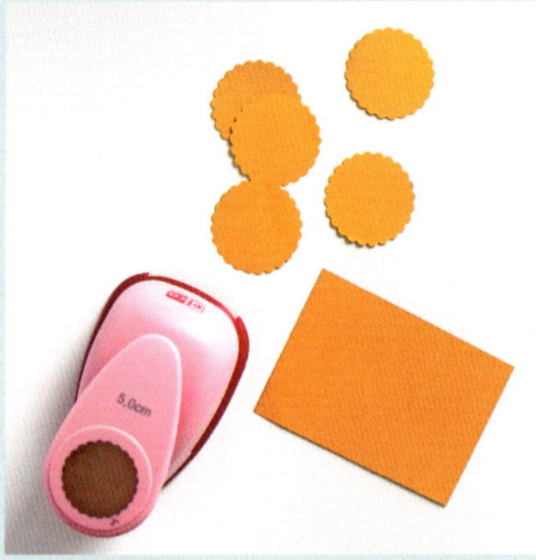

ANLEITUNG

1. Mit dem Motivstanzer sechs Teile ausstanzen.

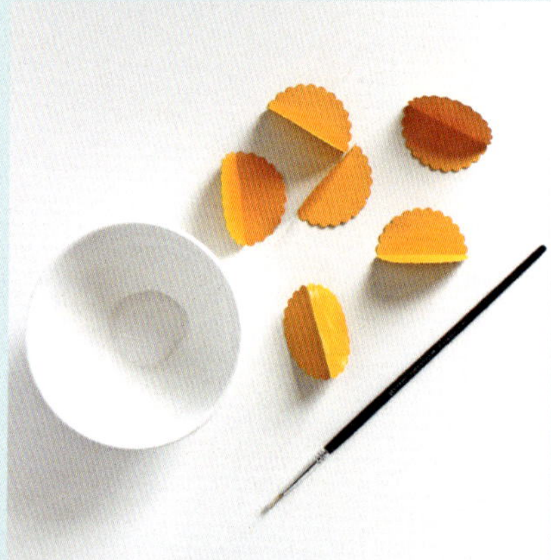

2. Diese mittig falten und zwei Teile mithilfe des Pinsels mit Vinylkleber bestreichen …

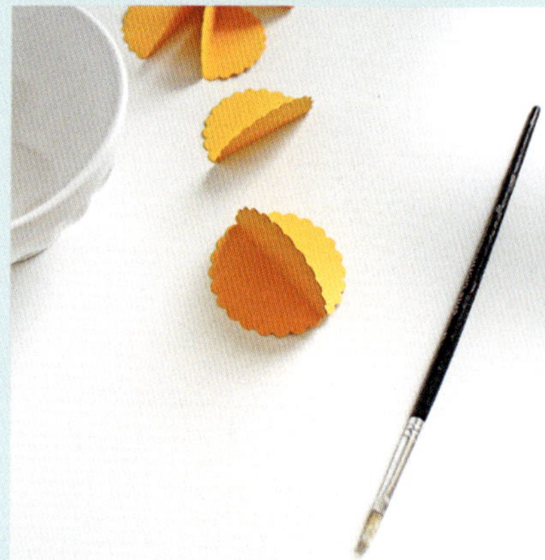

3. … und aufeinanderkleben. Mit dem Finger festdrücken, bis der Klebstoff getrocknet ist.

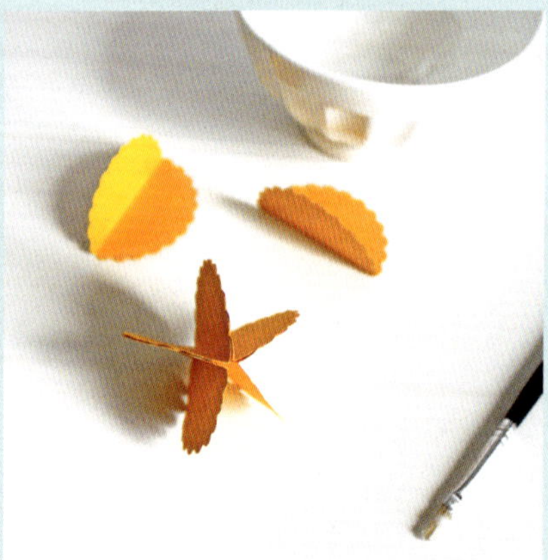

4. Dann die anderen Teile anbringen, dafür jeweils zur Hälfte mit Klebstoff bestreichen.

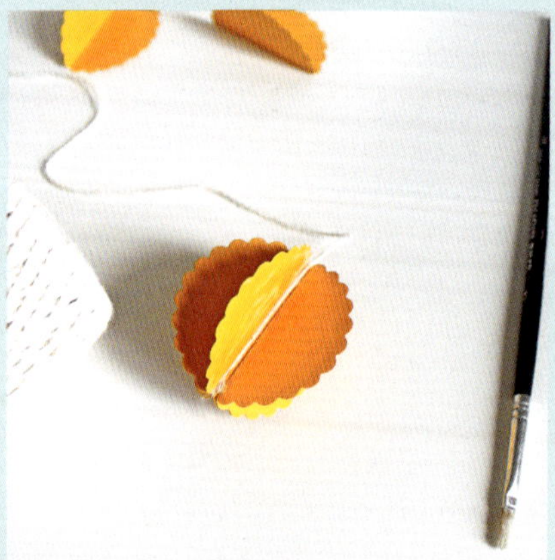

5. Bevor das letzte Teil aufgeklebt wird, die Baumwollschnur in die Mitte legen.

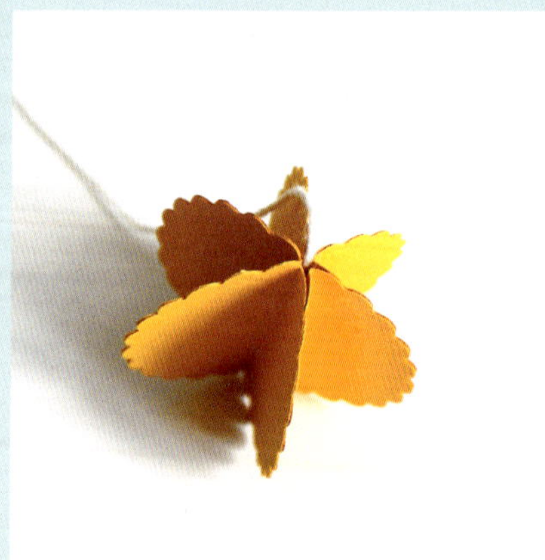

6. Dann das letzte Teil festkleben und den Klebstoff gut trocknen lassen.

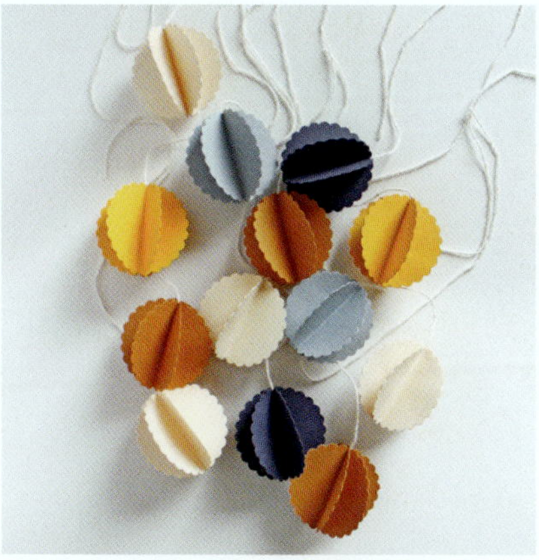

7. So viele Kugeln wie gewünscht anfertigen.

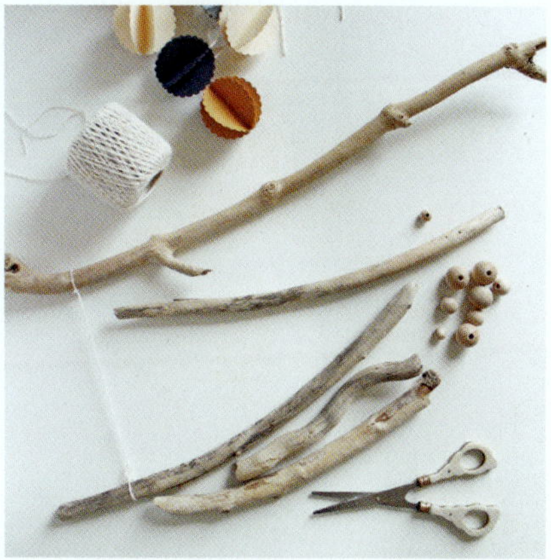

8. Die Zweige auf den Tisch legen und eine der nebenstehenden Strukturen für das Mobile auswählen. Die Zweige entsprechend mit der Baumwollschnur verbinden und diese mit einem einfachen Doppelknoten befestigen.

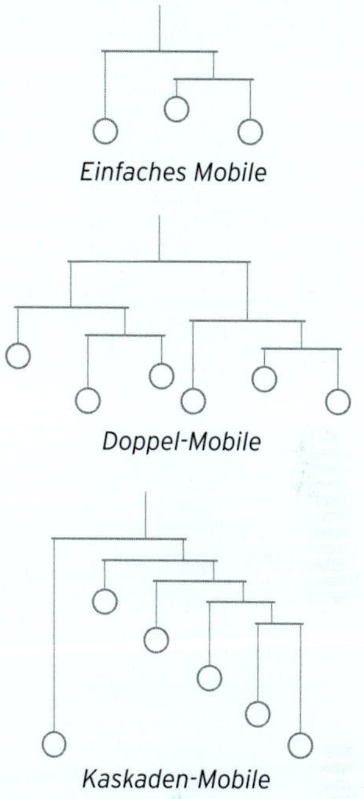

9. Um das Mobile zusammenzusetzen, die Basis mit den Zweigen an einem Fenster- oder Türgriff befestigen. Dabei fallen sie alle senkrecht, aber keine Sorge. Einfach nach und nach die Kugeln daran befestigen und das Gleichgewicht austarieren.
Selbst eine kleine Verschiebung der Schnüre nach rechts oder links beeinflusst das Gleichgewicht, sodass man die Elemente immer wieder verschieben muss, bis alle angebracht sind. Die Holzkugeln werden nicht nur zu dekorativen Zwecken hinzugefügt, sondern auch als Gewichte, wo nötig. Nach Belieben kann man auch eine Origami-Form oder ein Glöckchen anbringen, wenn man das Geräusch mag. Hier zeige ich mein zusammengebautes Mobile auf einer Fläche liegend, damit man seine Struktur erkennt. Wie man sieht, habe ich hier und da Kugeln hinzugefügt, das können Sie auch machen. Am wichtigsten ist, dass alles im Gleichgewicht ist. Zum Schluss überschüssige Schnur abschneiden und die Knoten mit etwas Vinylkleber bestreichen, damit sie sich nicht nach einiger Zeit wieder auflösen.

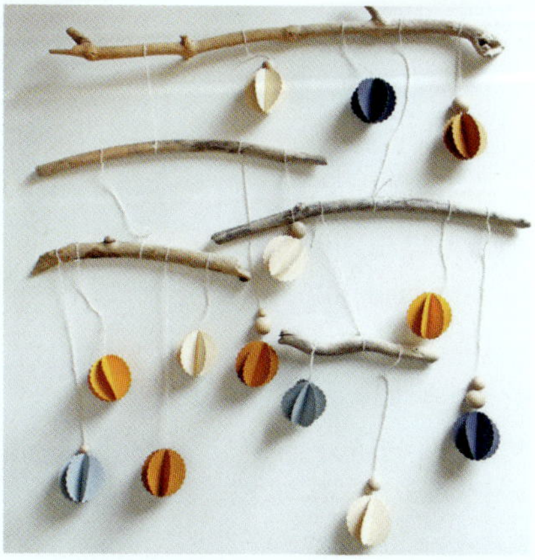

Notizbuch

Dies ist ein Projekt für eine kleine Bindearbeit. Das Notizbuch oder Album in Leporello-Form kann man selbst nutzen oder auch jemandem schenken, der gerne zeichnet oder Gedanken aufschreibt. Wenn die Technik erst einmal erlernt ist, kann sie für verschiedene Buchgrößen angewendet werden. So entsteht ein ganz persönliches Büchlein!

MATERIAL

- **2 Stücke Pappe aus Pflanzenfasern, 15 x 15 cm, 2 mm dick**
- **2 Bogen Schmuckpapier, 18 x 18 cm**
- **weißes Papier, 14 x 42 cm und 14 x 43 cm, 160 g/m^2**
- **Satinband, 140 cm lang, 2 cm breit**
- **Lineal**
- **Schere**
- **Vinylkleber**
- **Pinsel**
- **Falzbein**

Das Büchlein mit den ziehharmonikaartig gelegten Seiten ist vielseitig verwendbar. Nach Belieben lassen sich noch weitere Seiten hinzufügen oder mithilfe von Washi Tape kleine Umschläge mit anbringen. So wird es besonders schön und interessant.

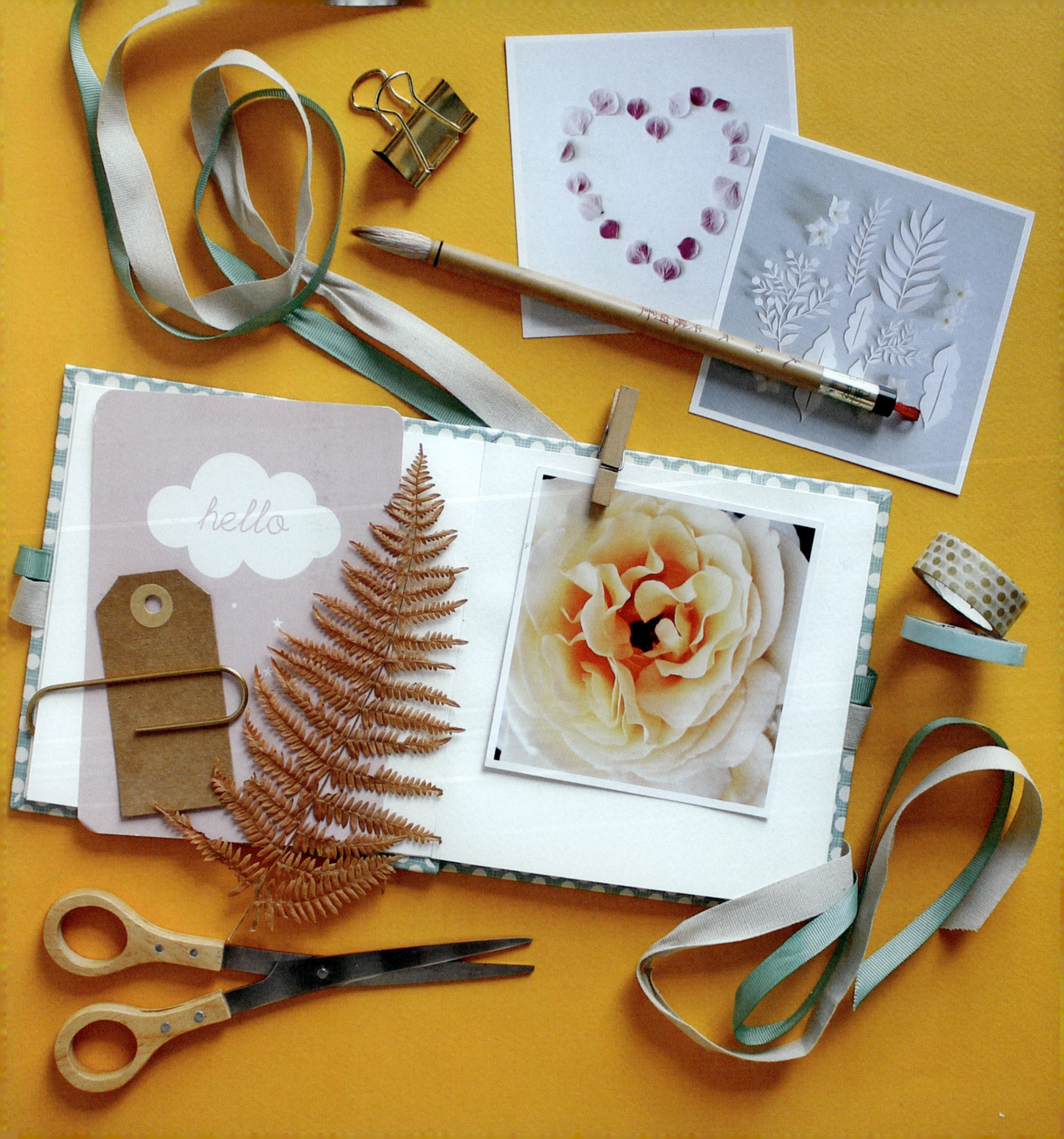
hello

ANLEITUNG

1. Zum Schutz der Arbeitsfläche ein Papier unterlegen und den Vinylkleber in einem Becher mit etwas Wasser verdünnen.

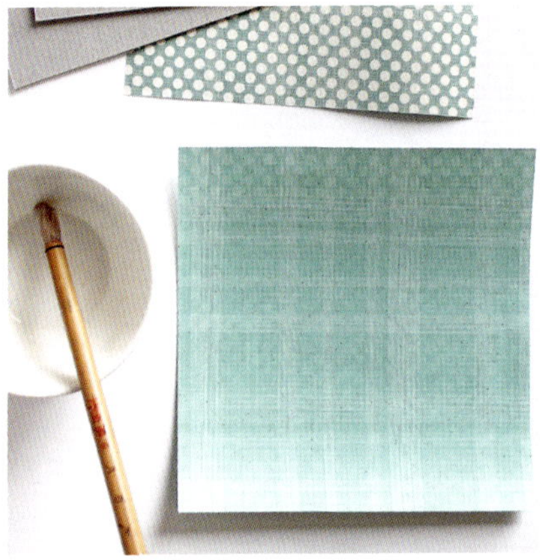

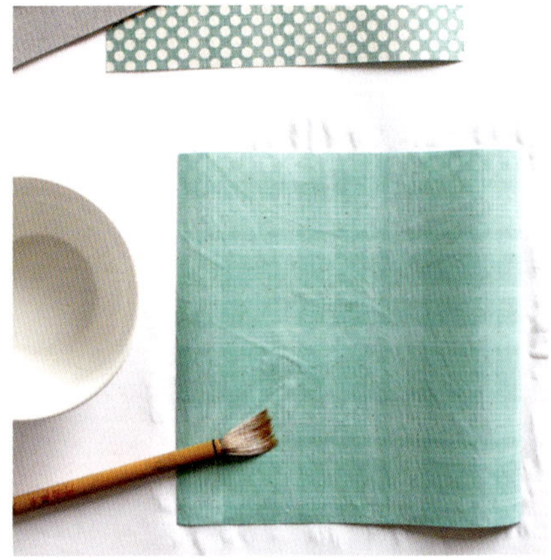

2. Das Schmuckpapier mit der Rückseite nach oben hinlegen, mit einer Hand festhalten und mit der anderen von innen nach außen mit Klebstoff bestreichen. Dabei ruhig über den Rand hinaus arbeiten und darauf achten, dass die gesamte Fläche des Blattes mit Klebstoff bestrichen wird.

3. Den Klebstoff eine Minute antrocknen lassen und dann die Pappe mittig auf das Schmuckpapier legen. Mit der Hand gut festdrücken.

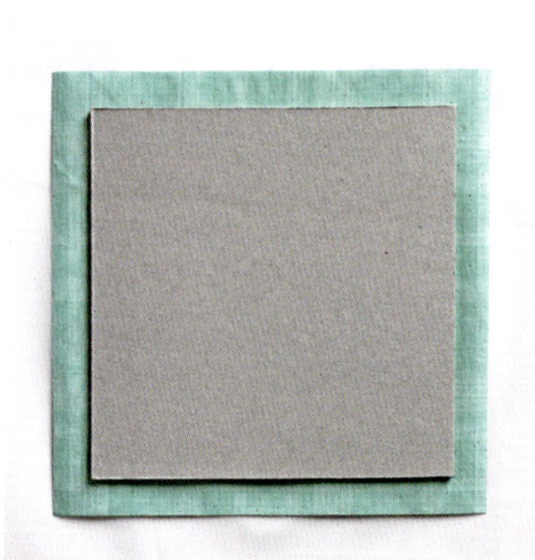

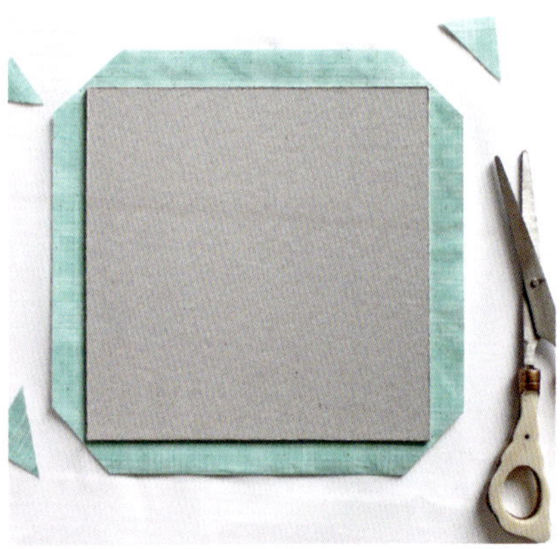

4. Die vier Ecken, wie auf dem Foto gezeigt, mit der Schere schräg abschneiden, dabei 3–4 mm Rand stehen lassen.

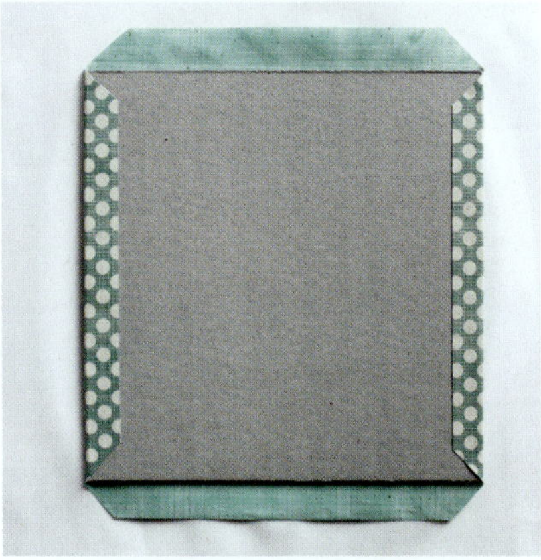

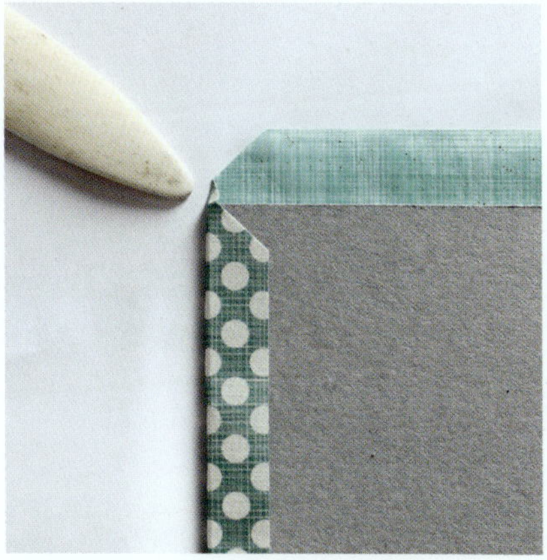

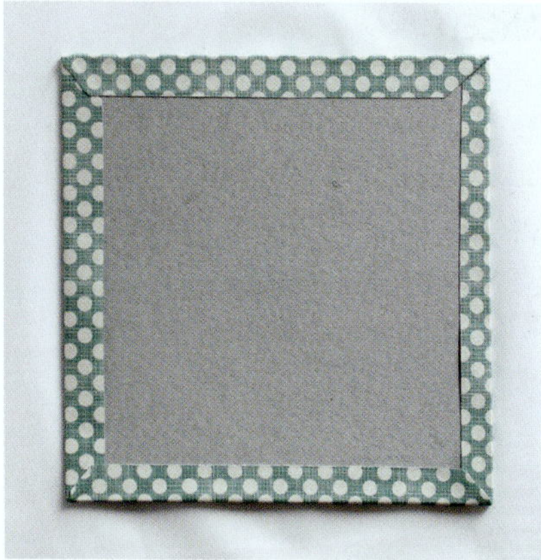

5. Die überstehenden Seiten des Schmuckpapiers umfalten und gut andrücken.

6. Mithilfe des Falzbeins die Ecke wie auf dem Foto zu sehen nach innen schieben. So wird der Einband sauber und faltenfrei. Diesen Vorgang an den anderen Ecken wiederholen.

7. Nun auch die untere Seite des Schmuckpapiers umfalten und wieder gut andrücken.

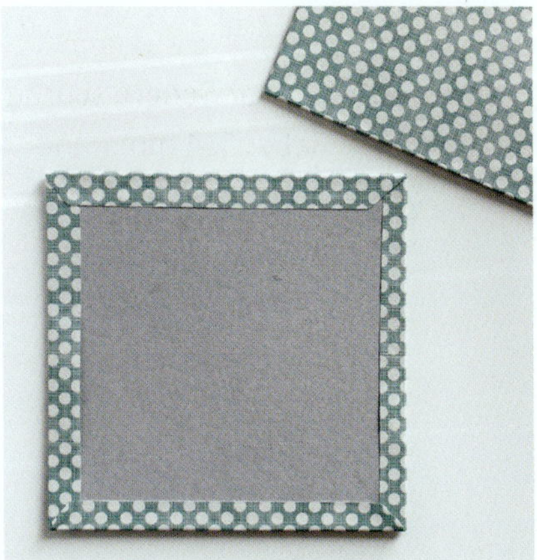

8. Dasselbe mit der zweiten quadratischen Pappe wiederholen. Das werden Vorder- und Rückseite des Notizbuchs.

Jetzt die Innenseiten anfertigen. Dafür mithilfe des Lineals zwei Streifen aus weißem Papier in jeweils 14 cm breite Ziehharmonikafalten legen. Bei einem der Streifen bleibt eine 1 cm breite Kante stehen, an der er an den anderen geklebt wird.

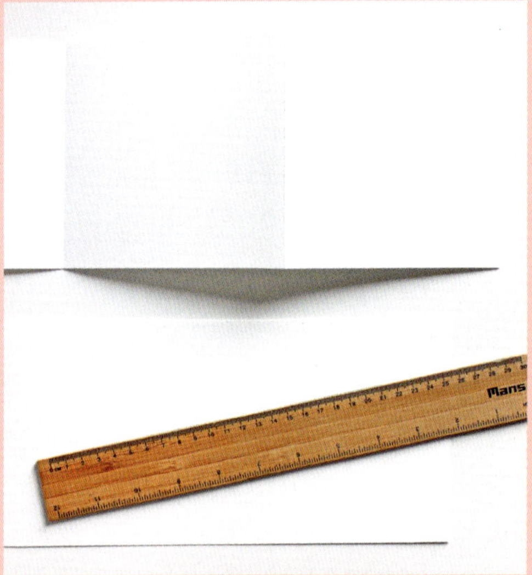

Tipp

Wenn das Büchlein als Album dienen soll, die Innenseiten am besten aus Brief- oder Aquarellpapier anfertigen.

9. Etwas Vinylkleber darauf verstreichen und die beiden Streifen aneinanderkleben.

10. So entstehen die ziehharmonikaartigen Seiten wie auf dem Foto zu sehen.

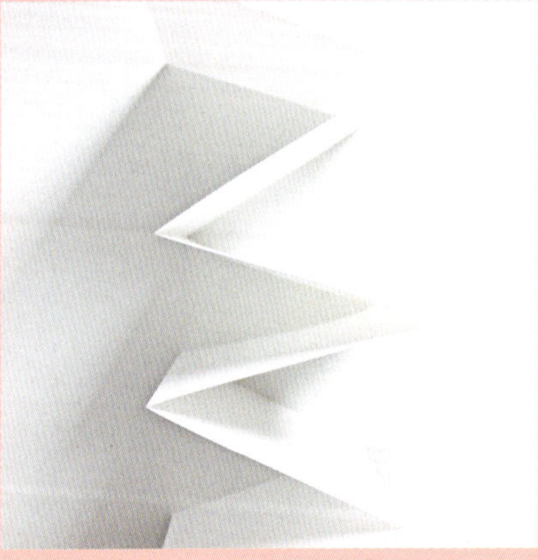

11. Die Satinbänder halbieren und mit Vinylkleber über eine Länge von 4 cm innen auf die Pappe kleben.

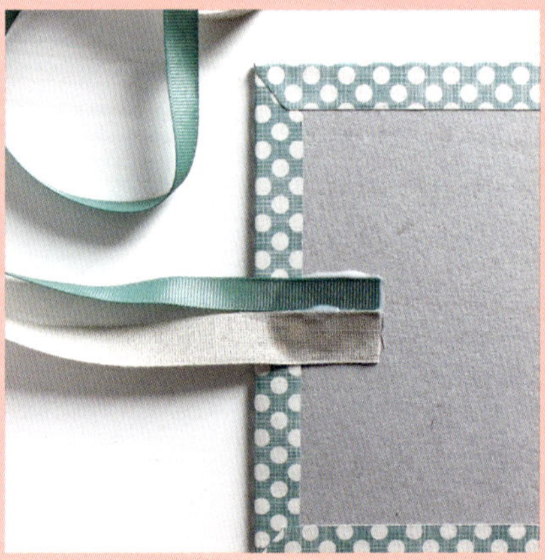

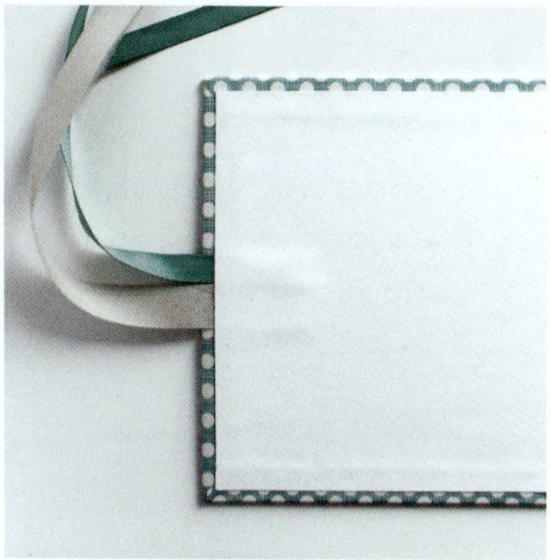

12. Eine Ziehharmonikaseite außen mit Klebstoff bestreichen und mittig auf die Pappe kleben. Mit der Hand gut festdrücken.

13. Auch auf der anderen Pappe innen zwei Bänder anbringen und das andere Ende der Ziehharmonikaseiten daraufkleben. Jetzt ist das Notizbuch fertig.

14. Ich habe die Bänder absichtlich so lang gelassen, damit man sie zweimal um das Büchlein wickeln und sie noch zu einer hübschen Schleife binden kann. Natürlich kann man die Länge auch variieren. Jetzt fehlen nur noch Pinsel, Bleistift oder Füller und das Notizbuch kann benutzt werden!

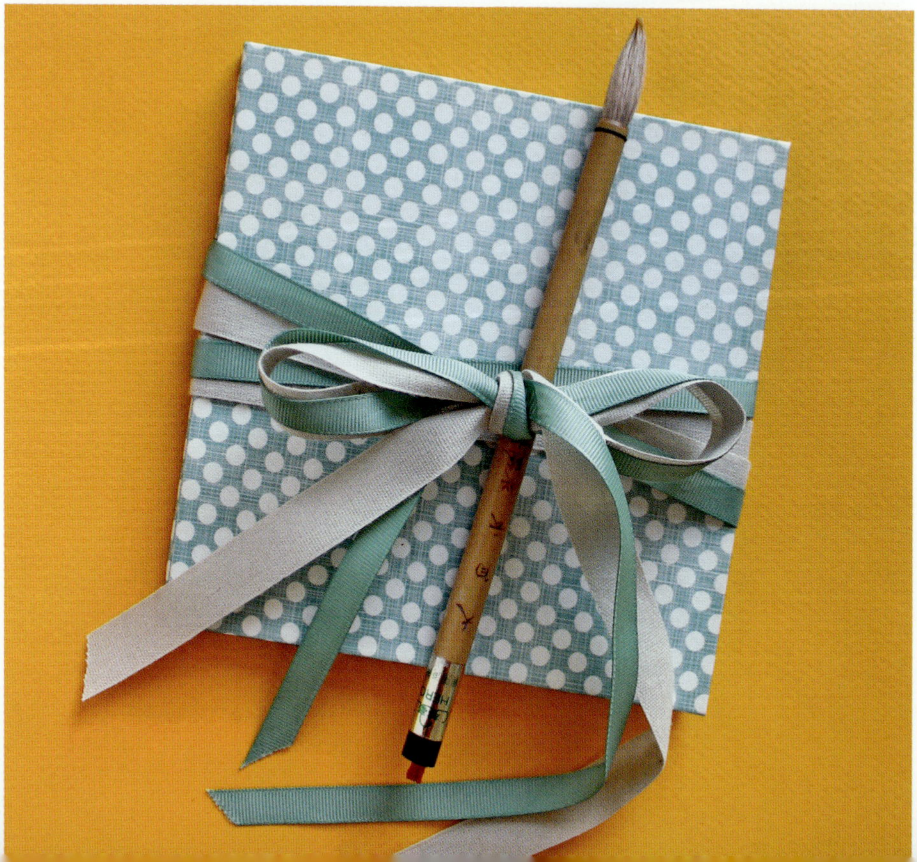

Origami-Schachteln

Liegt auf Ihrem Schreibtisch auch viel Krimskrams herum, der ordentlich und schön verstaut werden soll? Von diesen Origami-Schachteln kann man so viele anfertigen, wie man braucht, in allen möglichen Größen. Dafür benötigt man nur Papier!

MATERIAL

* **Schmuckpapier in guter Qualität, 27,5 x 27,5 cm, 20,5 x 20,5 cm und 15 x 15 cm**

Die Origami-Schachteln sind schnell und einfach gemacht und zudem sehr vielseitig. Fertigen Sie sie auch in anderen Größen als hier angegeben an, je nach Bedarf und Material, das darin untergebracht werden soll. Die größere Schachtel kann man auch unterteilen, indem man eine oder mehrere kleine hineinsetzt.

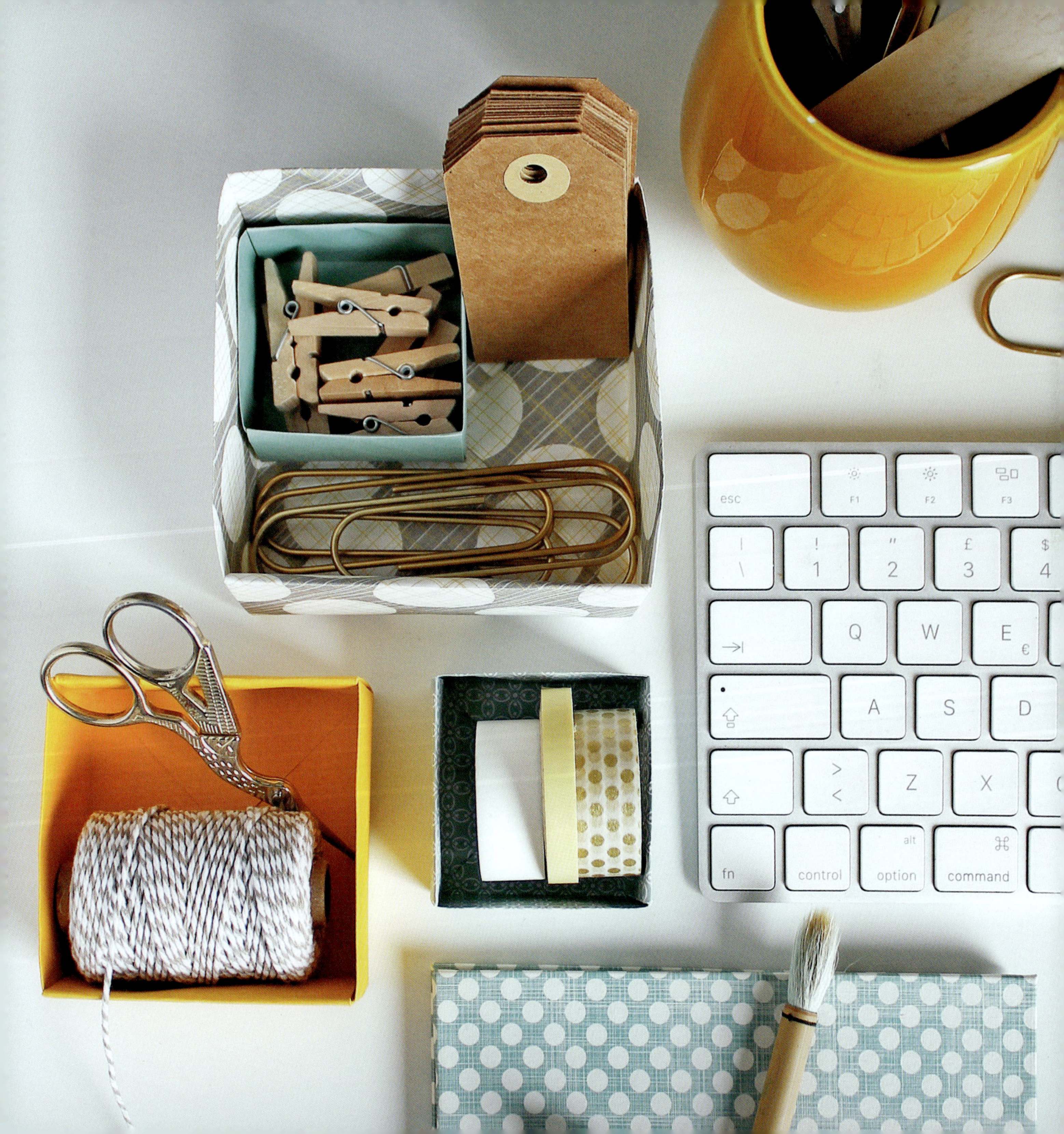
esc
F1
F2
F3
1
2
3
4
Q
W
E
A
S
D
Z
X
fn
control
alt
option
command

ANLEITUNG

1. Mit dem ersten der drei Blätter beginnen. Wenn das Papier beidseitig bedruckt ist, das Blatt mit der Innenseite nach oben hinlegen.

2. Das Blatt längs und quer locker mittig falten und nur den Mittelpunkt markieren.

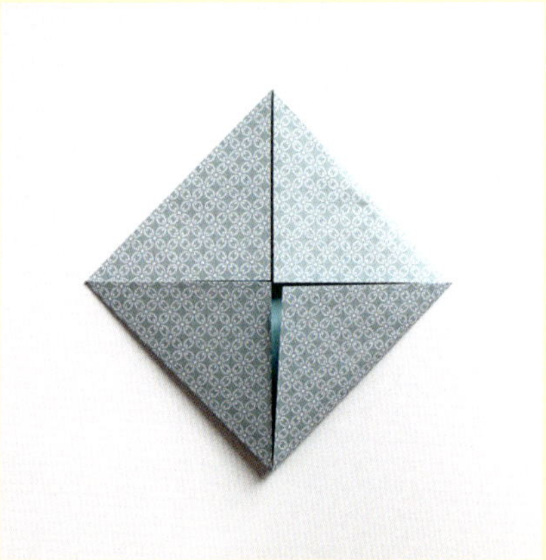

3. Die vier Ecken zur Mitte falten.

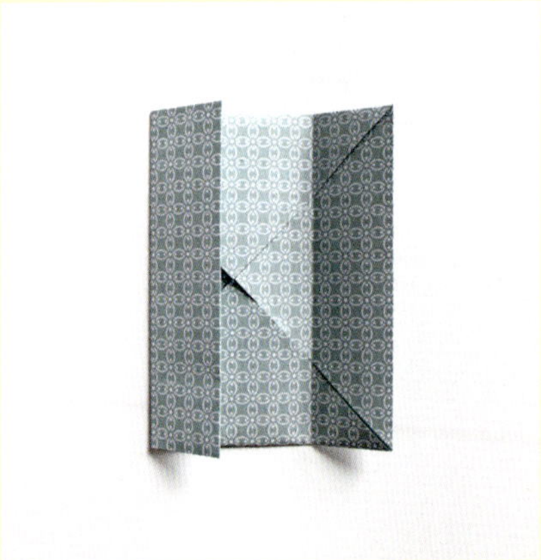

4. Die Arbeit drehen und die beiden Seiten wie auf dem Foto gezeigt zur Mitte falten ...

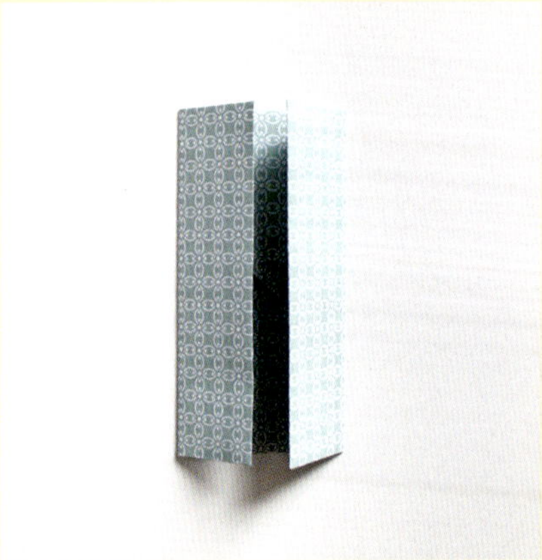

5. ... und wieder öffnen.

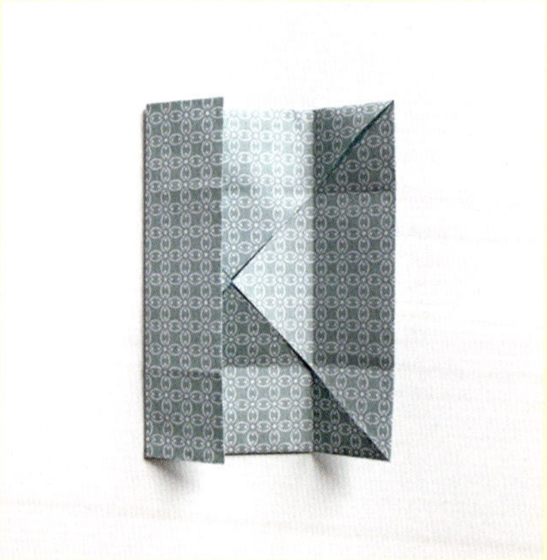

6. Die Arbeit noch einmal drehen und den Vorgang wiederholen.

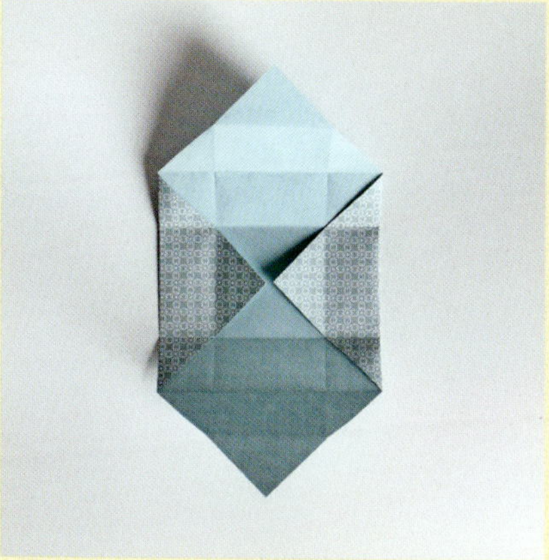

7. Zwei Ecken wie gezeigt auffalten.

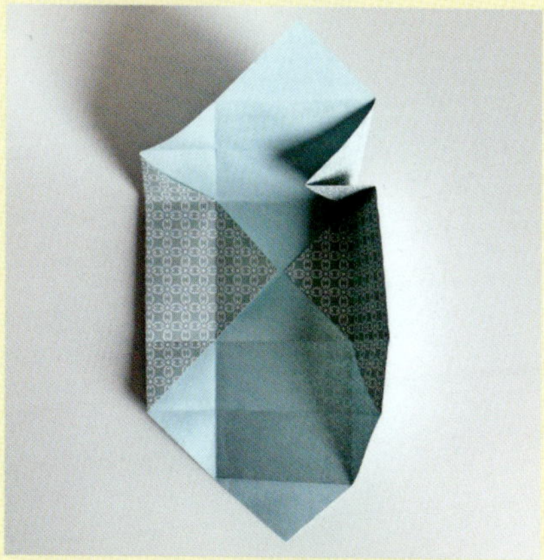

8. Die Vorbereitungsfalten zum Ausformen der Schachtel nutzen: Die rechte Ecke anheben und wie auf dem Foto zu sehen nach innen legen.

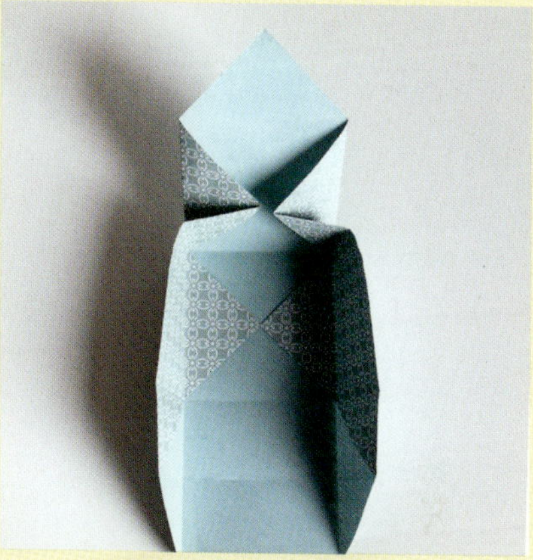

9. Dasselbe auf der linken Seite wiederholen ...

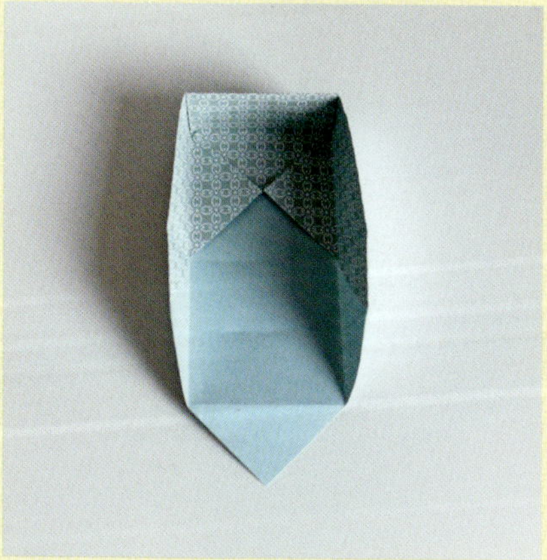

10. ... und dann das äußere Dreieck an den Falten nach innen legen.

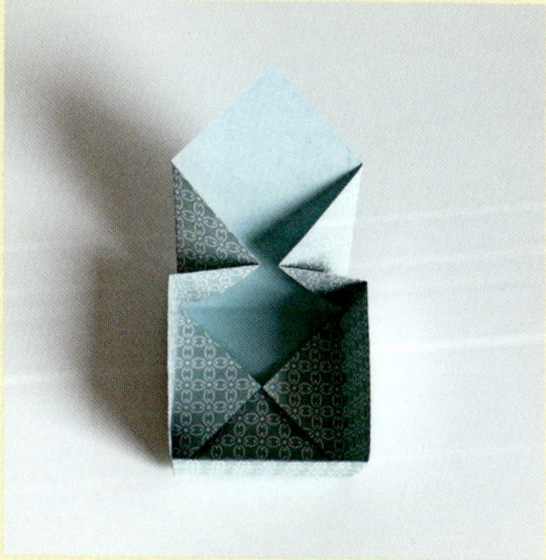

11. Die Arbeit drehen und dasselbe auf der gegenüberliegenden Seite wiederholen.

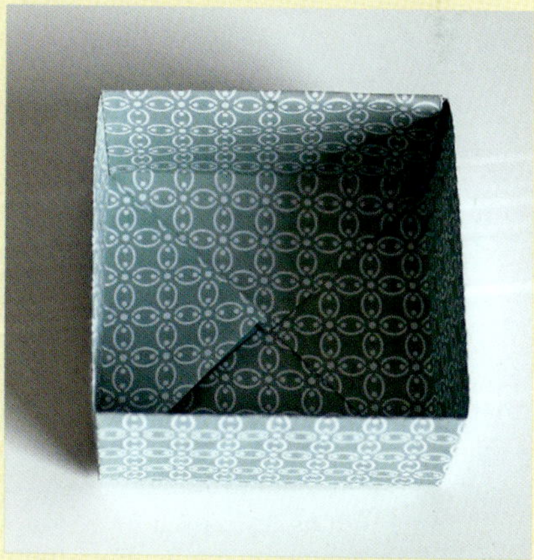

12. Die erste Schachtel ist jetzt fertig! Die Blätter in den anderen Größen ebenso falten – so erhält man ein schönes Schachtel-Set für den Schreibtisch!

Origami-Vase

Vasen sind ein Muss für jede Wohnung, sie passen in jeden Raum, auf Borde, Bücherregale, Konsolen, Couchtische … Diese moderne und elegante Origami-Vase anzufertigen, hat mich mit viel Freude erfüllt, und ich hoffe, dass es Ihnen genauso geht!

MATERIAL

- **2 Stücke Papier, rechteckig, maximal 140 g/m^2, 20 x 49,5 cm**
- **Lineal**
- **Bleistift**
- **Vinylkleber**
- **Pinsel**
- **Holzwäscheklammern**

Fertigen Sie Vasen aus Papier in verschiedenen Farben und Mustern an. Sie ergeben eine perfekte, elegante und ganz ungewöhnliche Dekoration für die Wohnung!

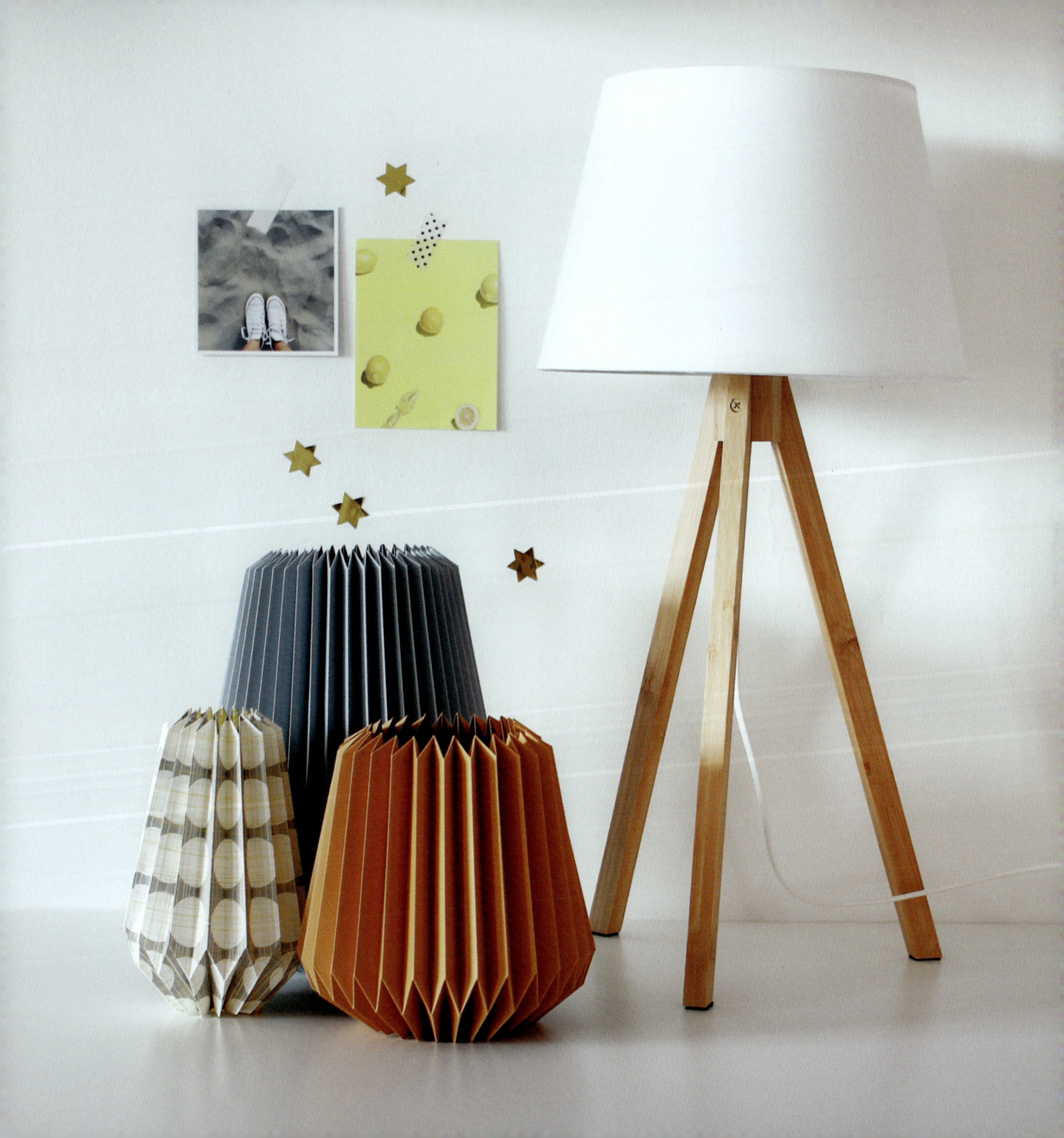

ANLEITUNG

1. Ein Papierrechteck in der angegebenen Größe zuschneiden.

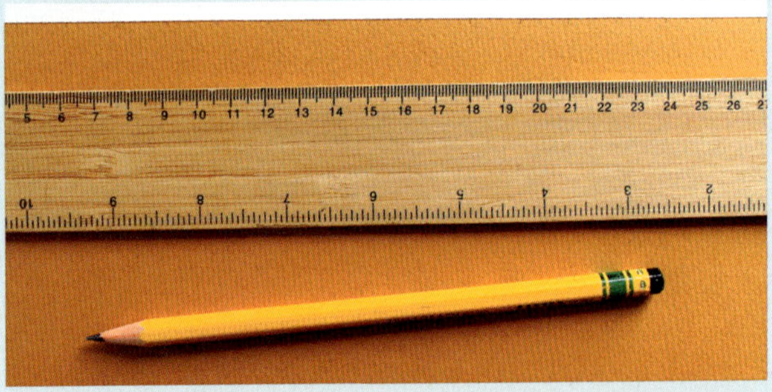

2. Mit dem Bleistift auf den langen Seiten oben und unten im Abstand von 1,5 cm Markierungen eintragen.

3. Mit dünnem Strich unten im Abstand von 5 und 7 cm von der Kante entfernt je eine waagerechte Linie einzeichnen.

4. Mithilfe des Lineals das Papier alle 1,5 cm (den eingezeichneten Markierungen entsprechend) in Talfalten, also Falten in dieselbe Richtung, legen. Dabei möglichst präzise arbeiten, denn Ungenauigkeiten werden mit jeder weiteren Faltung immer deutlicher zu sehen sein.

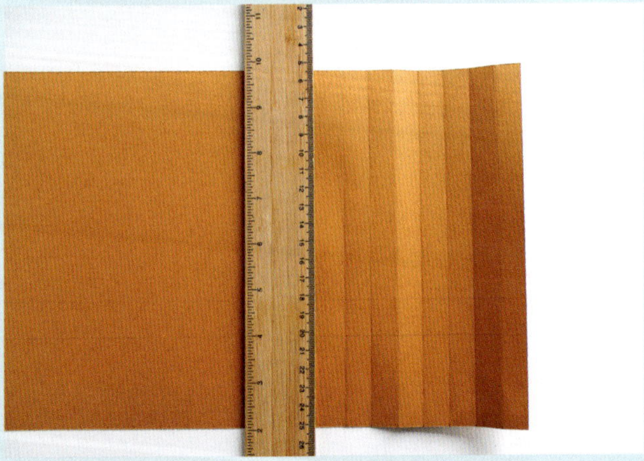

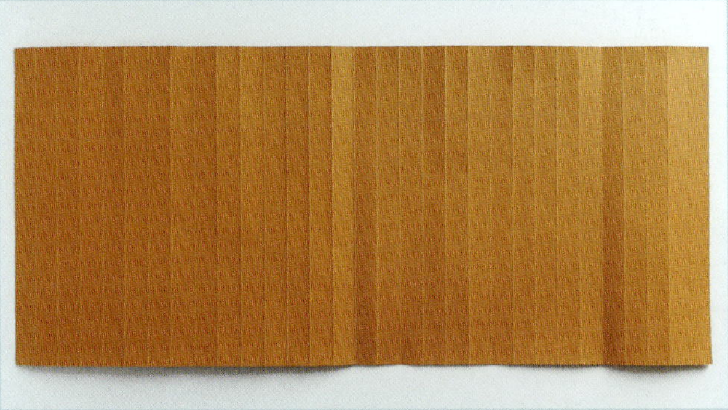

5. Anschließend sieht das Papier aus wie abgebildet.

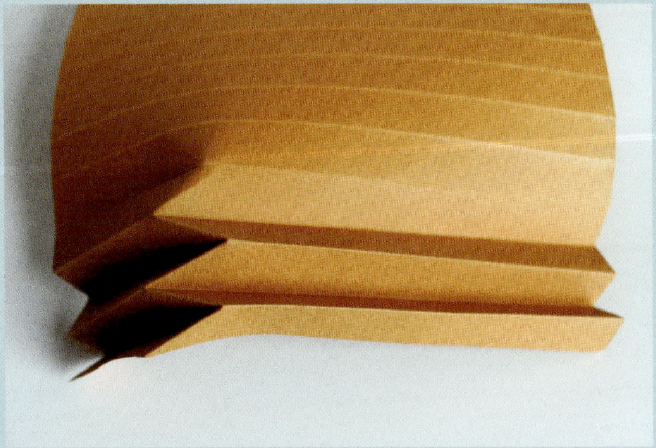

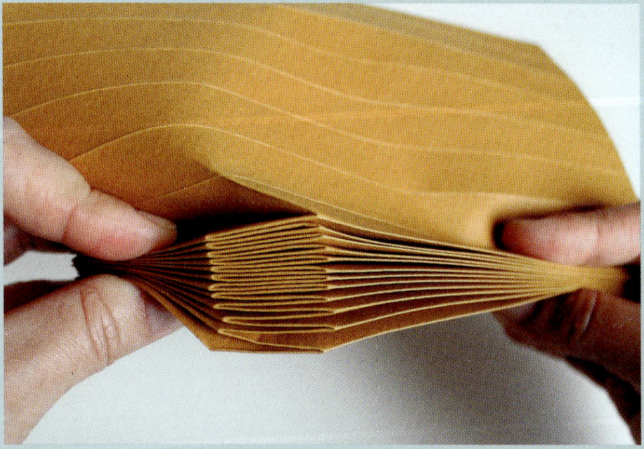

6. Nun das Papier plissieren, dafür an der nebenstehenden Zeichnung mit dem Falzmuster und dem Bild oben orientieren. Es müssen abwechselnd eine Tal- und eine Bergfalte gelegt werden, sodass eine Ziehharmonika entsteht. An den bei 5 und 7 cm eingezeichneten Linien das Papier zickzackförmig falten. Das mag auf den ersten Blick kompliziert erscheinen, aber wenn man den Mechanismus einmal raus hat, geht es nur noch darum, so genau wie möglich zu sein.

7. Das Papier so wie auf dem Foto zu sehen greifen und die Falten jedes Segmentes genau gleich anfertigen.

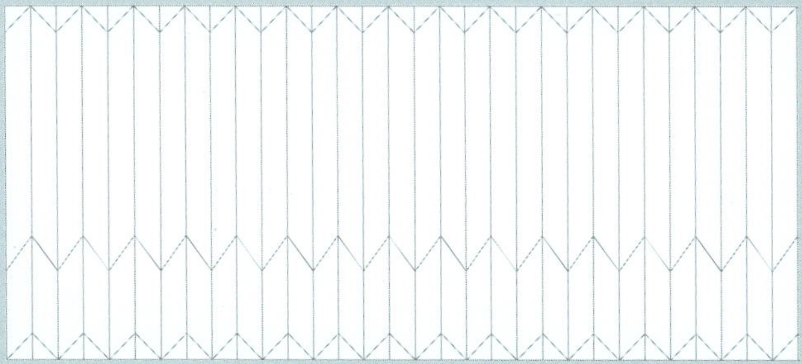

8. So sieht das fertig gefaltete Papier aus.

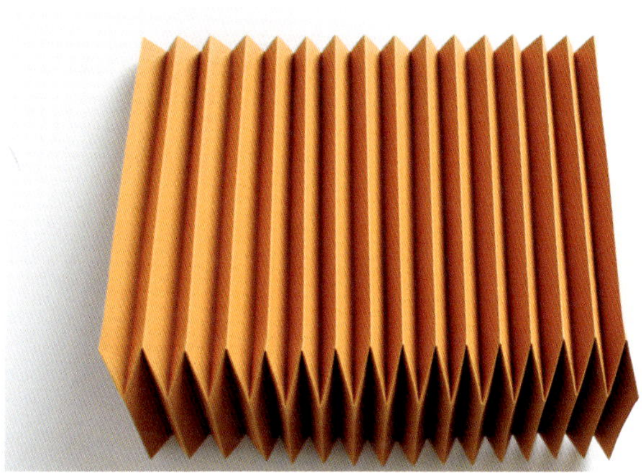

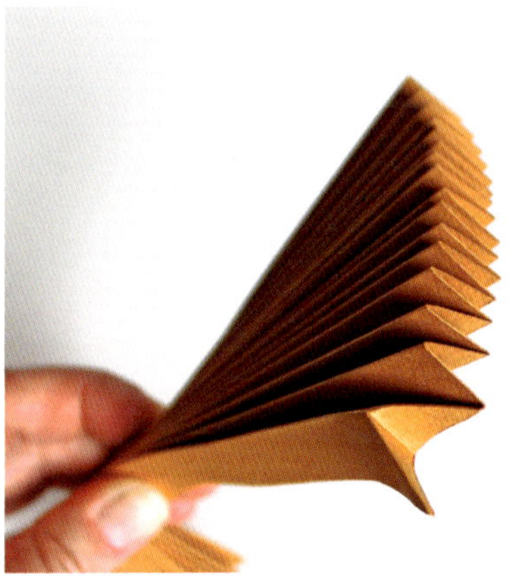

9. Mit den Fingern die Ziehharmonikafalten zusammendrücken und alle oberen Ecken der Vase im 45°-Winkel nach unten biegen.

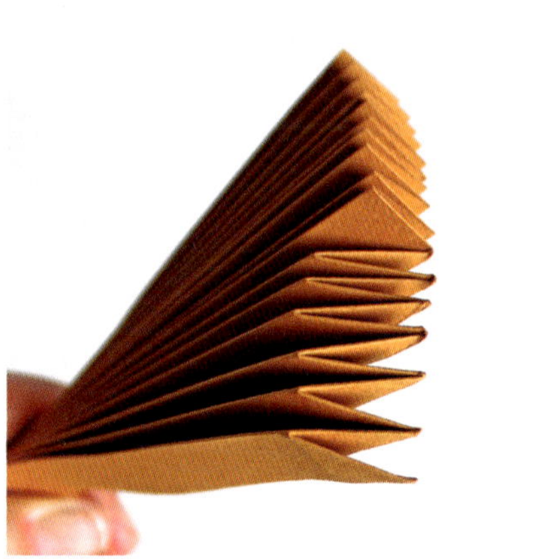

10. Etwa nach der Hälfte sieht es aus wie auf dem Foto ...

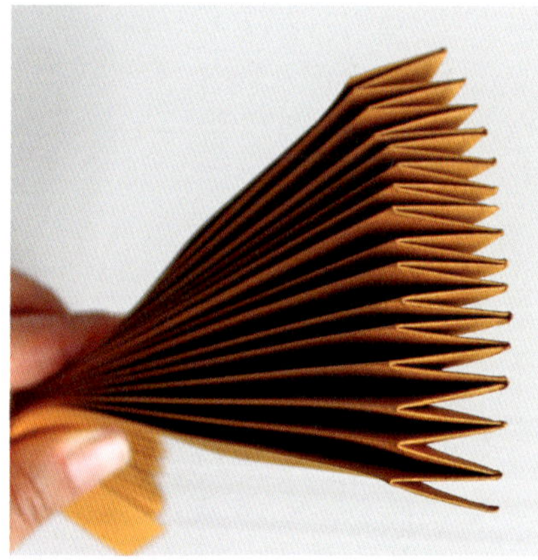

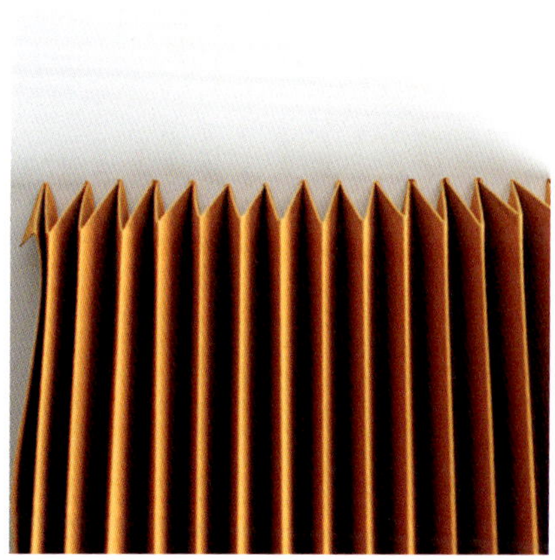

11. ... und zum Schluss so (beide Fotos rechts).

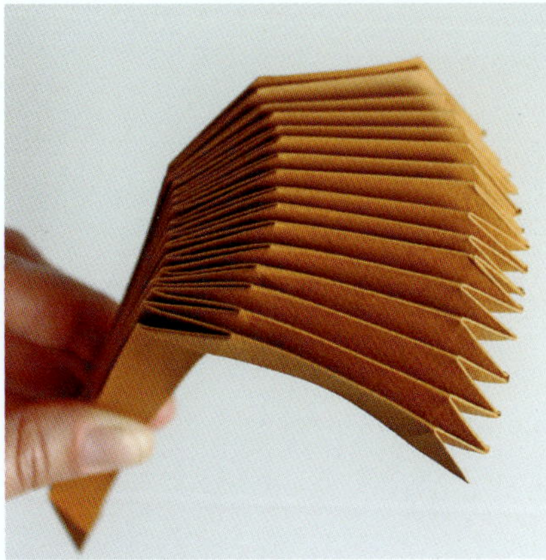

12. Die Schritte 9 bis 11 anschließend an der Unterseite der Vase wiederholen.

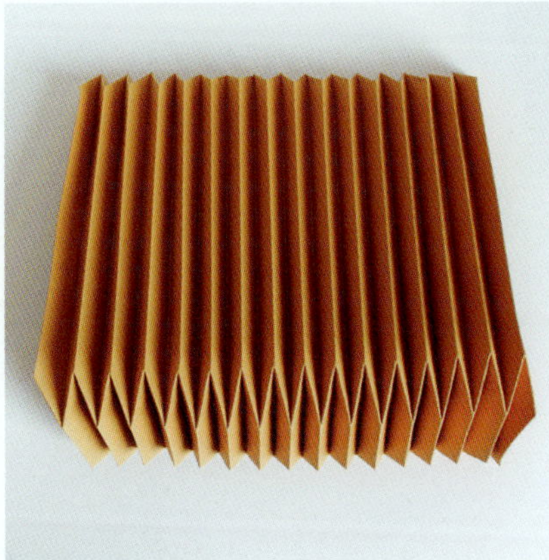

13. Nun sieht das Papier so aus.

Tipp

Ungeübte üben das Origamifalten und Plissieren am besten zuerst an einem Probestück und falten dann erst das für diese Vase ausgewählte Papier.

14. Alle Schritte mit dem zweiten rechteckigen Papier wiederholen.

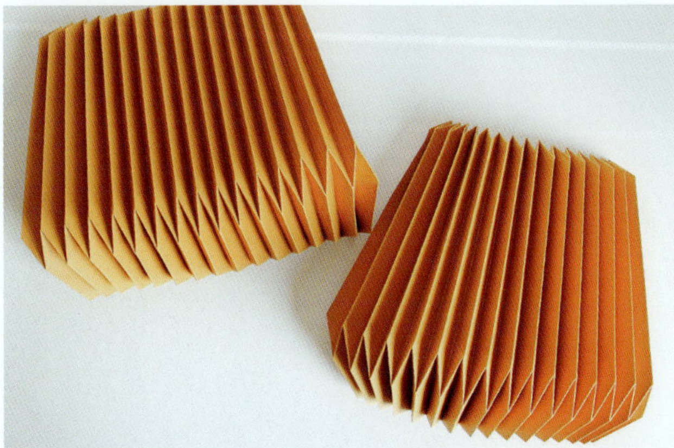

15. Die Außenseiten der beiden Papiere mithilfe eines Pinsels mit Vinylkleber bestreichen ...

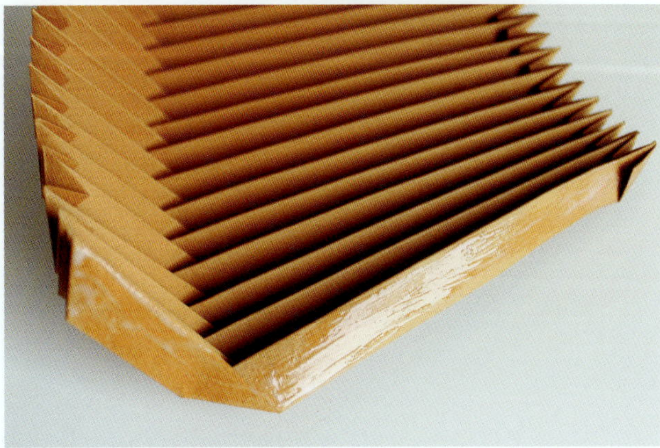

16. ... und aneinanderkleben. Mit den Fingern fest andrücken und mit den Holzklammern fixieren, bis der Klebstoff vollständig getrocknet ist.

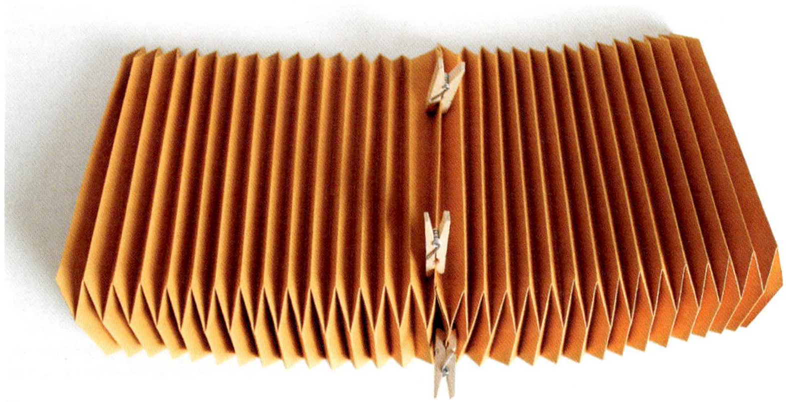

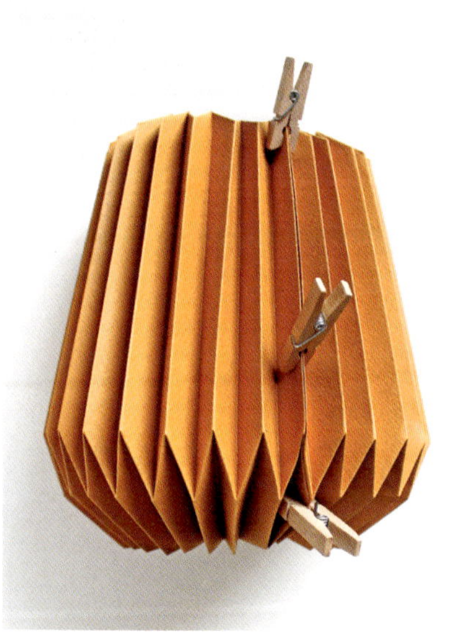

17. Dasselbe an den beiden anderen Seiten wiederholen.

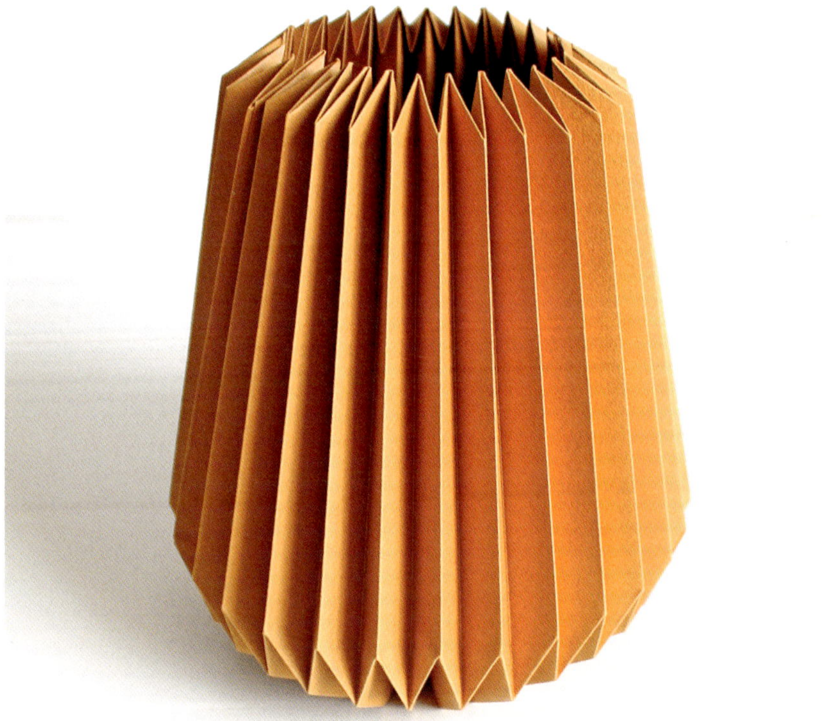

18. Und fertig ist die Vase!

Keine Lust mehr auf Falten? Dann fertigen Sie doch eine Vase aus nur einem Papier an, sie hat dann einen geringeren Durchmesser, so wie die gemusterte hier auf dem Foto.

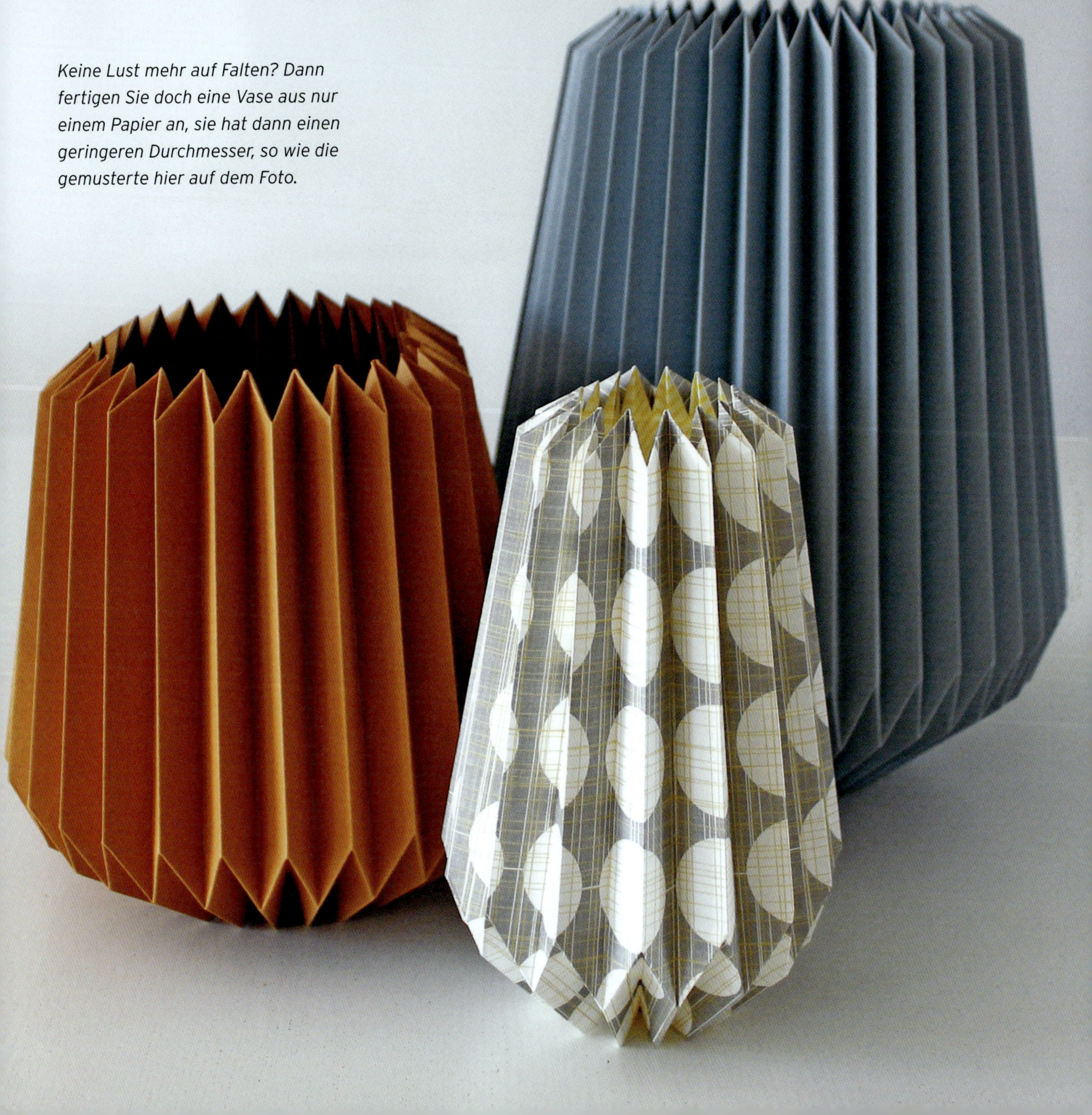

Rosen

Papierblumen werden überall zum Dekorieren verwendet – für Geschenkverpackungen, für Mitbringsel oder zum Verzieren der Wohnungseinrichtung. Ich habe zuerst Rosen gebastelt. Sie sehen nicht ganz so aus wie in natura, sondern sind nur davon inspiriert. Ich wollte vor allem eine Blume, die einfach gemacht ist, weniger eine besonders ausgefeilte, elegante.

MATERIAL

- **Papier, 160 g/m^2**
- **Lochzange für Kreise in XL-Größe**
- **Heißkleber**
- **Pinsel**

Für einen Rosenstrauß oder andere größere Projekte kann man die Rosen auch aneinander befestigen. Jede Rose sieht etwas anders aus, aber gerade dadurch wirken sie weniger „steif". Je nach Farbe des Papiers sehen sie auch wie Kamelien oder Ranunkeln aus, wenn man die Blütenblätter etwas kleiner macht.

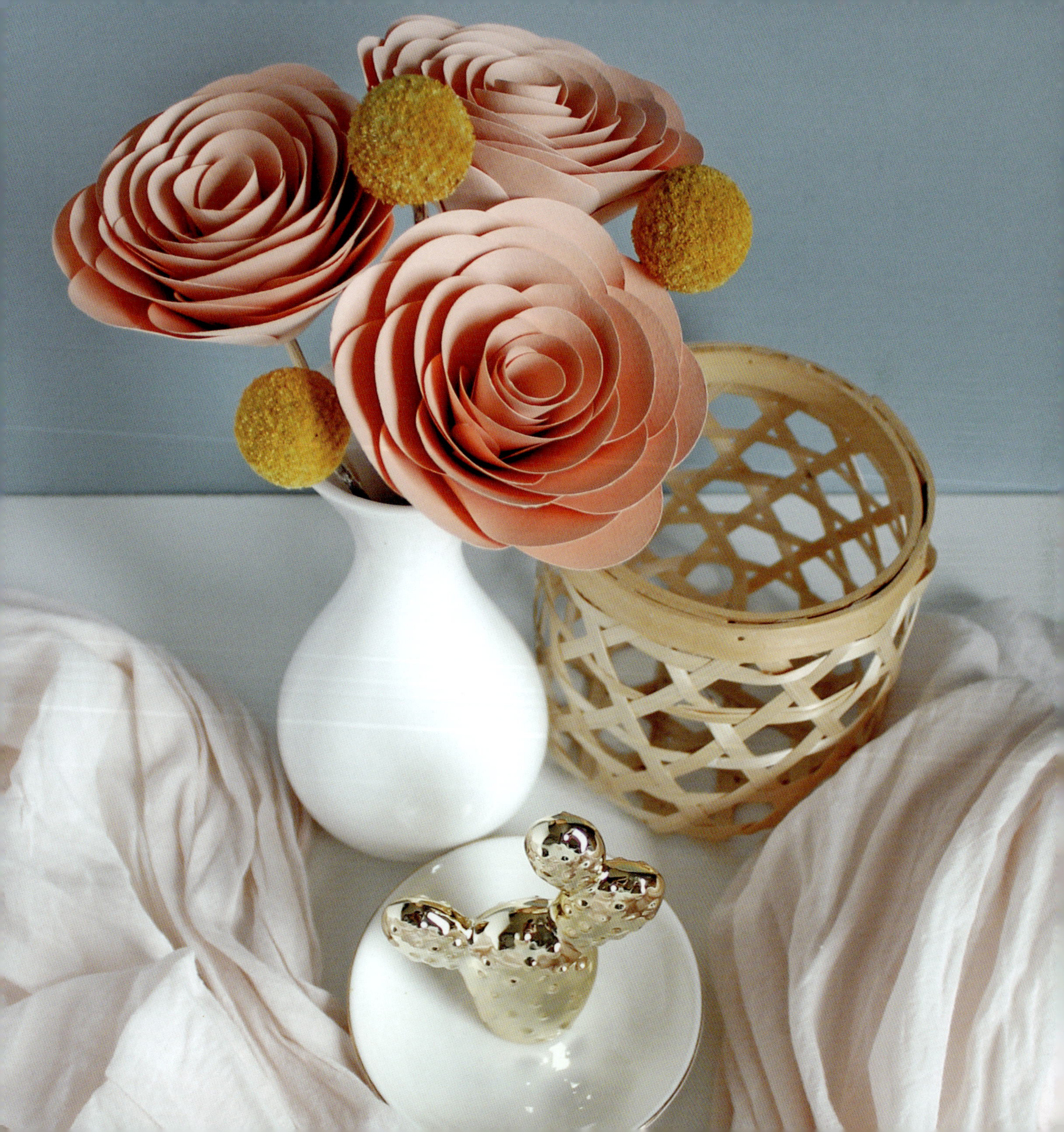

ANLEITUNG

1. Mit der großen Lochzange acht Kreise aus Papier ausstechen.

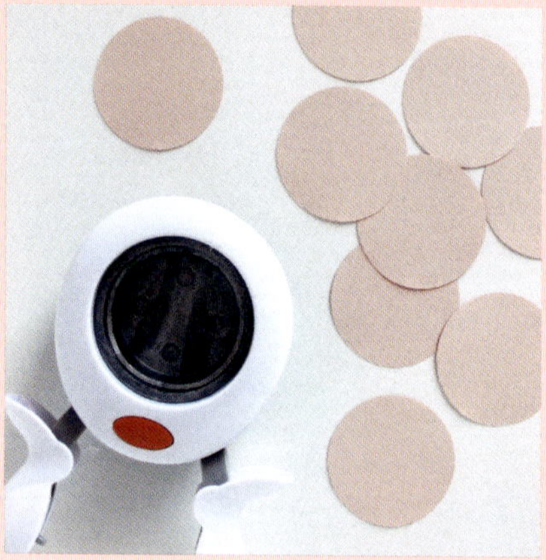

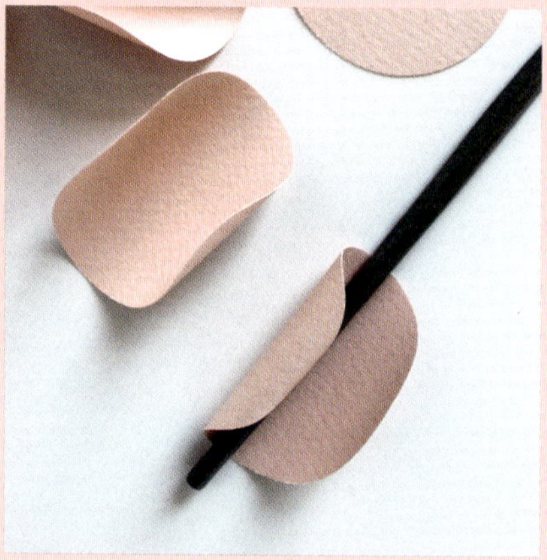

2. Diese mithilfe eines Pinsels vorsichtig aufrollen, dabei dürfen keine Falten entstehen.

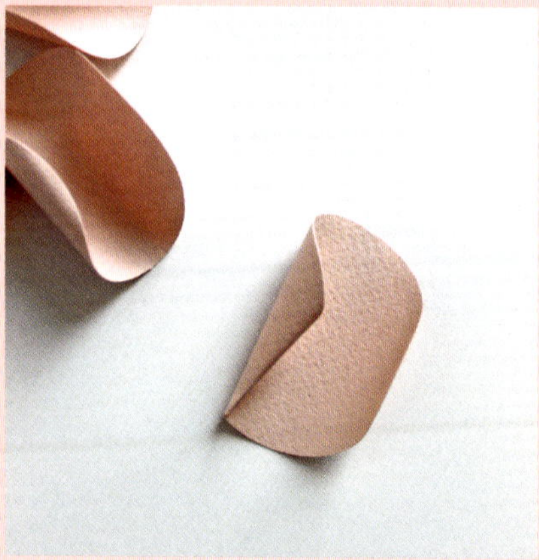

3. Die Unterseite kegelförmig einrollen.

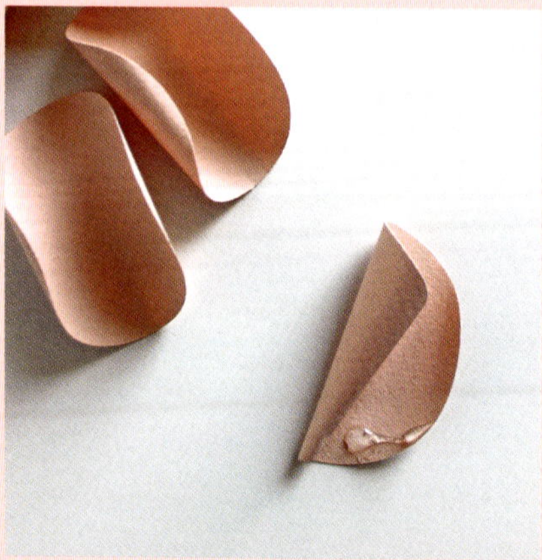

4. Dieses weiter aufrollen und mit einem Tropfen Heißkleber fixieren.

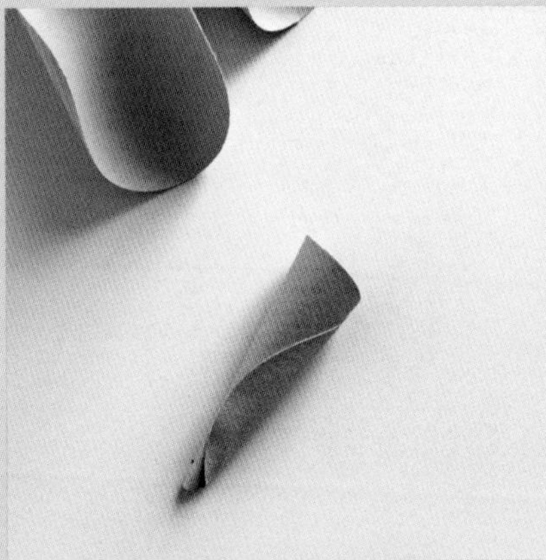

5. Das fertige Teil wird das Herz der Rose, um das die anderen Blütenblätter angeordnet werden.

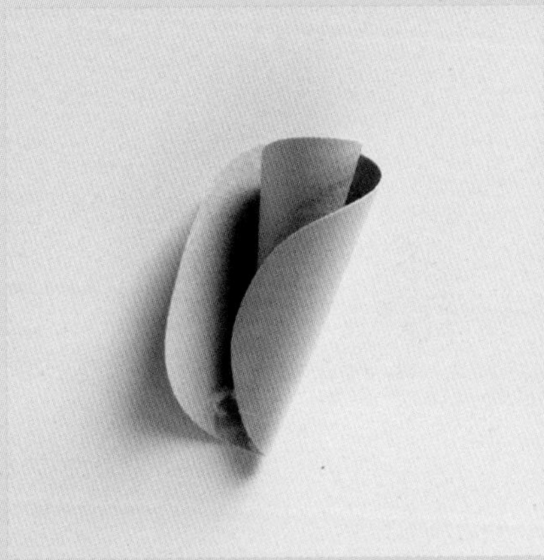

6. Etwas Heißkleber auf die Innenseite eines Blütenblatts geben und dieses kegelförmig aufrollen. Dabei die Oberseite geöffnet halten.

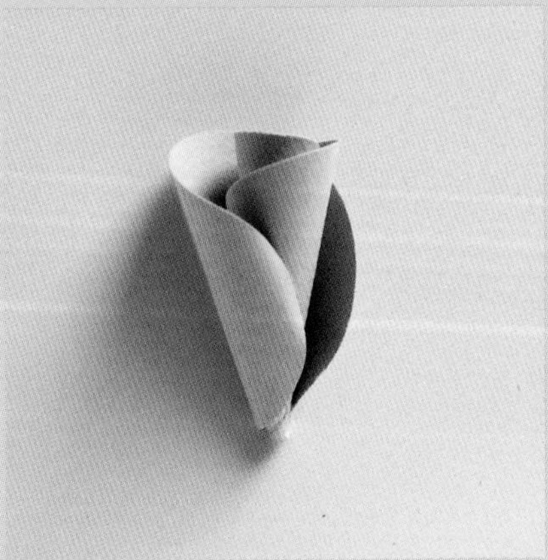

7. Den Vorgang mit den restlichen Blütenblättern wiederholen ...

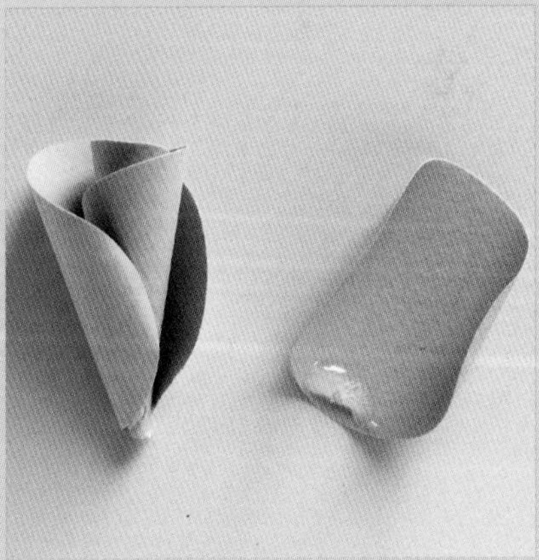

8. ... und diese dabei möglichst gleichmäßig anordnen.

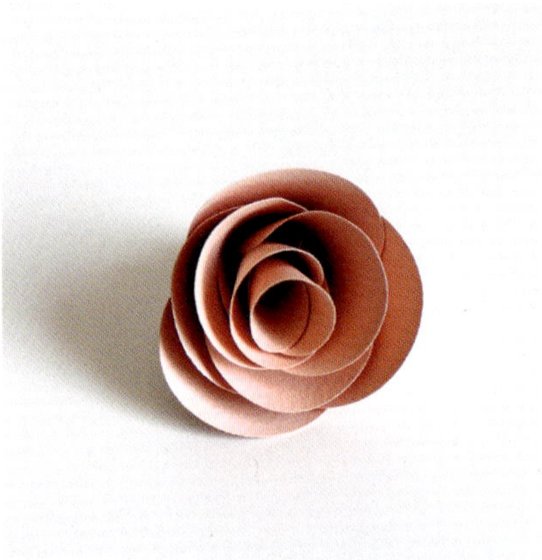

9. Neun Blütenblätter bilden eine Knospe, ...

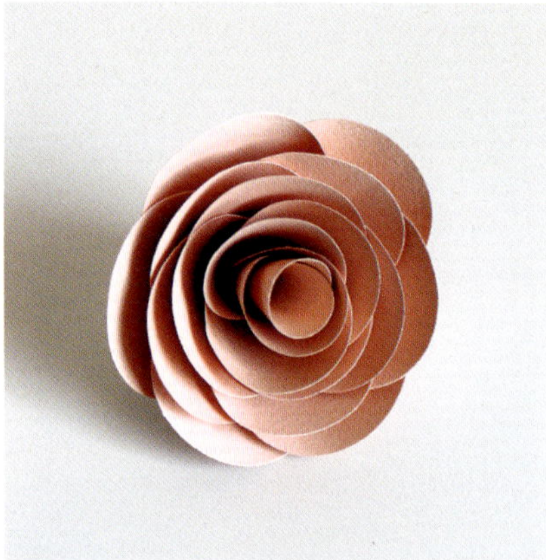

10. ... die sich mit weiteren zu einer Rose entwickelt, ...

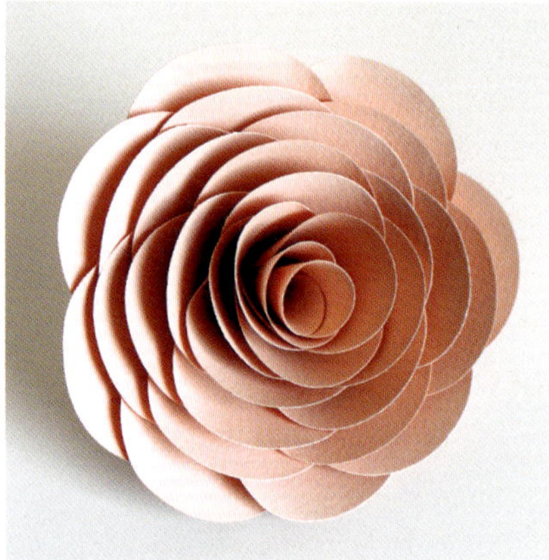

11. ... bis sie richtig aufblüht!

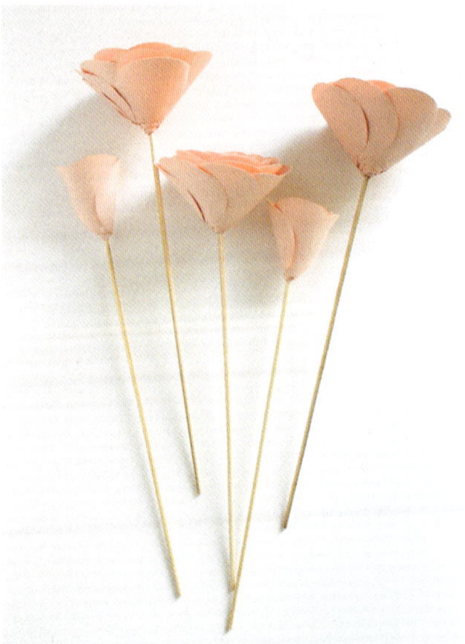

12. Die Rosen können ganz einfach arrangiert werden, wenn man einen Holzspieß unten in die Blüte steckt und diesen dann in eine Vase stellt.

Tipp

Es wirkt natürlicher und harmonischer, wenn die Rosenstiele unterschiedlich lang sind. Dafür einfach einige der Spieße mit der Schere etwas kürzen.

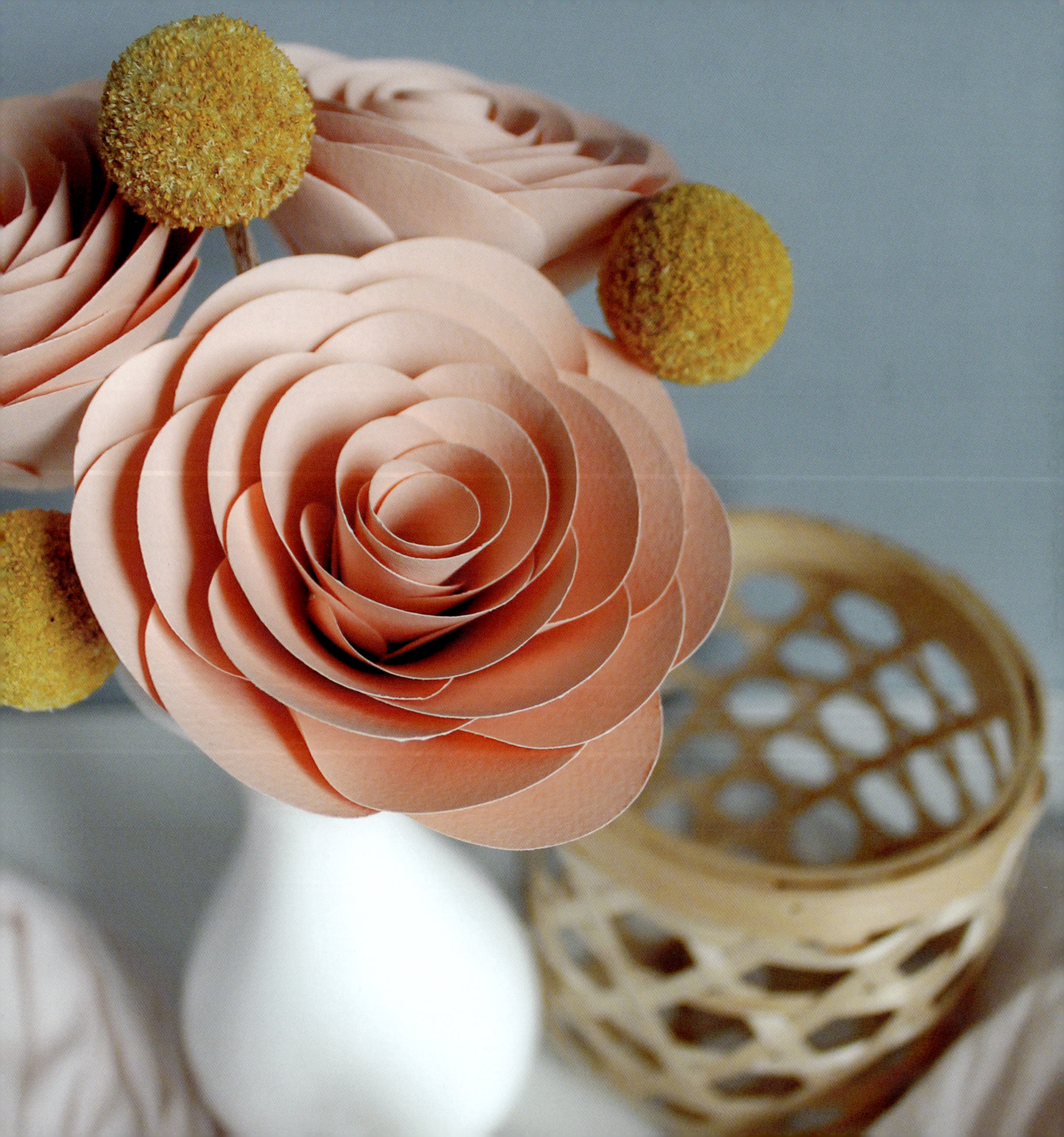

Blumen

Auch diese Blumen stellen, wie schon bei den Rosen erwähnt, keine bestimmte Sorte dar, sondern sind lediglich von der Natur inspiriert. Im Gegensatz zu den Rosen haben sie eine flache Unterseite und sind damit für einige Projekte und Dekorationen besser geeignet, da sie keine Unterlage benötigen, um gerade zu sitzen.

MATERIAL

- **Papier in zwei Farben (für die Blütenblätter und für die Mitte), 160 g/m²**
- **Lochzange für Kreise in XL-Größe**
- **Schere**
- **Heißkleber**

Mit ihren flachen Unterseiten eignen sich diese Blumen perfekt für Tischkarten auf einer schönen Tafel, für Broschen, Geschenkverpackungen und was Ihnen sonst noch einfällt.

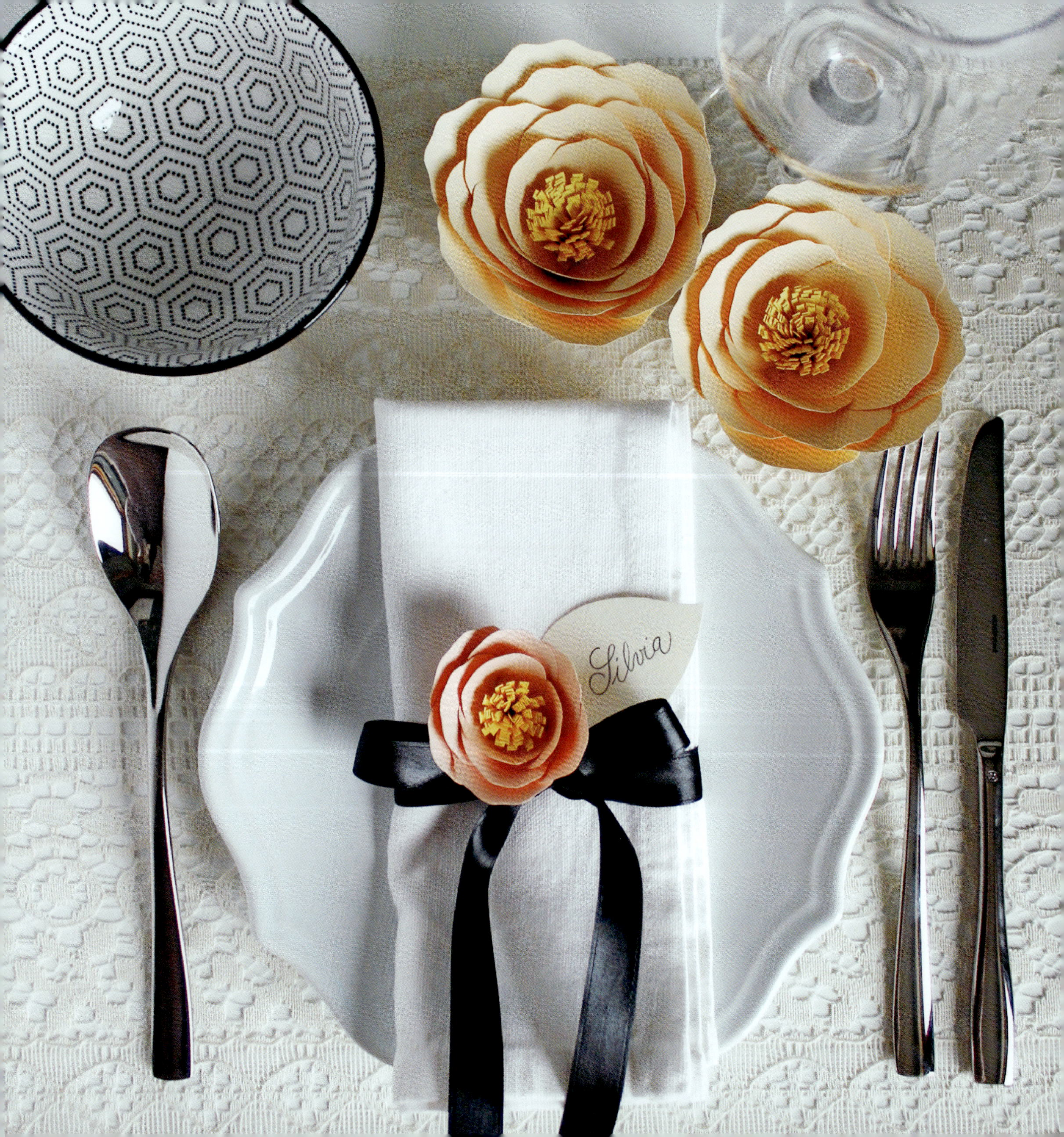
Silvia

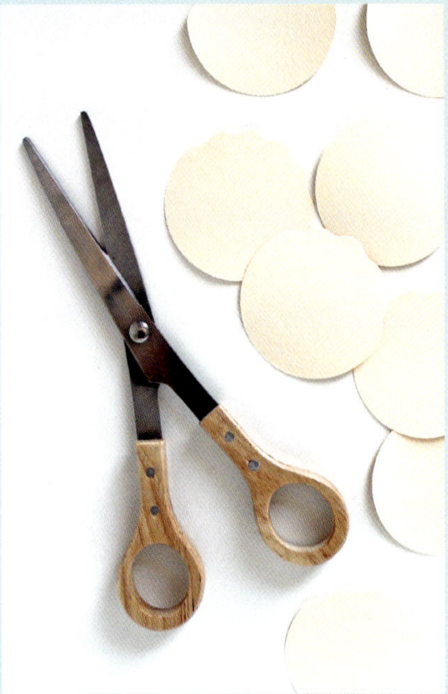

ANLEITUNG

1. Mit der Lochzange große Kreise aus Papier ausstechen und diese an einer Seite – der Oberseite – wellenförmig zuschneiden.

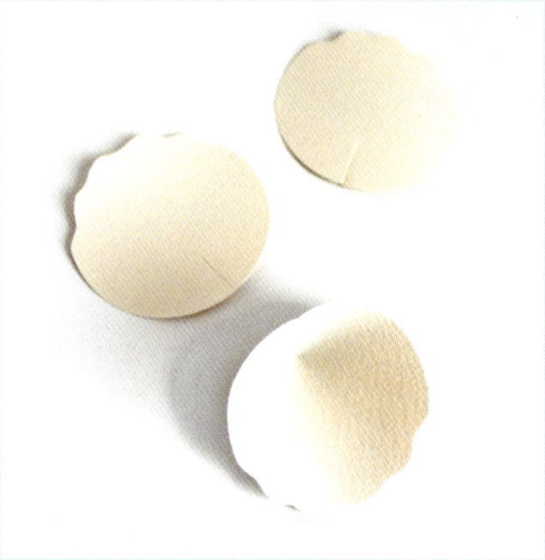

2. An der anderen, der Unterseite, etwas einschneiden und die Schnittkanten übereinanderlegen, mit Heißkleber fixieren.

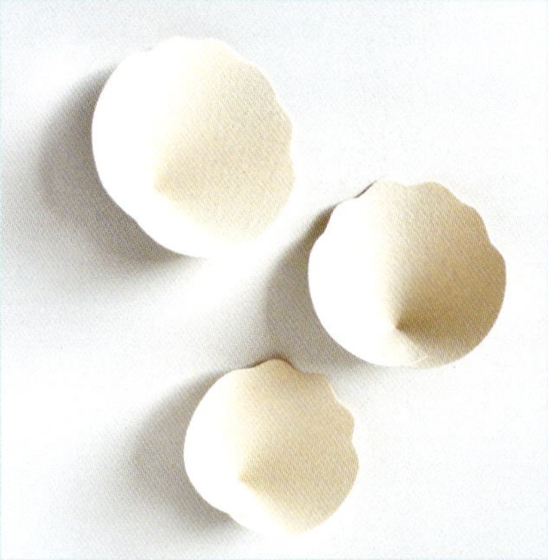

3. Auf diese Weise drei Blütenblätter anfertigen. Auf der Basis dieser kleinen Kegel bauen sich die folgenden Schritte auf.

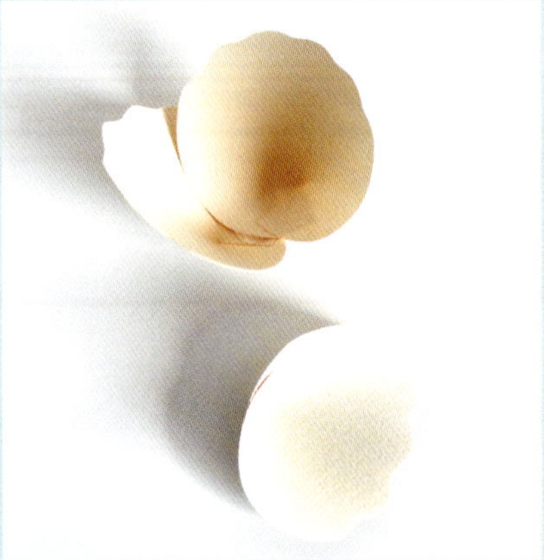

4. Nun außen ein und dann ein weiteres Blütenblatt ...

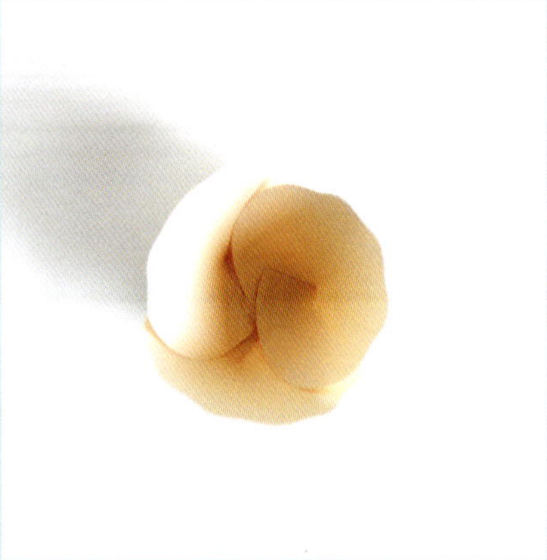

5. ... kreisförmig anbringen.

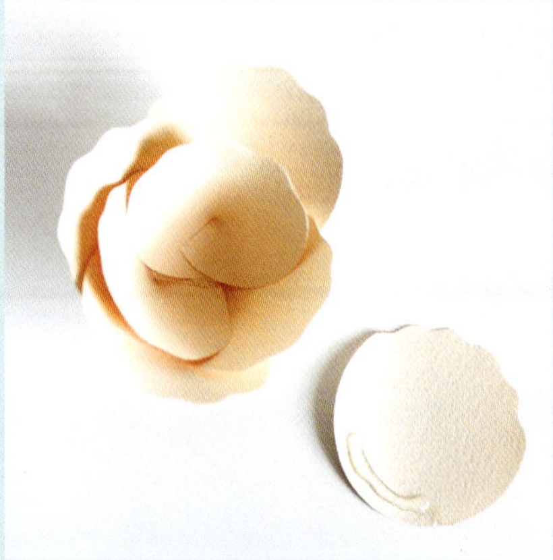

6. So fortfahren und außen weitere Blütenblätter befestigen.

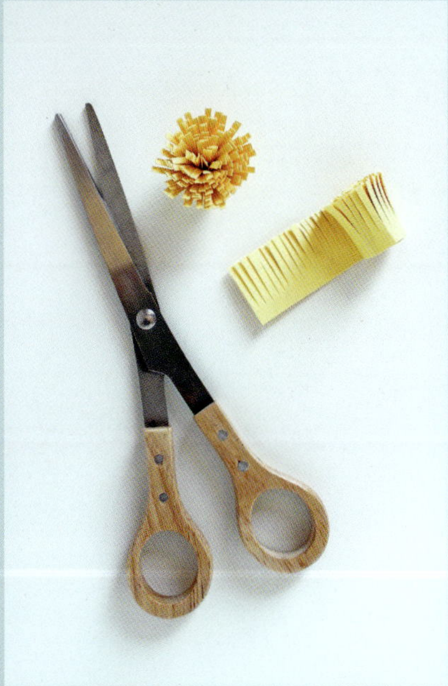

7. Die Blütenmitte anfertigen: Dafür einen andersfarbigen Papierstreifen von etwa 20 x 2,5 cm mit der Schere an einer Längsseite mehrfach einschneiden. Den Streifen dann aufrollen und dabei immer wieder mit Heißkleber fixieren.

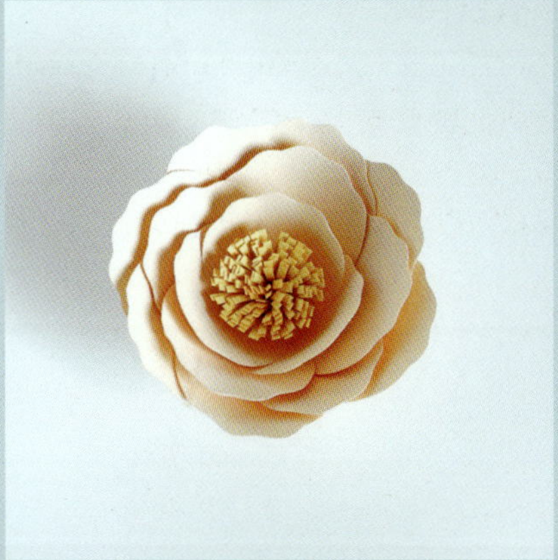

8. In die Mitte der Blüte etwas Heißkleber geben und den aufgerollten Streifen hineinstecken. Wenn der Klebstoff getrocknet ist, die „Staubblätter" nach außen biegen.

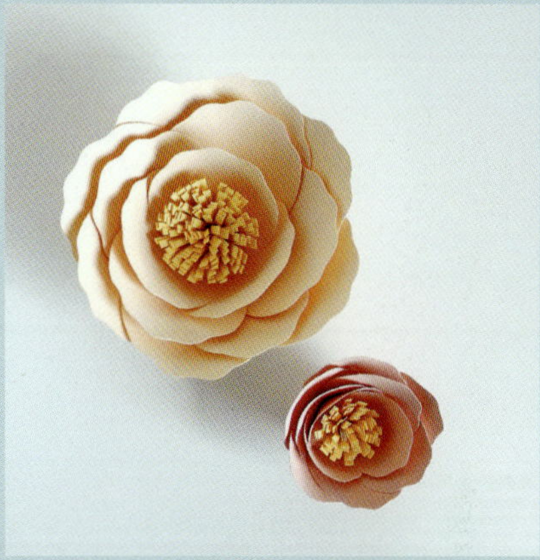

9. Die Blume ist nun fertig! Auf dem Foto sieht man noch eine Blume mit weniger Blütenblättern und einem kleineren Durchmesser – probieren Sie ein wenig aus!

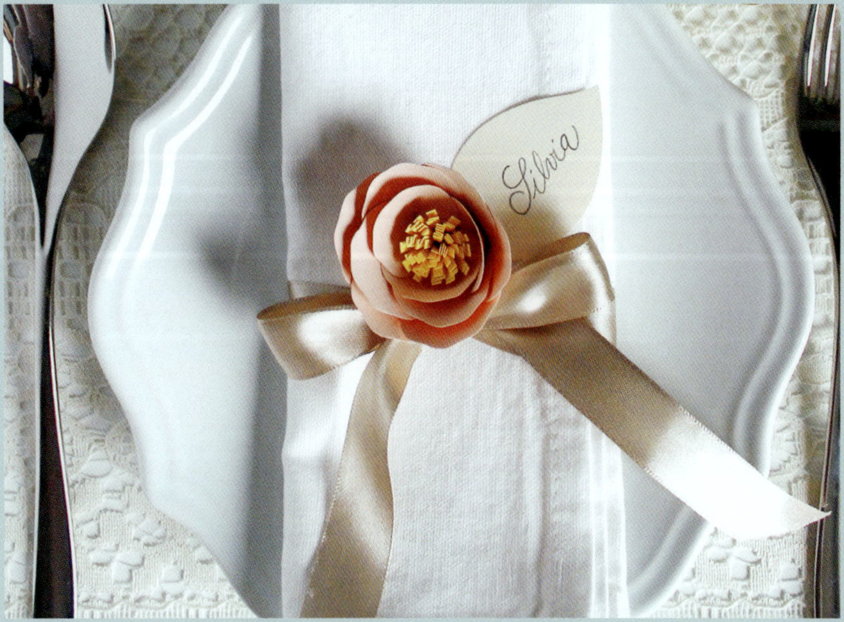

Kleine Blumen

Diese kleinen Blumen sind einfach und schnell
gemacht. Damit kann man vielen Dingen
das gewisse Etwas verleihen.
Sie sind auch Bestandteil des Kranzes,
der als Nächstes beschrieben wird.

MATERIAL

- **Papier in zwei Farben (für die Blütenblätter und für die Mitte), 160 g/m^2**
- **Lochzange für Kreise, ø etwa 3 cm**
- **Schere**
- **Heißkleber**

Mit diesen Blümchen kann man prima Bonbonschachteln, kleine Päckchen und Tütchen verzieren oder komplexere Dekorationen aus größeren Blumen ergänzen.

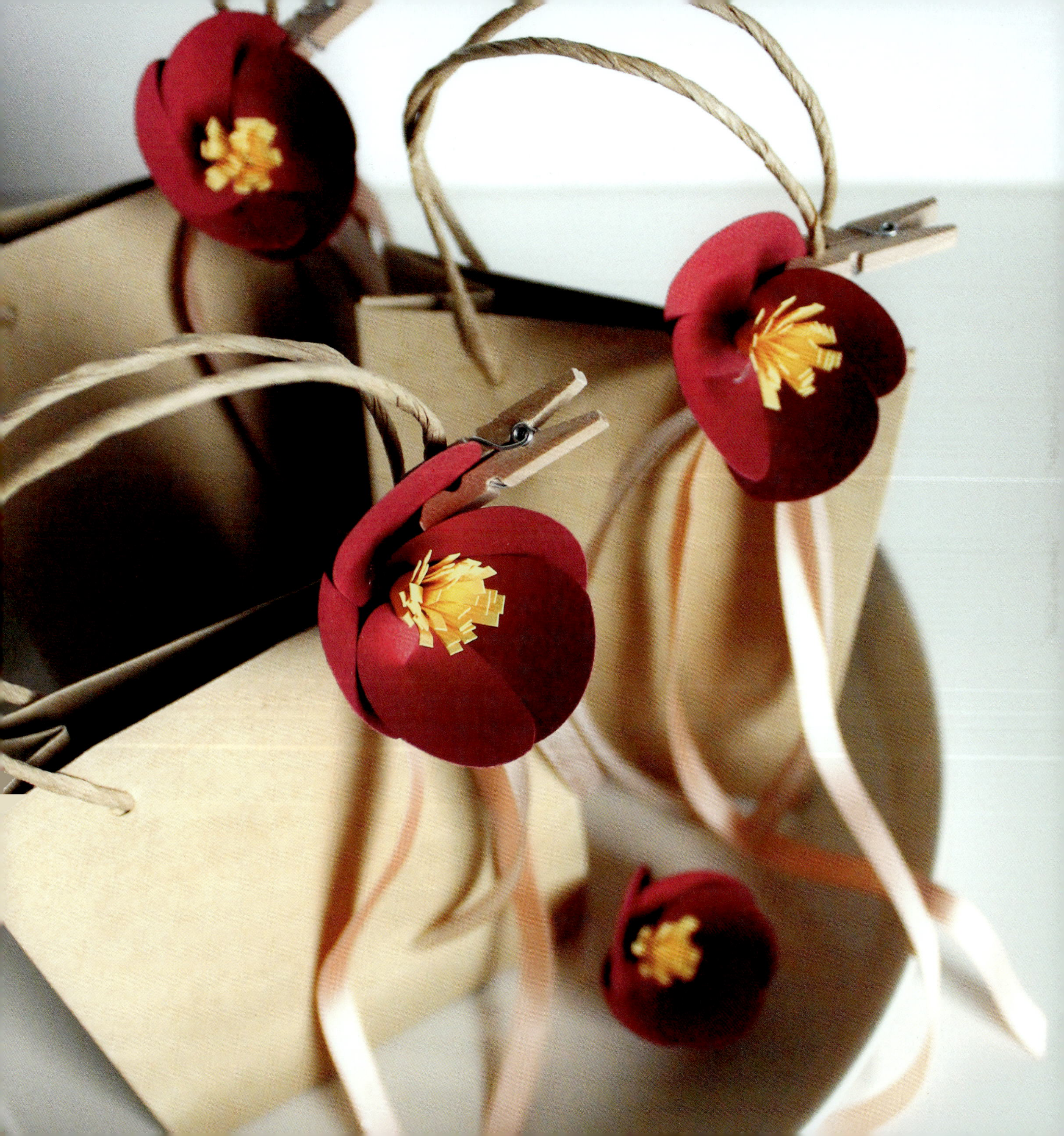

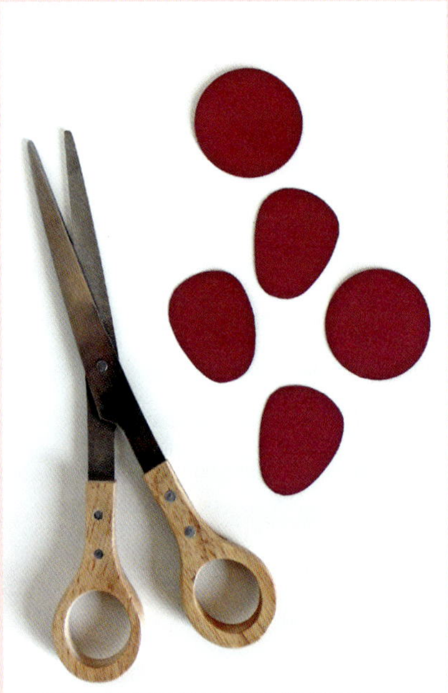

ANLEITUNG

1. Mit der Lochzange Kreise aus Papier ausstechen und diese an einer Seite etwas schmaler zuschneiden.

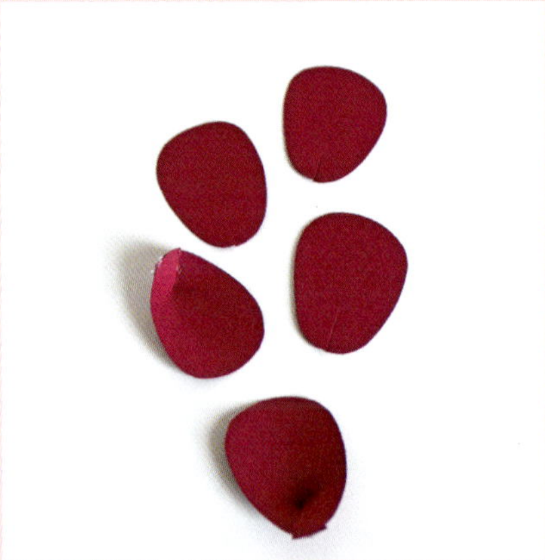

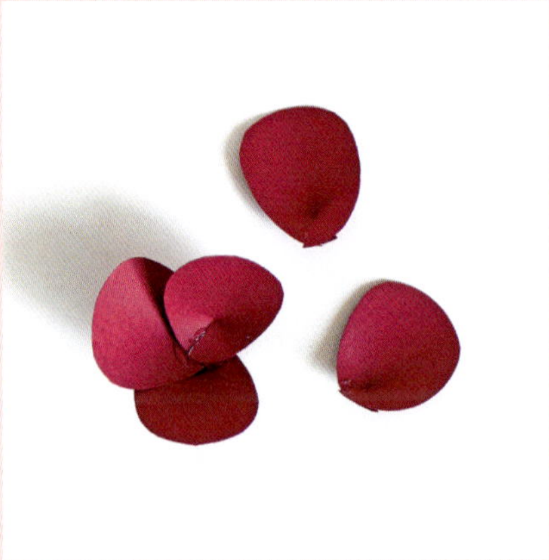

2. An dieser schmaleren Seite das Papier etwas einschneiden und die Kanten übereinanderlegen, mit Heißkleber fixieren.

3. Auf diese Weise drei Blütenblätter anfertigen und diese kreisförmig aufeinanderkleben.

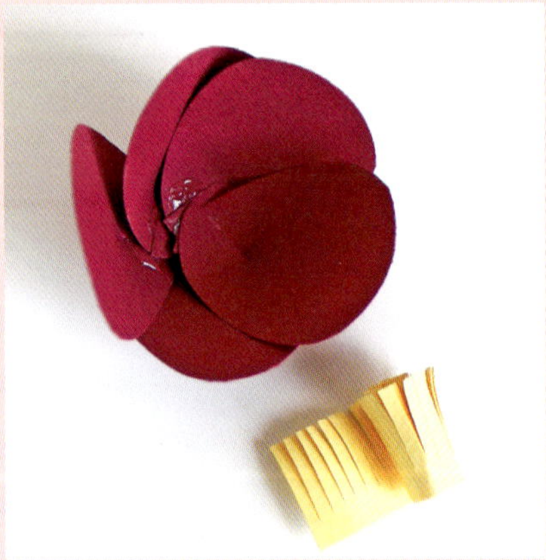

4. Zwei weitere Blütenblätter außen anbringen. Für die Blütenmitte einen andersfarbigen Papierstreifen von etwa 10 x 2 cm mit der Schere an einer Längsseite mehrfach einschneiden. Den Streifen dann aufrollen und dabei immer wieder mit Heißkleber fixieren.

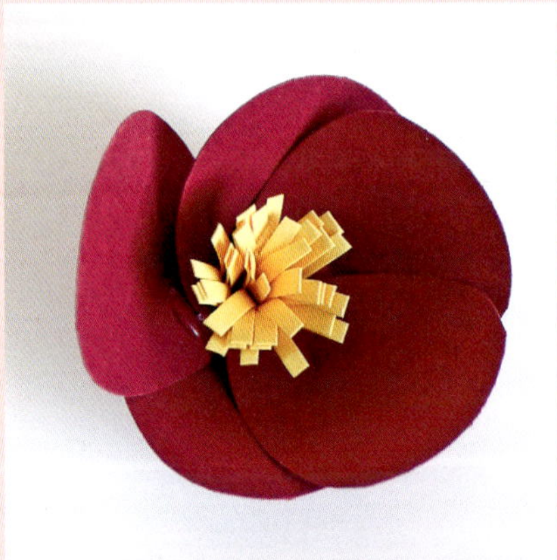

5. In die Mitte der Blüte etwas Heißkleber geben und den aufgerollten Streifen hineinstecken. Wenn der Klebstoff getrocknet ist, die „Staubblätter" nach außen biegen.

Kranz aus Papierblumen

Dieser Kranz aus Papierblumen ist ein etwas aufwendigeres Projekt, weil zuerst die einzelnen Blumen angefertigt werden müssen, die man dann zu einem Kranz zusammensetzt. Aber das Ergebnis rechtfertigt den Aufwand durchaus: Der Kranz ist ein wunderschöner Blickfang! Man kann ihn auf ganz unterschiedliche Weise in Szene setzen, als Dekoration im Haus oder auf einer festlich gedeckten Tafel.

MATERIAL

- **Weidenkranz**
- **Heißkleber**
- **Papierblumen in unterschiedlichen Farben und Größen**

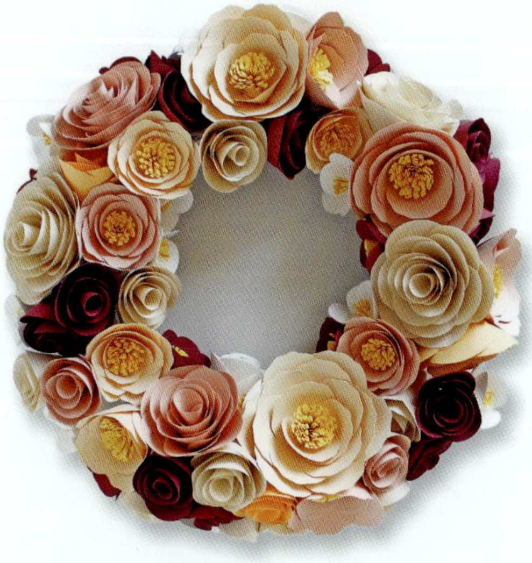

ANLEITUNG

1. Die Papierblumen wie auf den vorherigen Seiten beschrieben anfertigen. Den Weidenkranz auf die Arbeitsfläche legen und die fertiggestellten Papierblumen mit Heißkleber daran befestigen.

Tipp

Um etwas Übung bei der Anordnung der unterschiedlichen Blumen zu bekommen, zunächst am besten mit einem kleinen Kranz beginnen.

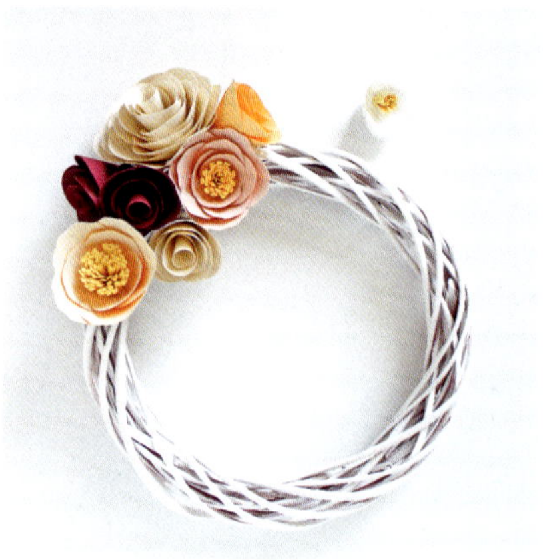

2. Die Blumen in ihren unterschiedlichen Farben und Formen dabei auf harmonische Weise wie bei einem Strauß anordnen.

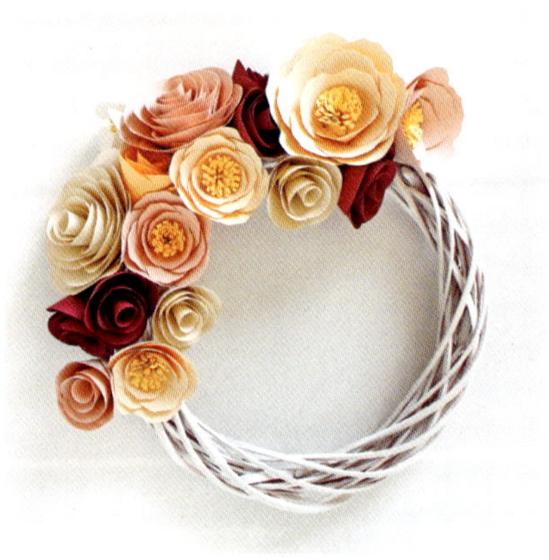

3. Soll der fertige Kranz aufgehängt werden, einfach ein Band oder eine Schnur durch das Weidengeflecht ziehen.

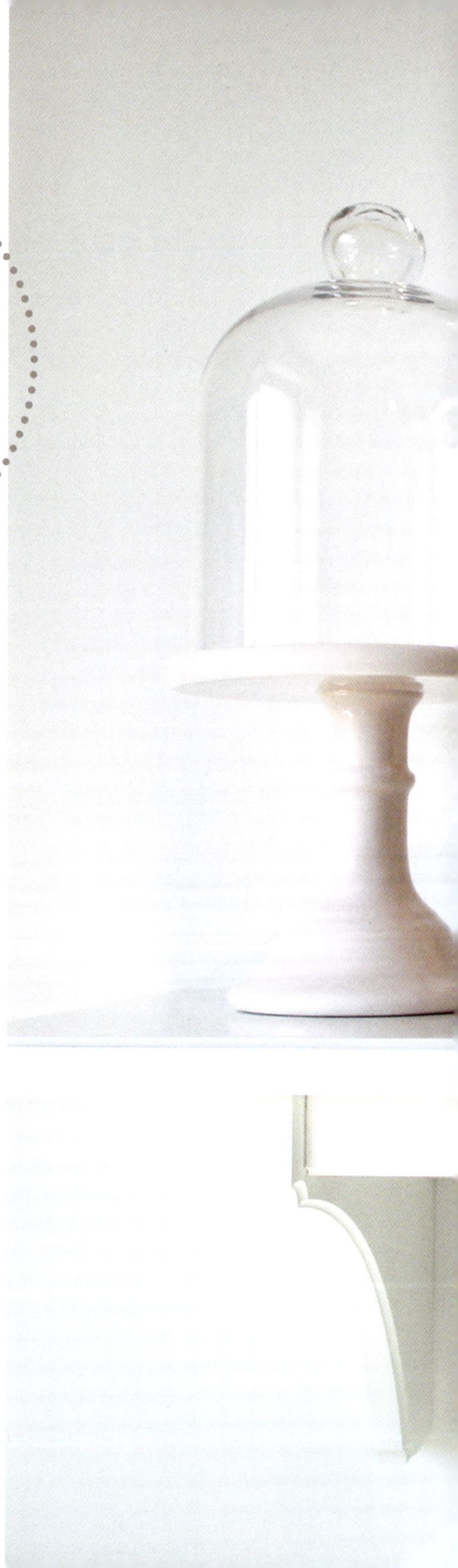

Man kann den Kranz auch einfach auf ein Bord stellen, man muss ihn nicht unbedingt aufhängen. In jedem Fall wird der Raum damit besonders hübsch.

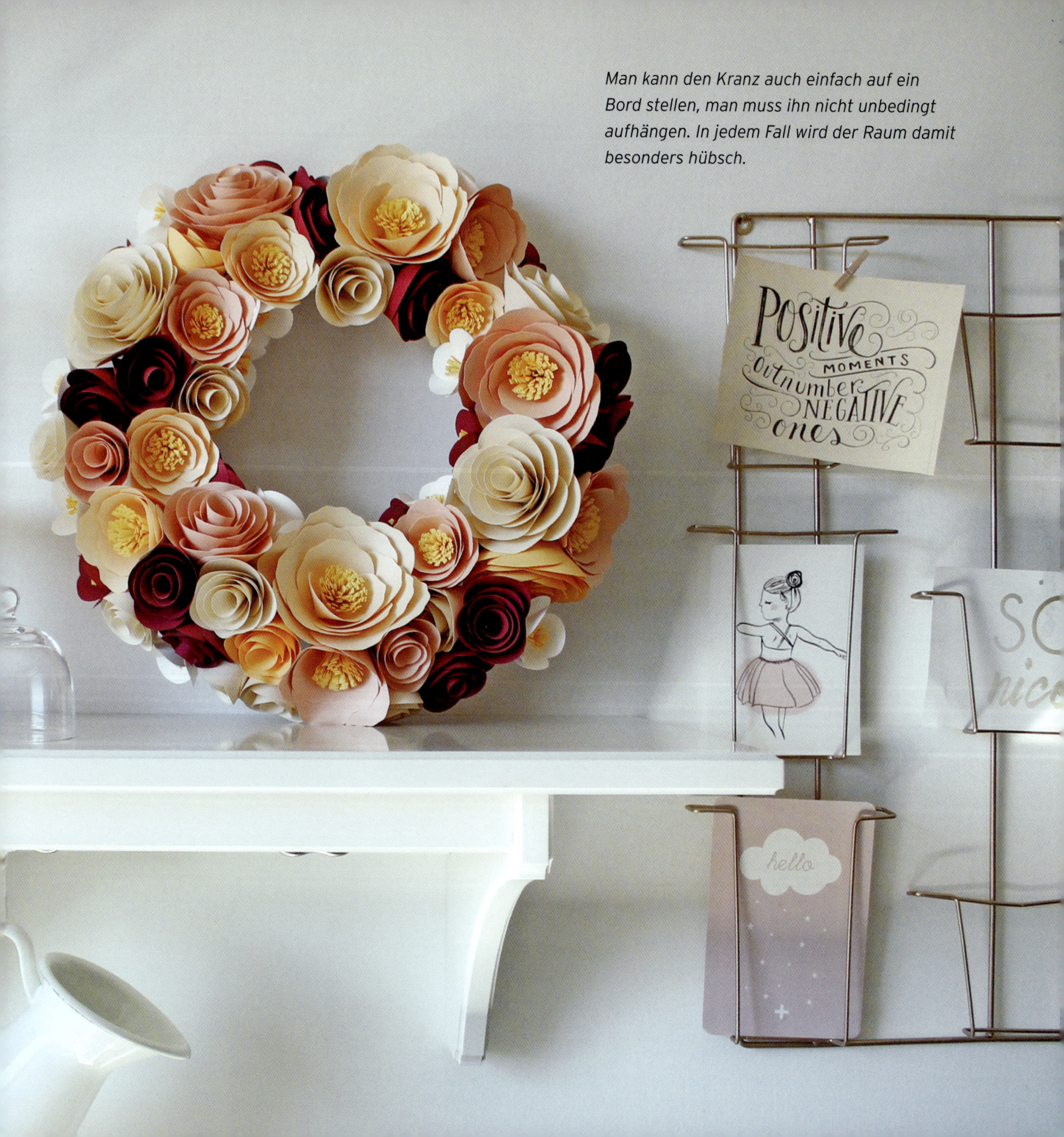

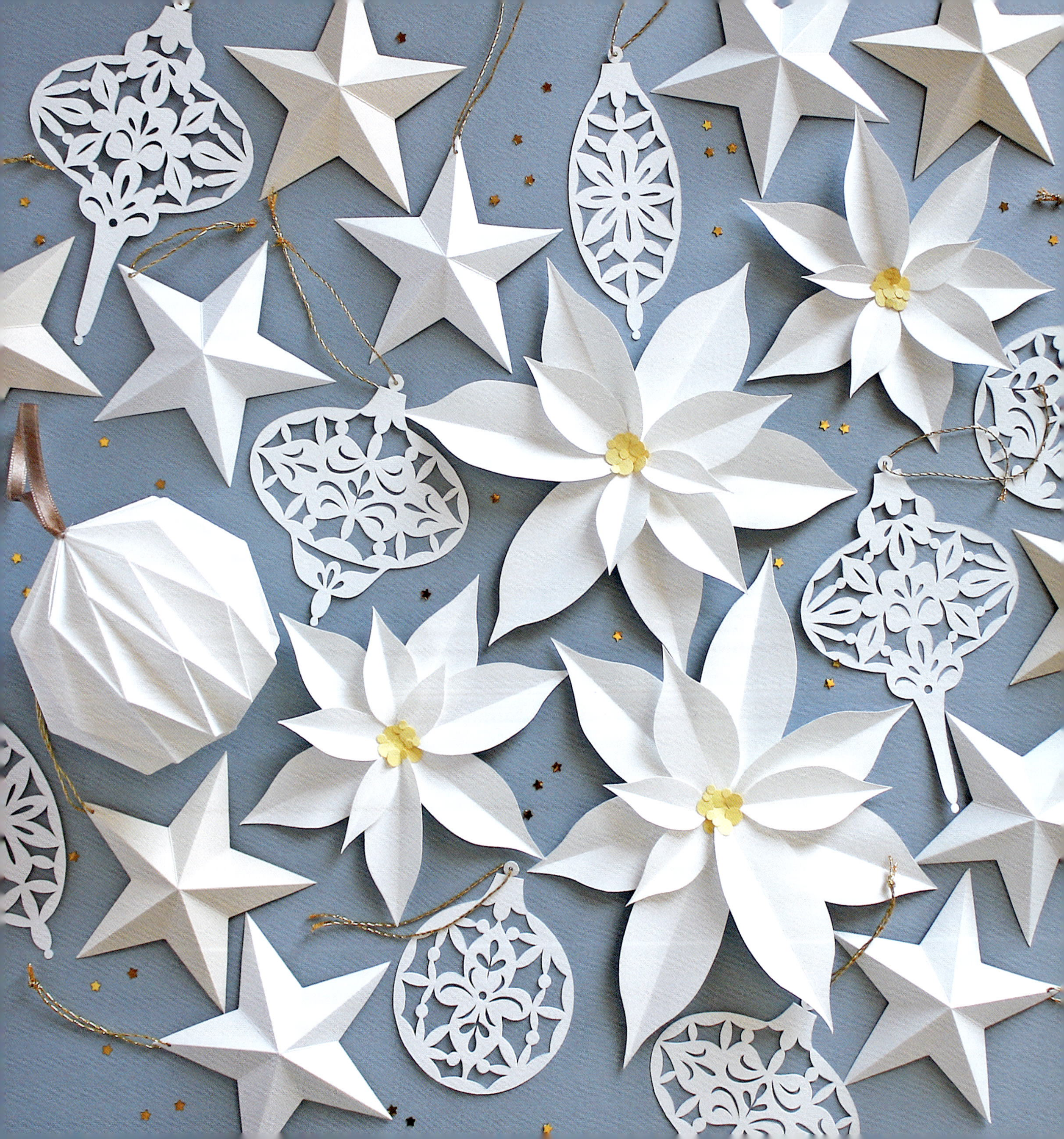

Weihnachten und andere Anlässe

Aus Papier lassen sich besonders gut wunderschöne, aufeinander abgestimmte Dekorationselemente für jedes Fest anfertigen. Vor allem für Weihnachten gibt es zahlreiche Möglichkeiten, allein damit könnte man ein ganzes Buch füllen!
Aber Papier eignet sich auch als Dekomaterial für viele andere Anlässe, zum Beispiel für eine Geburtstagsfeier oder auch einfach nur für einen Gruß an Menschen, die Ihnen lieb sind.

Lichterhäuschen

Für diese Lichterhäuschen habe ich mich von den Häusern in Kopenhagen inspirieren lassen. Im Winter und in der Weihnachtszeit gehören sie zu meinen Lieblingsprojekten, weil sie ganz schnell gemacht sind und eine wunderbare Atmosphäre verströmen. Zur Sicherheit empfehle ich, die Kerze im Inneren der Häuschen in ein Glas zu stellen.

MATERIAL

* **Vorlage siehe S. 140**
* **weißes Papier, 160 g/m^2**
* **Lineal**
* **ablösbares Klebeband**
* **Skalpell**
* **Vinylkleber**
* **Bleistift**
* **Pinsel**
* **Schneidematte**

Das Lichterspiel, das das durch die Fenster dieser Häuschen scheinende Licht erzeugt, ist besonders schön. Man benötigt nur wenig Material, um diese poetische Atmosphäre zu schaffen.

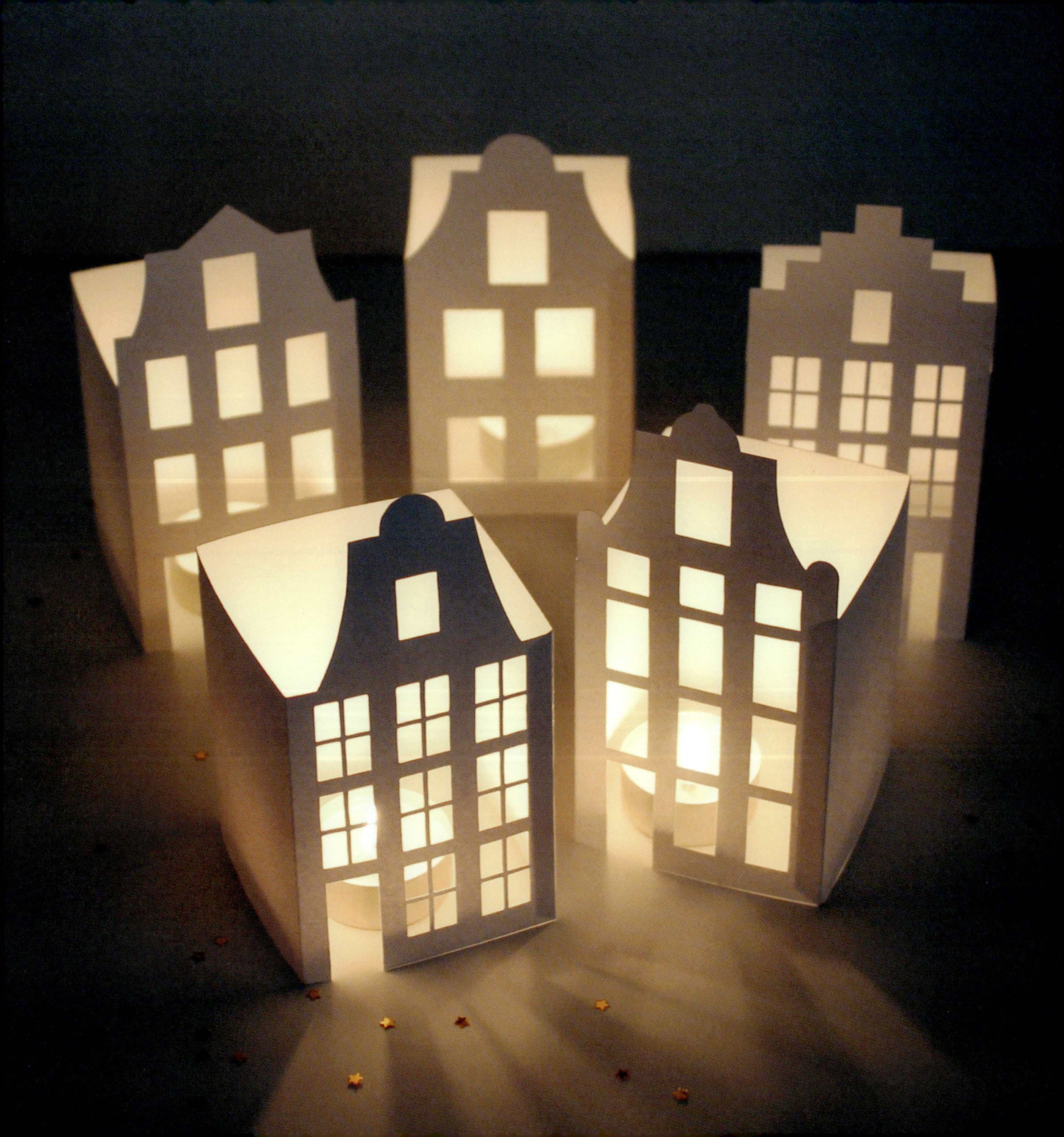

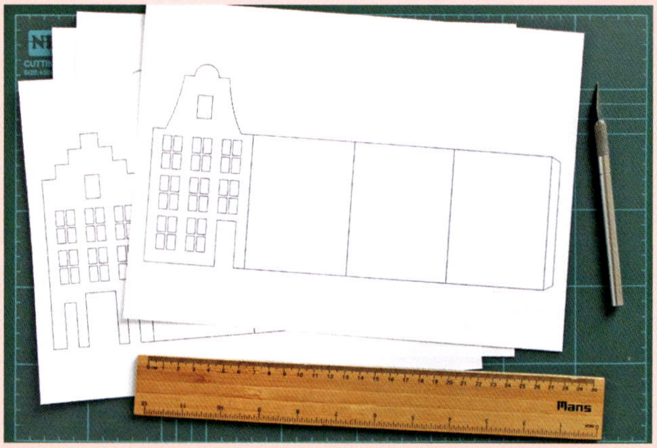

ANLEITUNG

1. Die Vorlagen für die Häuser auf Papier übertragen, dabei eine Schneidematte auf die Arbeitsfläche legen.

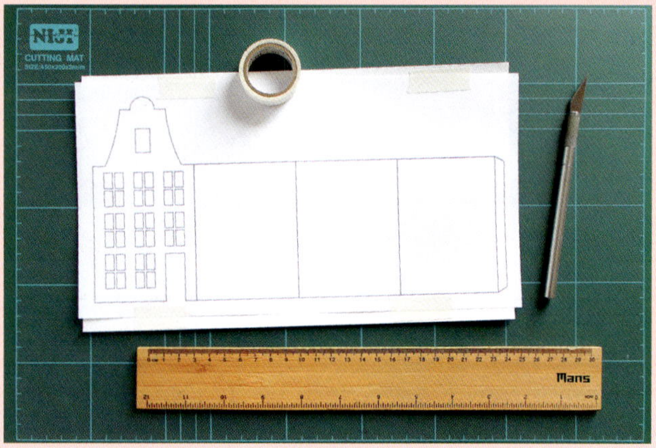

2. Die Vorlage mit ablösbarem Klebeband auf dem weißen Papier fixieren.

3. Mit dem Skalpell die Fenster ausschneiden. Dabei am besten ein Lineal zu Hilfe nehmen, damit die Schnitte gerade werden.

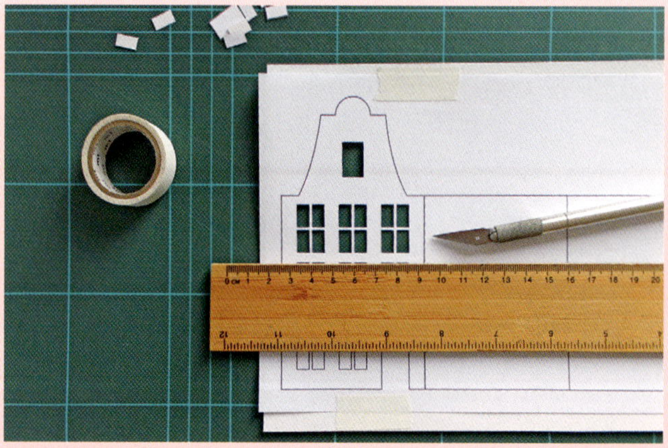

4. Wenn alle Fenster ausgeschnitten sind, ...

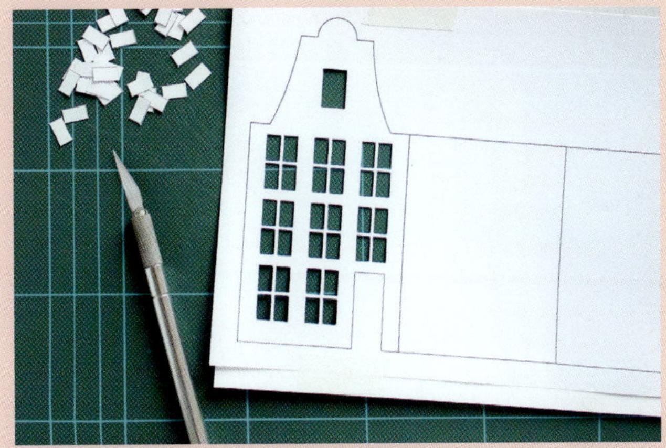

5. ... mit den äußeren Umrissen fortfahren. Mithilfe der Vorlage die Faltungen für die einzelnen Hausseiten einzeichnen.

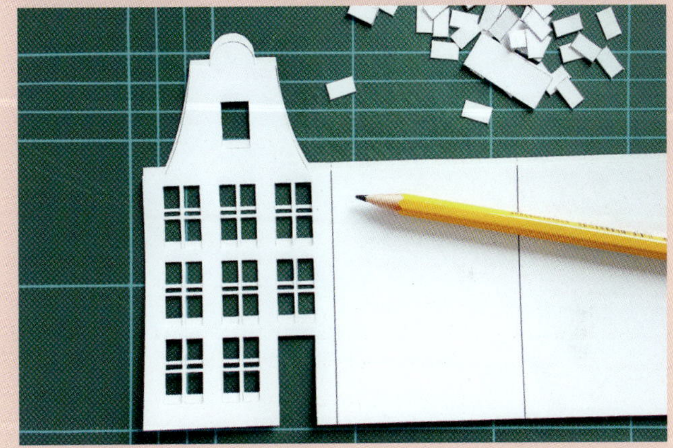

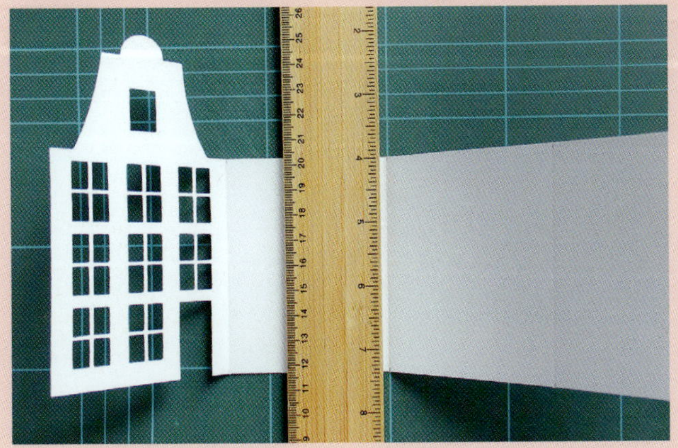

6. Die Hausseiten mithilfe des Lineals falten.

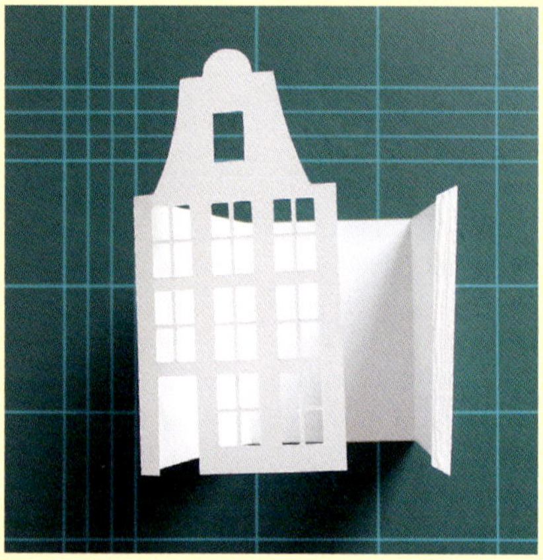

7. Mit einem Pinsel etwas Vinylkleber auf die schmalen Streifen auftragen und die Arbeit zum Haus zusammenfügen. Das Papier andrücken, bis der Klebstoff getrocknet ist.

Tipp

Wenn Ihnen das Ausschneiden der Sprossenfenster schwerfällt, können Sie diese auch einfach rechteckig zuschneiden, das ist ebenso hübsch!

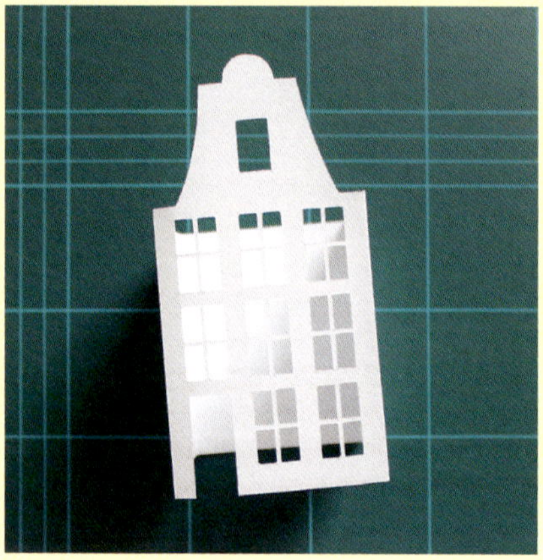

8. Das erste Lichterhäuschen ist nun fertig!

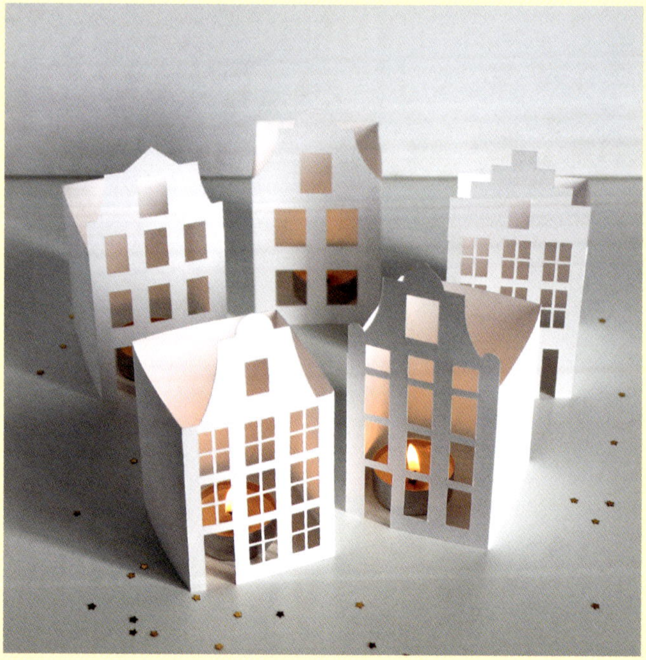

9. Jetzt noch weitere Häuschen anfertigen, sodass eine kleine skandinavische Stadt entsteht, die Licht in die winterliche Dunkelheit bringt.

Schneeflocken

Zu diesen Schneeflocken wurde ich angeregt, als beim Ausschneiden von gefaltetem Papier viele kleine Teile heruntergefallen sind. Hierbei wird das Papier aber zuerst in Ziehharmonikafalten gelegt. Es macht nichts, wenn die Schnitte nicht ganz präzise sind, das Ergebnis sieht dennoch sehr dekorativ aus!

MATERIAL

- **Vorlage siehe S. 136**
- **dünnes Papier, 10,5 x 22 cm (55 g/m^2)**
- **Schere**
- **Vinylkleber**
- **Pinsel**
- **Baumwollschnur**
- **Lineal**
- **Bleistift**

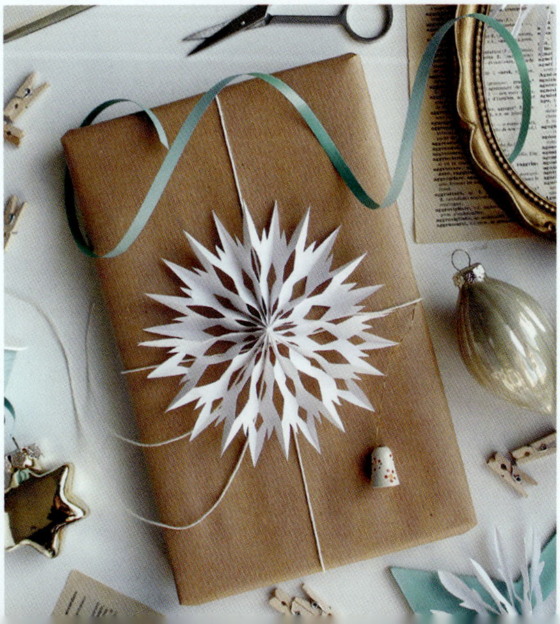

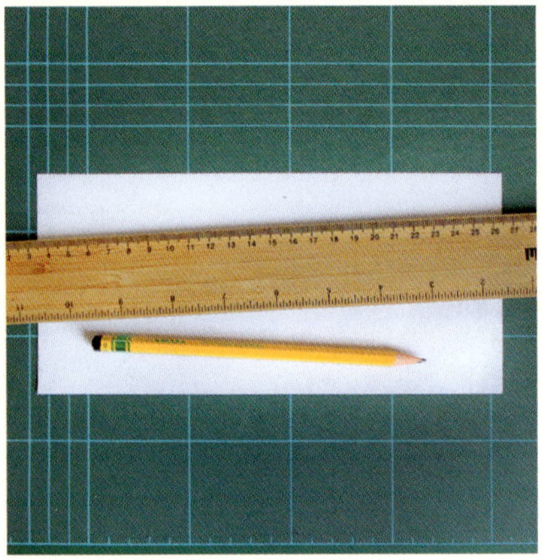

ANLEITUNG

1. Mit dem Bleistift am oberen und unteren Rand des Papierbogens im Abstand von jeweils 1,3 cm Markierungen einzeichnen.

2. Das Blatt möglichst genau mithilfe dieser Markierungen in Ziehharmonikafalten legen.

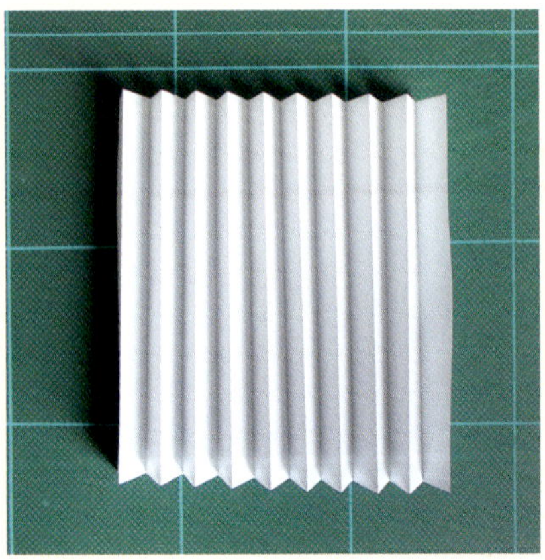

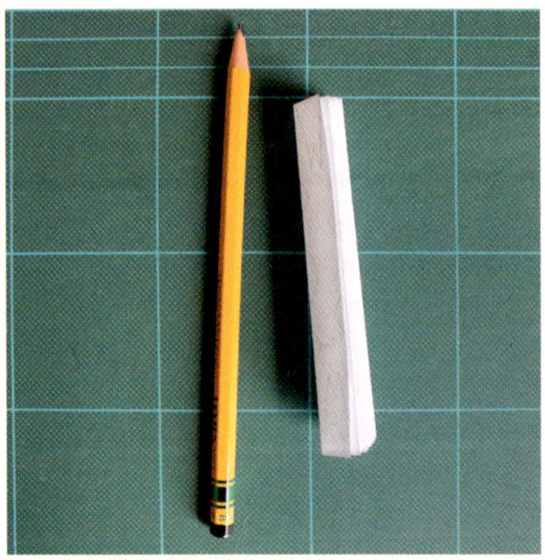

3. Das Blatt fest zusammenfalten und mit dem Bleistift eine der Vorlagen von S. 136 oder eine selbst ausgedachte aufzeichnen.

4. Mit der Schere das aufgezeichnete Muster ausschneiden und das gefaltete Papier in der Mitte mit Baumwollschnur zusammenbinden. Die Schnurenden abschneiden.

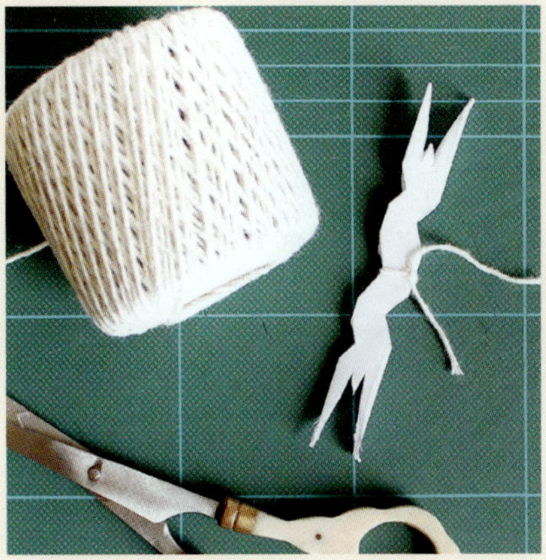

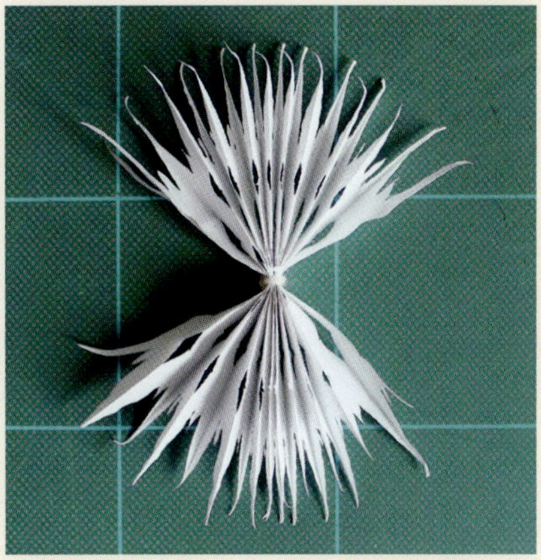

5. Die Falten wie auf dem Foto gezeigt öffnen ...

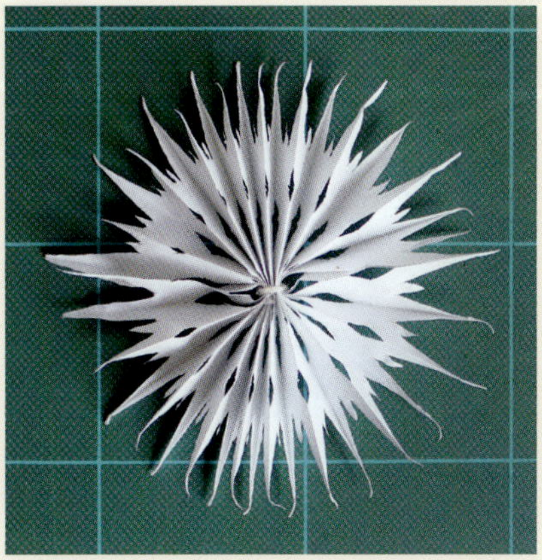

6. ... und die Kanten mit etwas Vinylkleber (diesen mit einem Pinsel auftragen) aufeinanderkleben. Die erste Schneeflocke ist nun fertig!

Dieses Projekt ist ganz einfach und schnell umgesetzt und perfekt, wenn man in letzter Minute noch eine Dekoration für eine Geschenkverpackung sucht! Viel Spaß auch beim Ausprobieren neuer Muster!

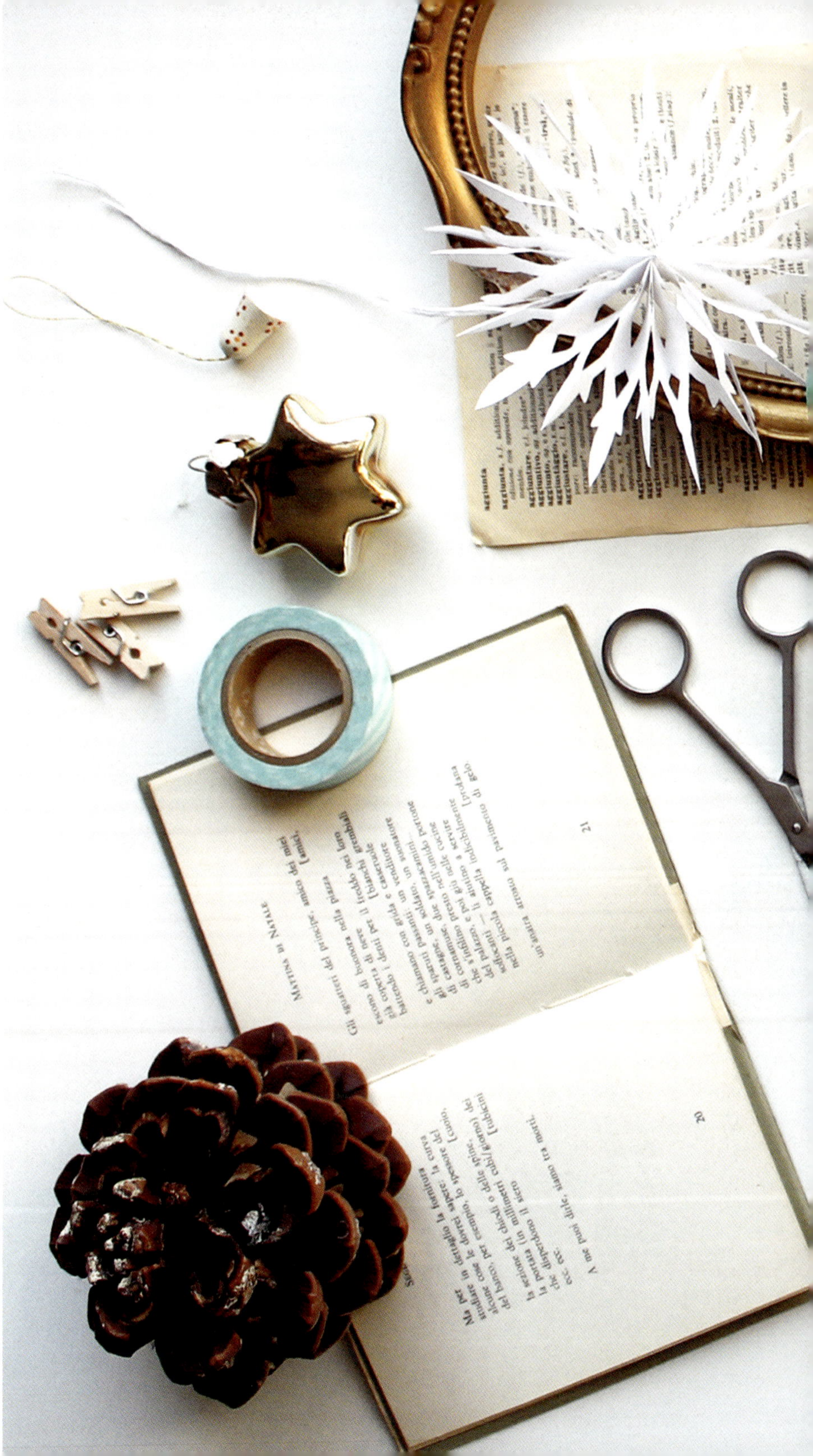

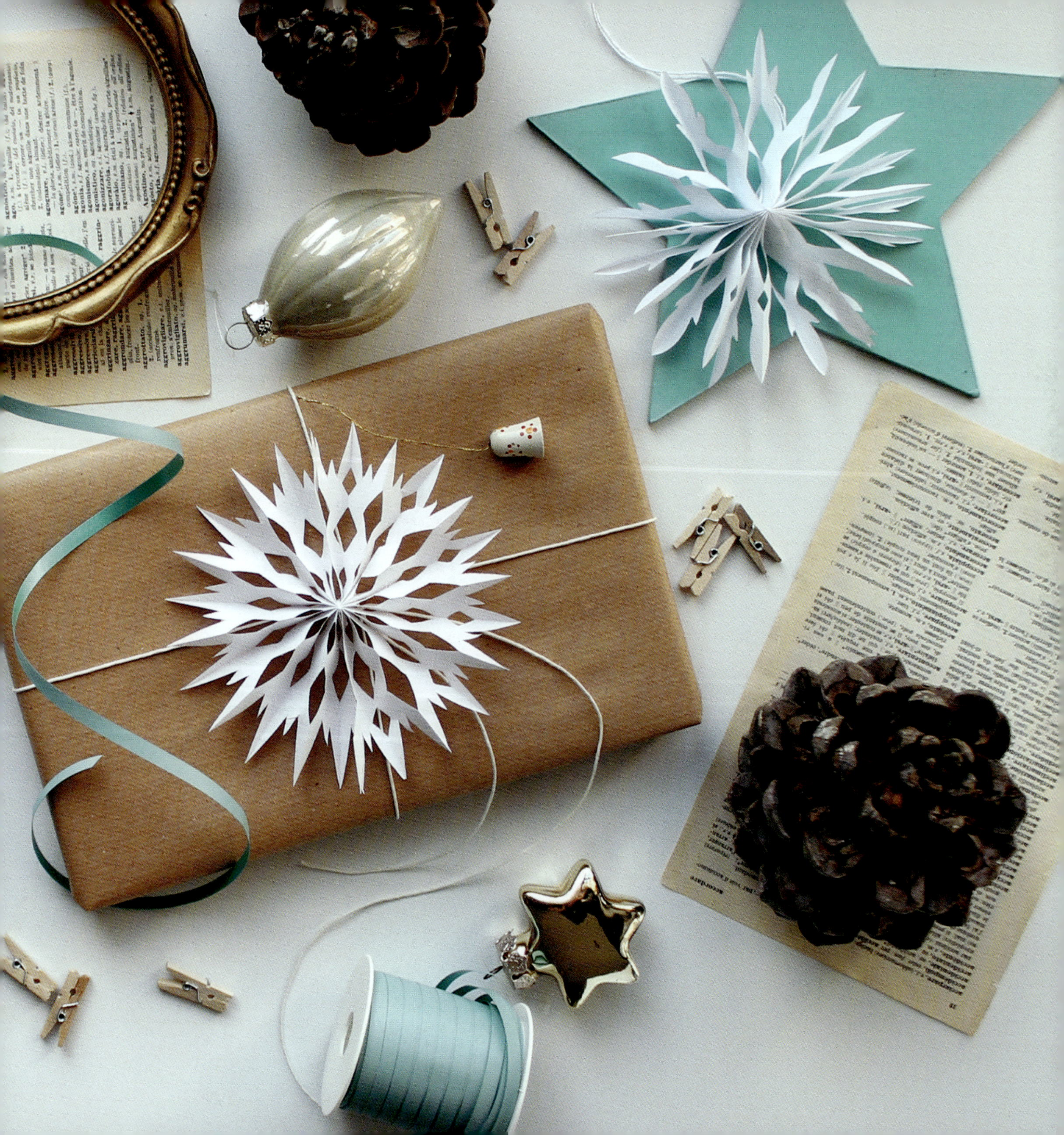

Christbaumschmuck

Diese zweidimensionalen Christbaumanhänger werden mit der Technik des Paper Cutting angefertigt. Die so entstehenden Muster wirken besonders zart und dekorativ!

MATERIAL

- **Vorlagen siehe S. 141**
- **weißes Papier, 140 g/m²**
- **Skalpell**
- **ablösbares Klebeband**
- **Schere**
- **Schneidematte**
- **Lochzange für Kreise, ø 0,1 cm**
- **Goldfaden**

Der mit Paper Cutting hergestellte Christbaumschmuck passt hervorragend zu anderer Papierdeko für den Tannenbaum, etwa den dreidimensionalen Sternen und den Origami-Kugeln. Sie lassen sich auch gut mit traditionellem Schmuck kombinieren.

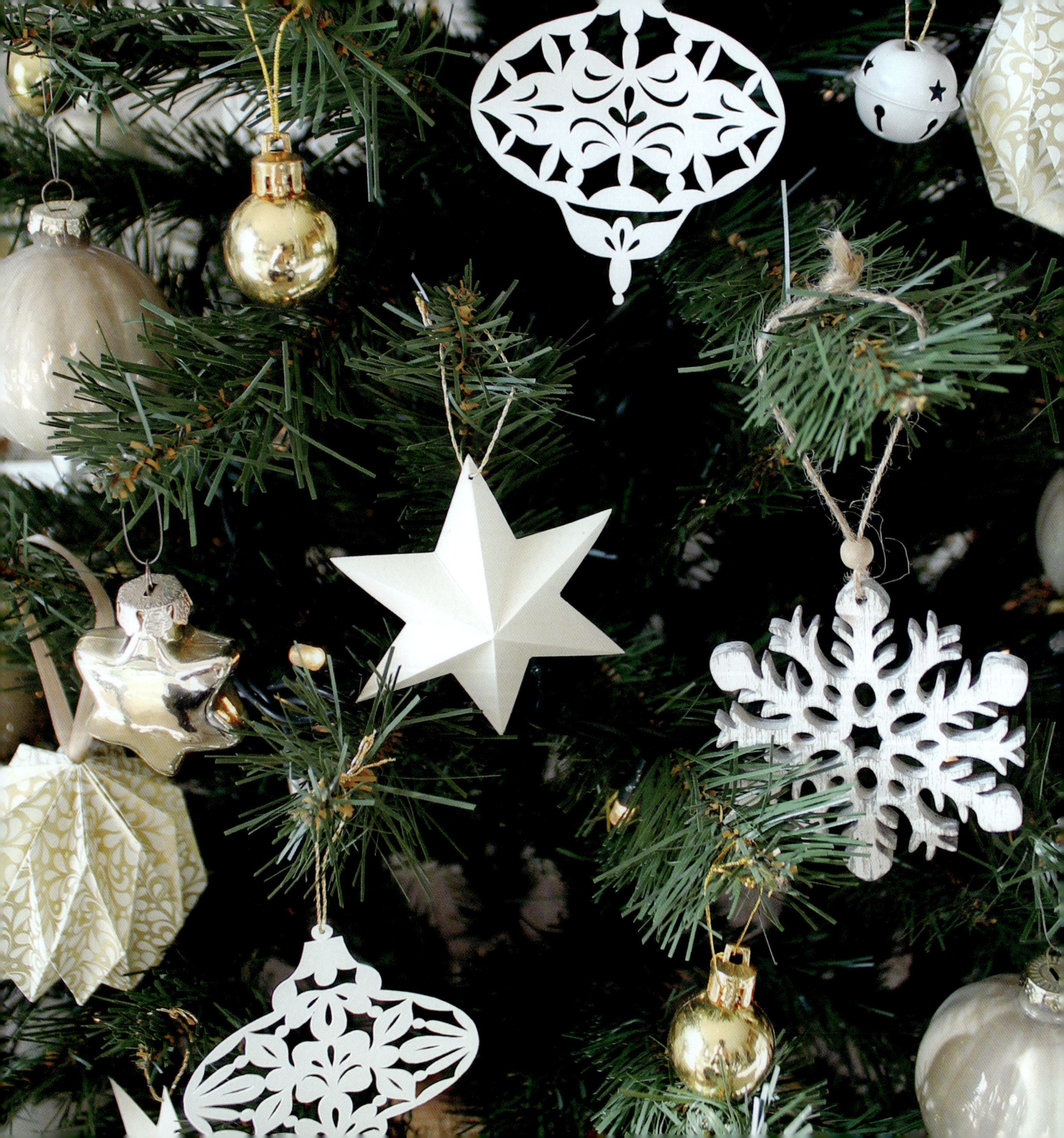

ANLEITUNG

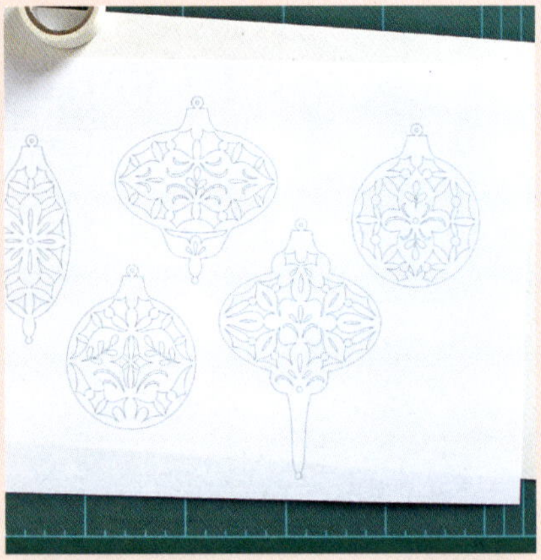

1. Zuerst die Vorlagen in der gewünschten Größe auf Papier übertragen. Die Arbeitsfläche mit einer Schneidematte abdecken.

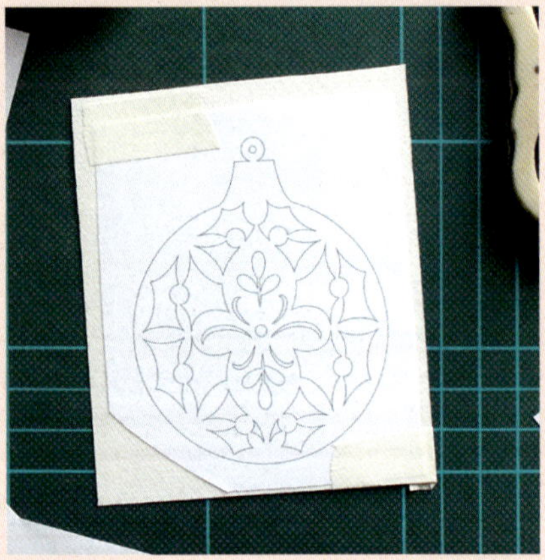

2. Für ein leichteres Arbeiten die Kugelmodelle einzeln grob aus dem Papier ausschneiden und die Vorlage mit ablösbarem Klebeband auf das Papier kleben.

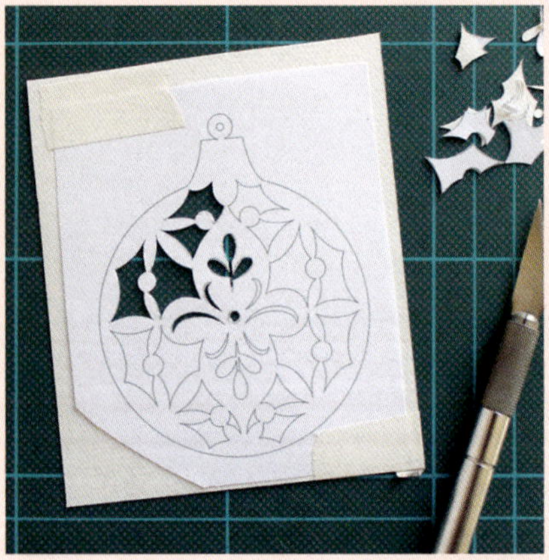

3. Mit dem Skalpell die Kugeln ausschneiden, dabei von der Mitte nach außen arbeiten.

Tipp

Keine Sorge, wenn sich das Vorlagenpapier zunächst nicht löst, man nimmt es am besten zum Schluss ab. Mit dieser Technik vermeidet man, dass Bleistiftstriche auf der fertigen Arbeit zu sehen sind..

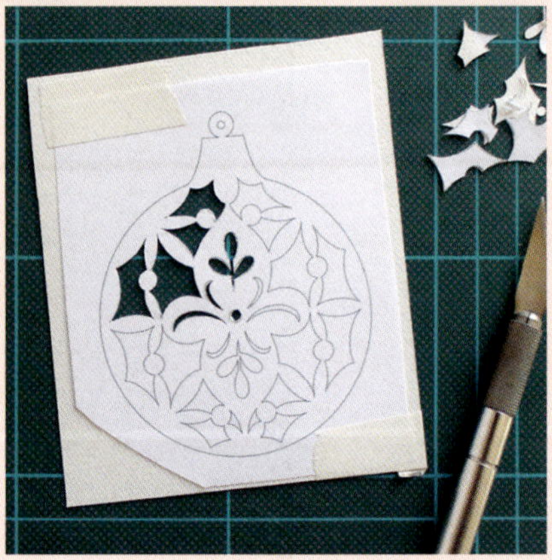

4. Das Skalpell fest in das Papier mit der Vorlage sowie in das Papier für den Schmuck drücken ...

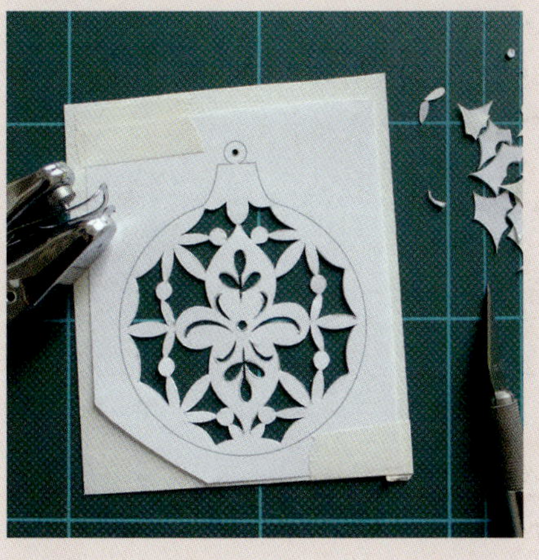

5. ... und weiterarbeiten, bis alles ausgeschnitten ist.

6. Zum Schluss die Umrisse der Kugelmodelle ausschneiden. Mit der Lochzange ein kleines Loch oben in die Kugelmodelle stanzen und einen kleinen Goldfaden hindurchziehen.

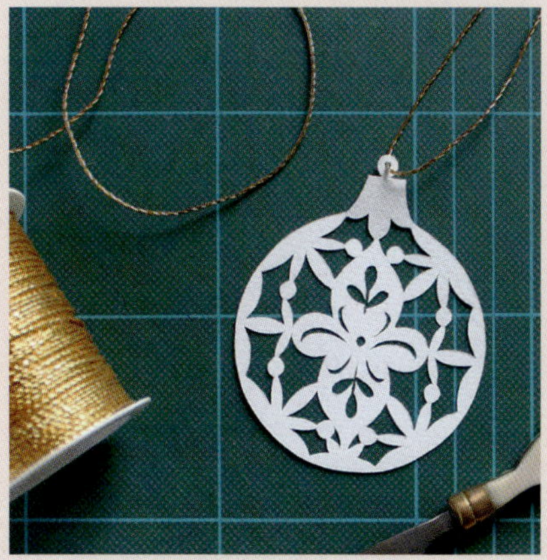

Auf diese Weise die anderen vier Kugelmodelle anfertigen. Mit diesen Paper-Cutting-Kugeln kann man den Weihnachtsbaum sehr hübsch schmücken, aber auch Geschenkverpackungen verzieren. Oder man hängt sie einfach an einen Zweig, wie man es in Skandinavien gerne macht. Viel Spaß beim Dekorieren!

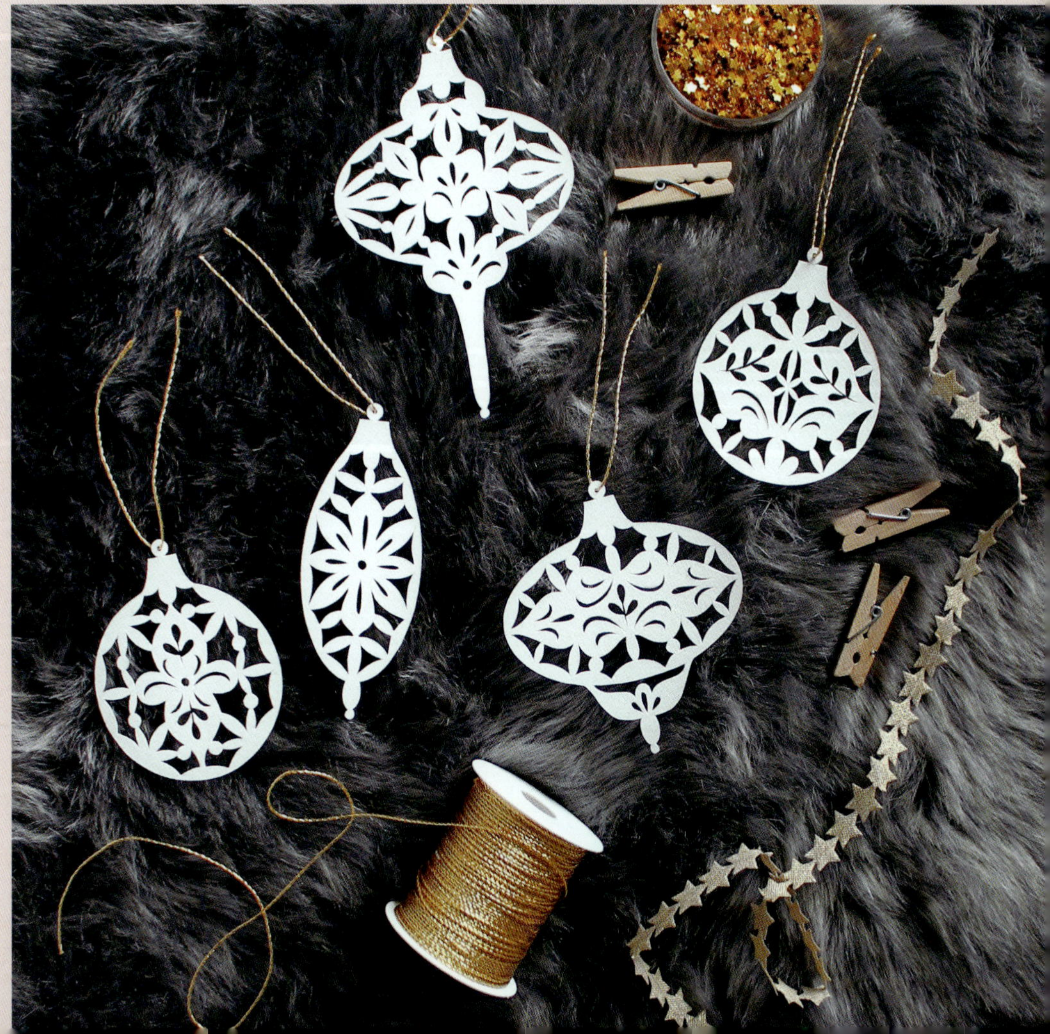

Origami-Kugeln

Origami- oder gefaltete Kugeln wirken mit ihren klaren geometrischen Linien sehr modern und nordisch. Dafür braucht man etwas Übung, aber Sie werden sehen, wenn man die Technik erst einmal beherrscht, möchte man am liebsten den ganzen Tannenbaum damit schmücken!

MATERIAL

- **1 Papierstreifen, 37,5 x 12 cm (zwischen 90 g/m² und höchstens 140 g/m²)**
- **Bleistift**
- **Lineal**
- **Vinylkleber**
- **Satinband, 25 cm lang**
- **Heißkleber**

Die Origami-Kugeln können das Hauptelement am Weihnachtsbaum sein, auch in Kombination mit Schmuck in der Paper-Cutting-Technik (S. 94) oder traditioneller Tannenbaumdekoration. Meiner Meinung nach ist es wichtig, dass man den Schmuck in den gleichen Farbtönen wählt, der Rest bleibt der Fantasie überlassen!

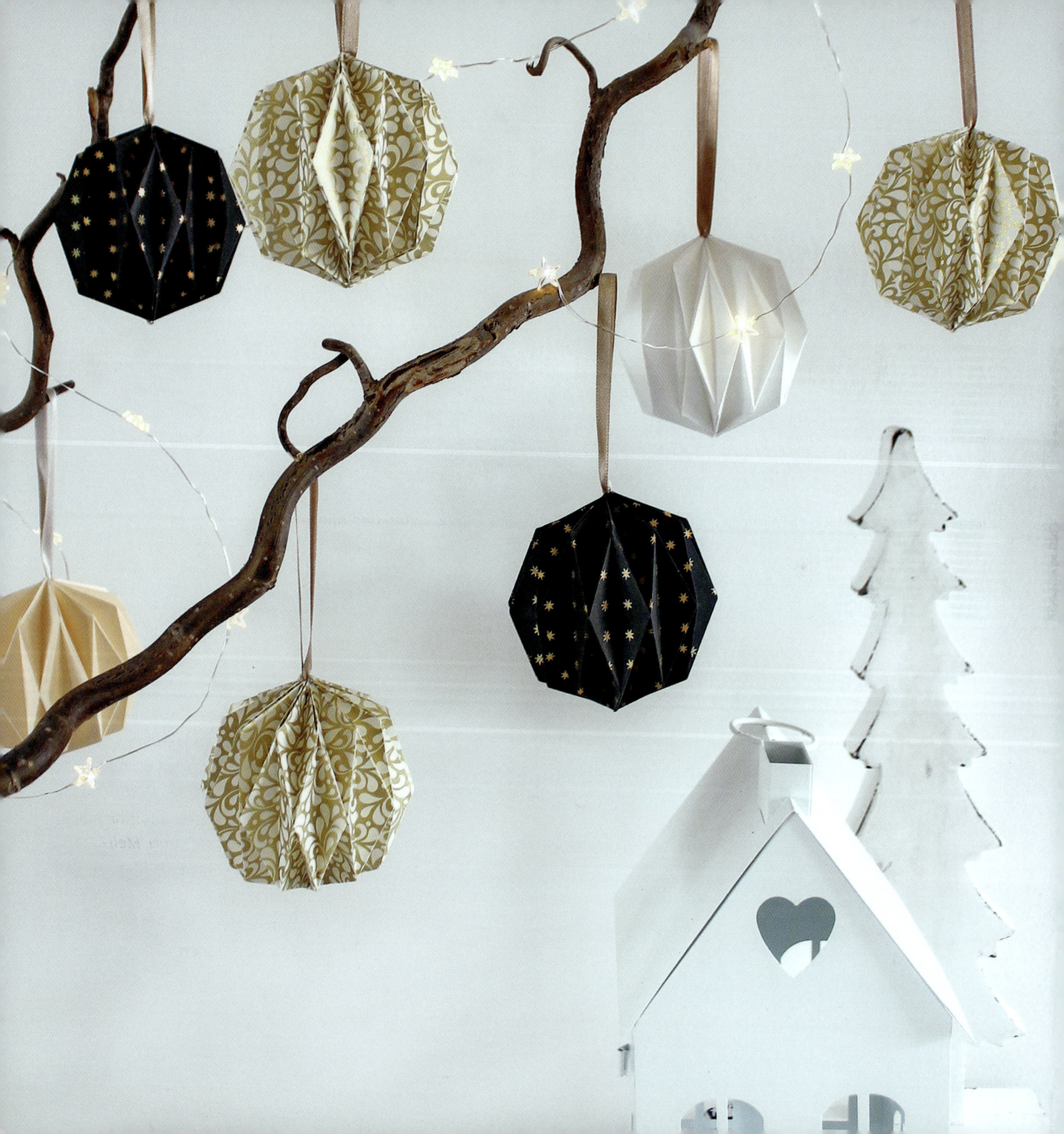

ANLEITUNG

1. Am oberen und am unteren Rand des Papierstreifens mit Lineal und Bleistift jeweils alle 1,5 cm eine kleine Markierung aufzeichnen. Dabei so genau wie möglich arbeiten!

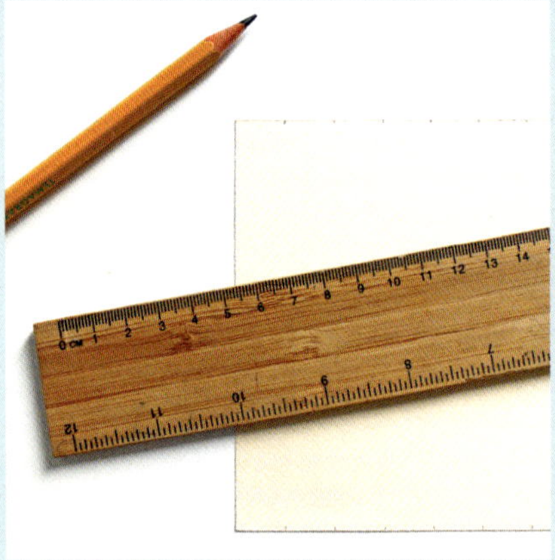

Tipp

Wenn man wenig Übung im Origami-Falten hat oder diese Kugeln zum ersten Mal faltet, probiert man es am besten zunächst mit einem Streifen aus dünnerem Papier aus!

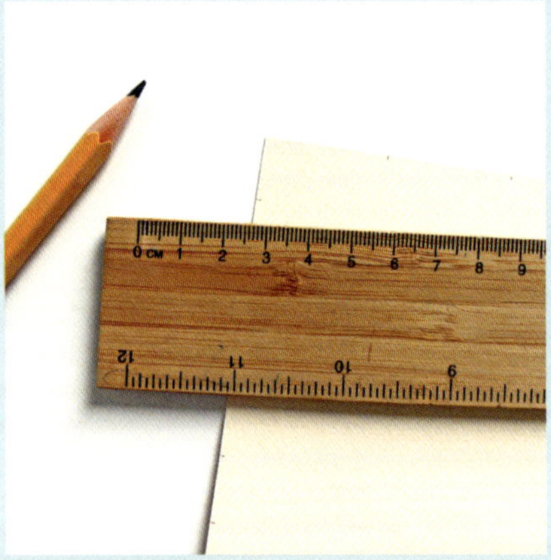

2. An den kürzeren Seiten jeweils alle 3 cm eine Markierung aufzeichnen.

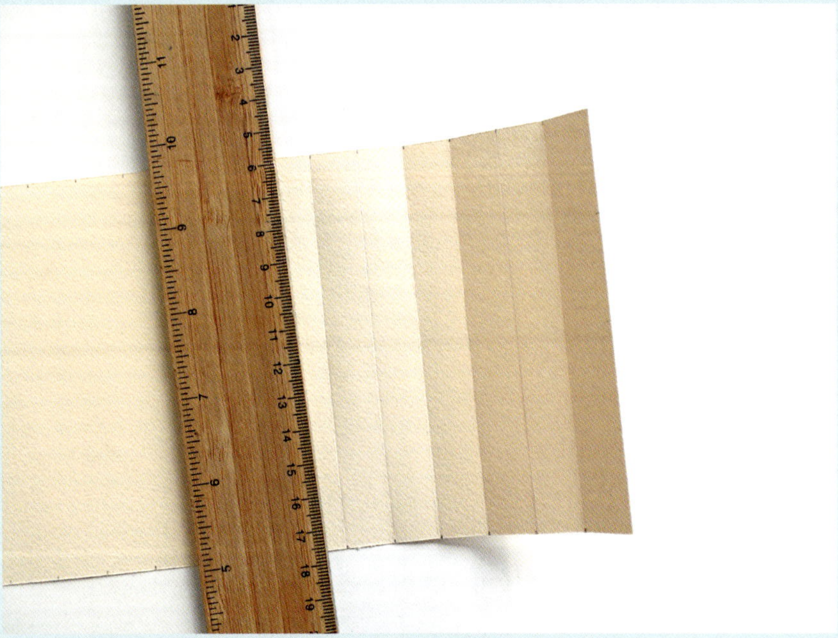

3. Mithilfe des Lineals das Papier an den Markierungen der Längsseiten falten.

4. Danach sieht das Papier so wie hier auf dem Foto aus.

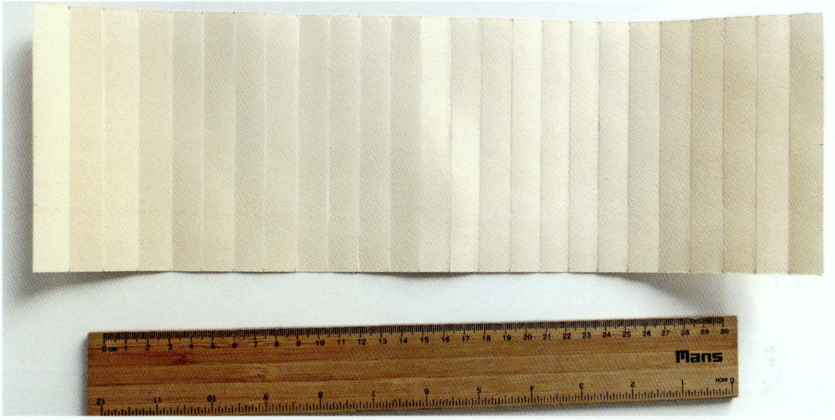

5. Nun das Papier an jeder zweiten Markierung noch diagonal falten, zuerst in eine Richtung, ...

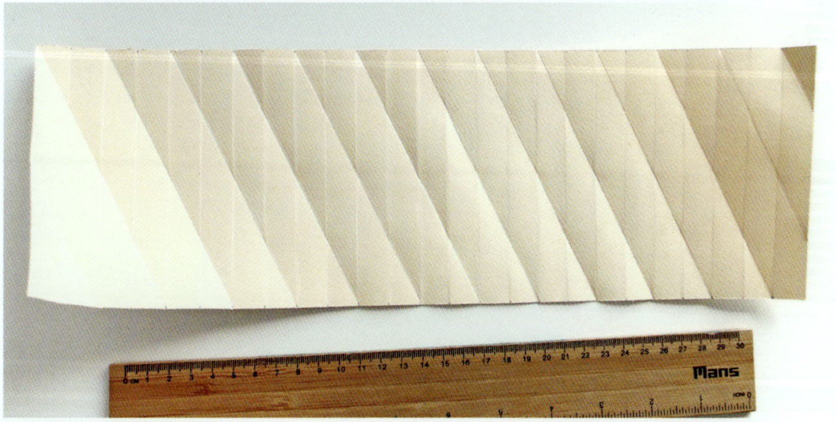

6. ... dann in die andere. Zur Veranschaulichung habe ich das mit der untenstehenden Zeichnung verdeutlicht.

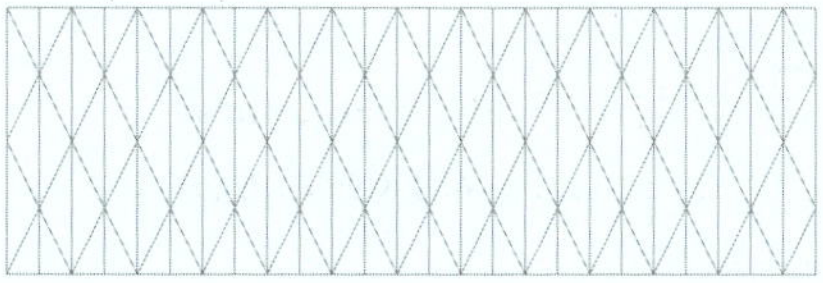

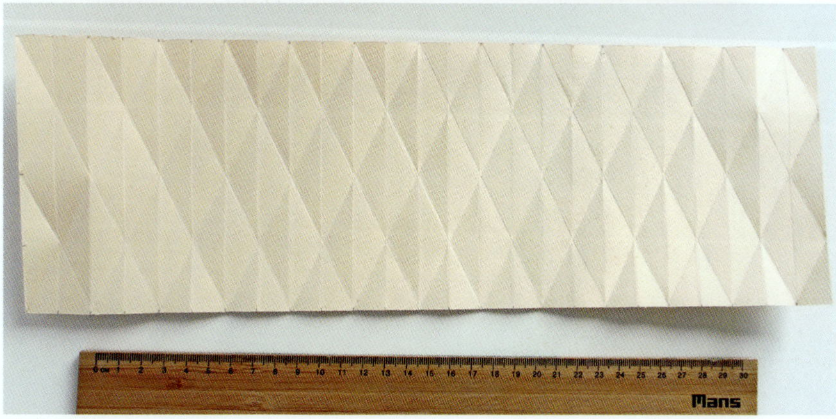

7. Jetzt an den diagonalen Linien, die in der Mitte der kurzen Seite verlaufen (12 cm) weiterfalten. Wie auf dem Foto zu sehen, müssen sich die Tal- und die Bergfalten abwechseln. Das heißt, man muss die ganz zu Anfang gelegten Falten in eine Ziehharmonikafaltung legen und zugleich die diagonalen Falten legen.

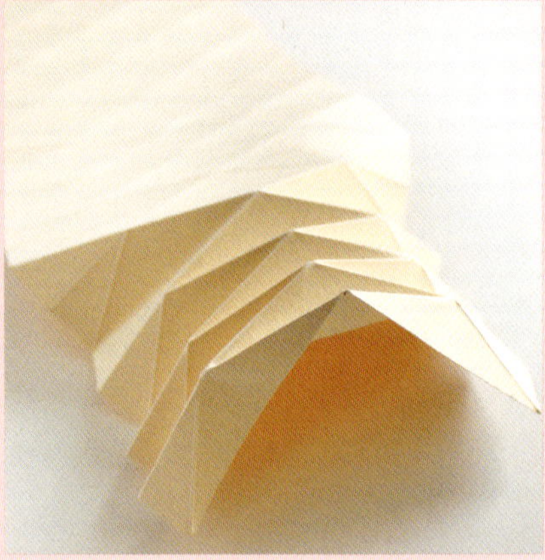

8. Hier sieht man, wie man das Papier dabei in den Händen halten muss.

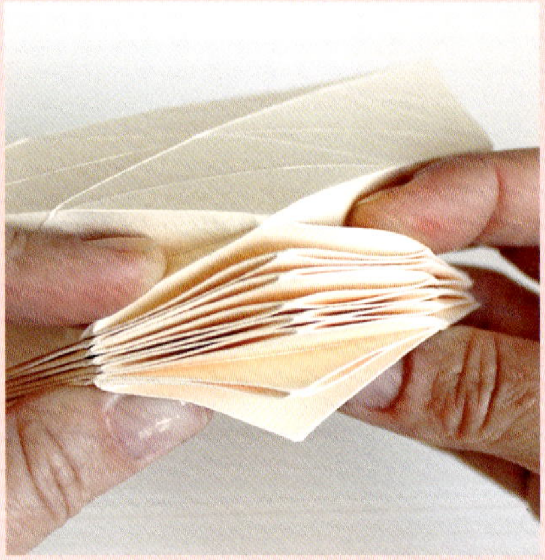

9. Anschließend sieht das gefaltete Papier so aus.

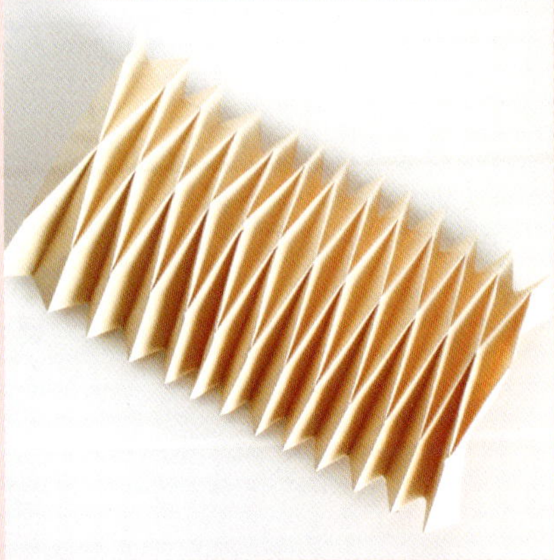

10. Die Ziehharmonika zusammendrücken und wie auf dem Foto gezeigt in die Hand nehmen. Die äußeren Enden an den diagonalen Falten nach unten legen.

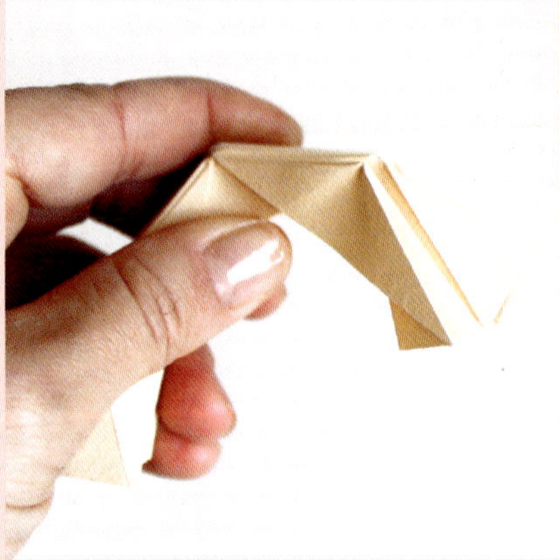

11. Dasselbe auf der anderen Seite wiederholen, ...

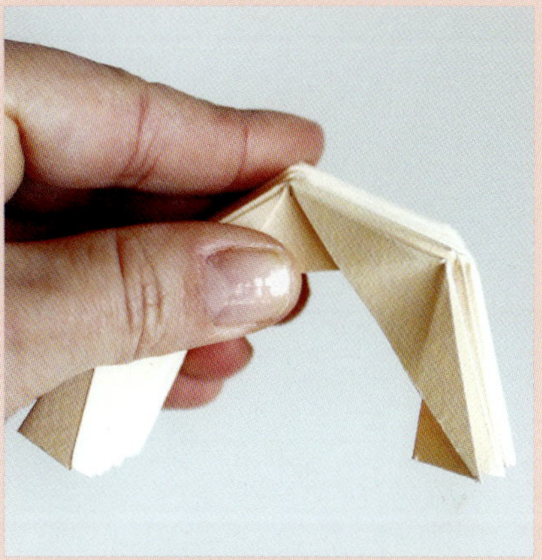

12. ... sodass die Arbeit so aussieht. Das gefaltete Papier hat eine halbrunde Form.

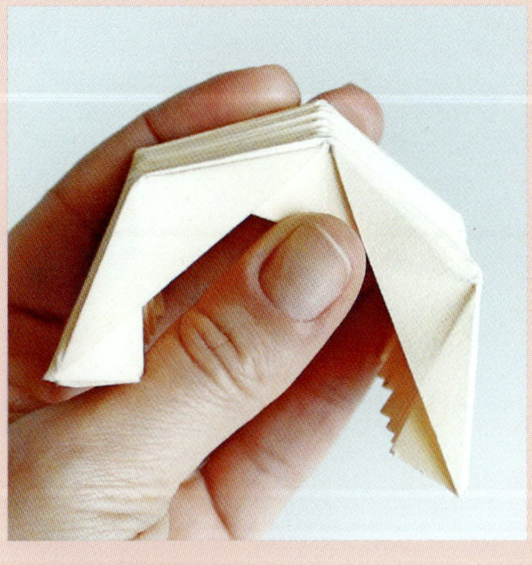

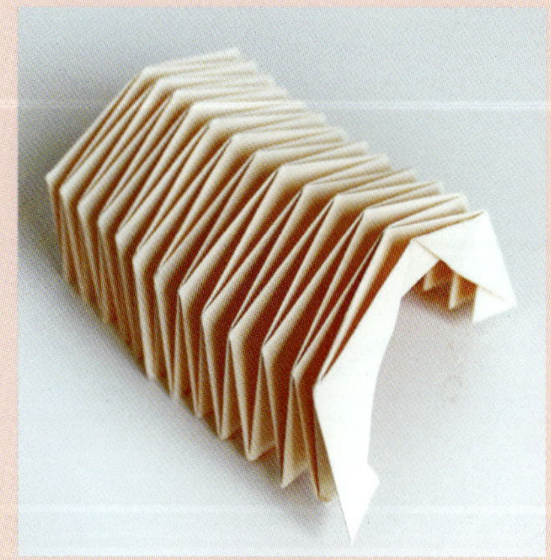

13. Jetzt die Innenseite nach oben halten und wie auf dem Foto am äußeren Rand die kleinen vorstehenden Dreiecke falten. Auf diese Weise erhalten die Kugeln später ihre Stabilität.

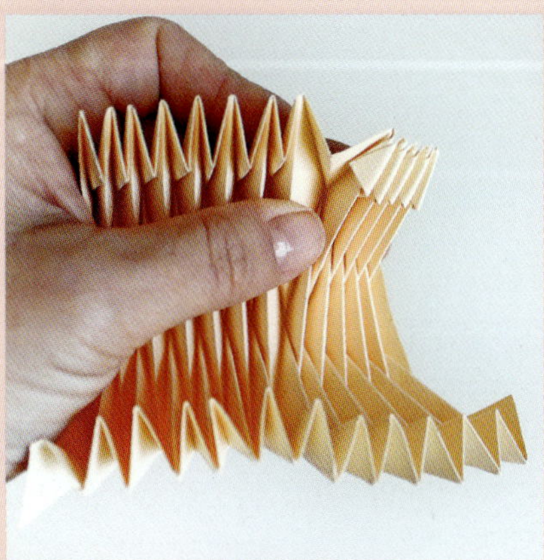

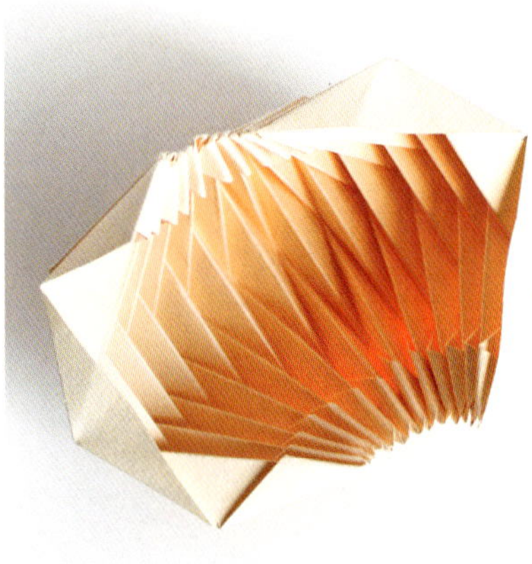

14. Hier sieht man, wie die Arbeit anschließend aussehen sollte.

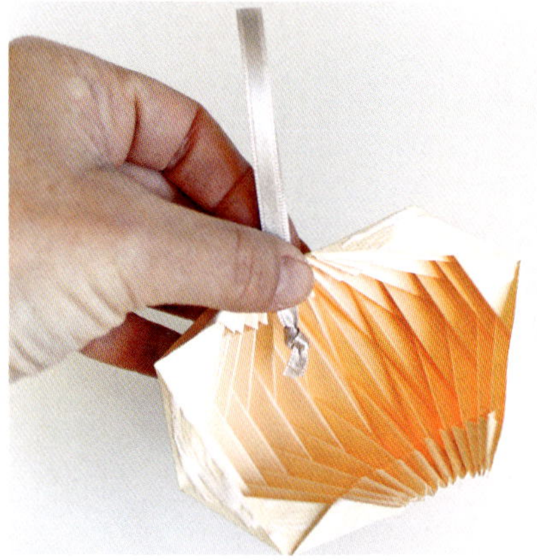

15. Etwas Vinylkleber auf den Innenrand der Kugel auftragen. Das Satinband mittig falten,

16. Die beiden Seiten mit dem Klebstoff möglichst genau zusammenfügen und fest andrücken, damit er gut haftet und die Kugel dauerhaft zusammenhält.

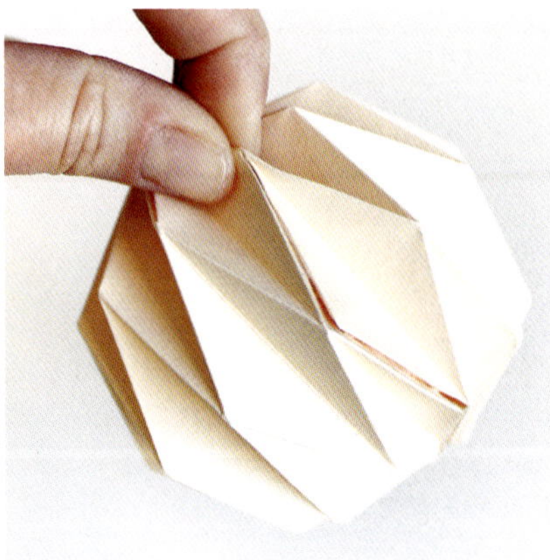

17. Mit einem Tropfen Heißkleber oben die Nahtstelle zwischen Papier und Satinband fixieren, eventuell auch an der Unterseite. Jetzt kann die Origami-Kugel aufgehängt werden!

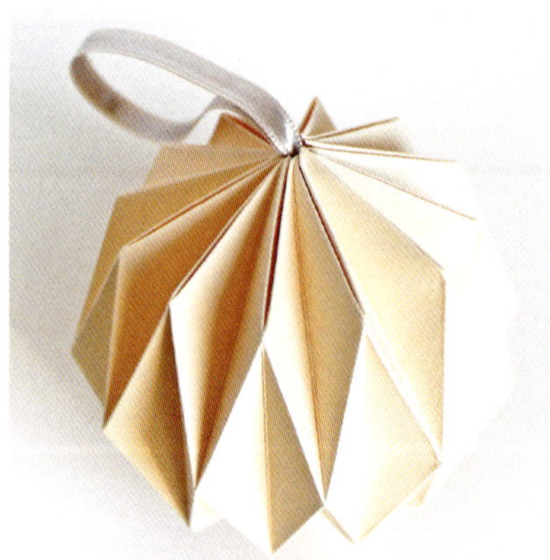

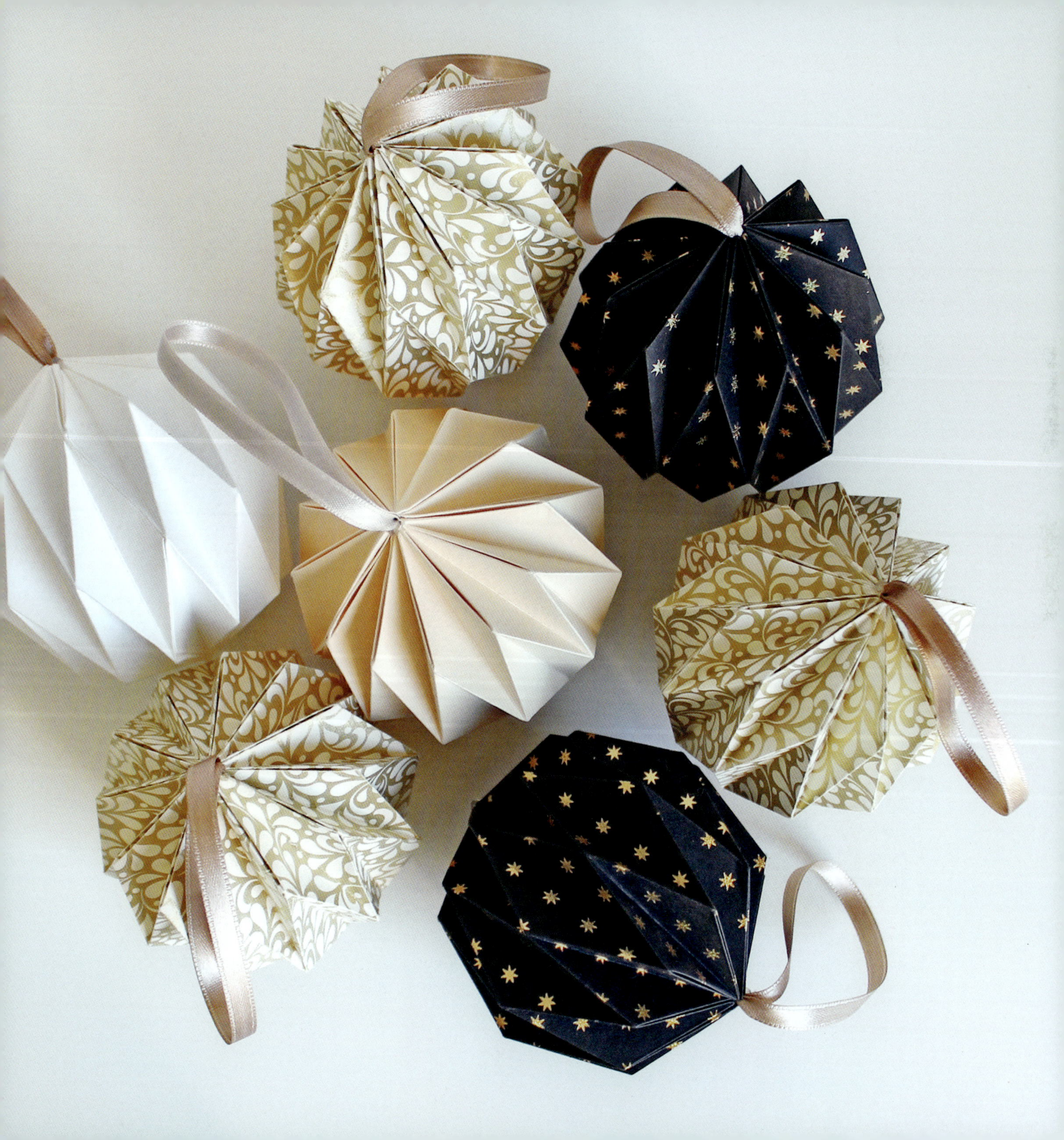

Christstern

Das Falten von Christsternen aus Papier ist einfach und macht Spaß, denn man kann sie vielfältig in Szene setzen: Sie eignen sich zum Verzieren einer Geschenkverpackung, für einen Kranz, als Schmuck für einen Kerzenständer oder, wie hier zu sehen, als Dekoration für eine festliche Tafel.

MATERIAL

- **rotes Papier (nach Belieben auch weißes)**
- **gelbes Papier**
- **Schere**
- **Lineal**
- **Falzbein**
- **Pinsel**
- **Lochzange für Kreise, ø 2 cm und 0,3–0,5 cm**
- **Heißkleber**
- **Vinylkleber**

Die Christsterne in die Mitte der Festtafel oder auf dem Teller erzeugen gleich eine weihnachtliche Atmosphäre. Mit der gleichen Technik kann man auch Ilexblätter anfertigen und damit die Deko ergänzen.

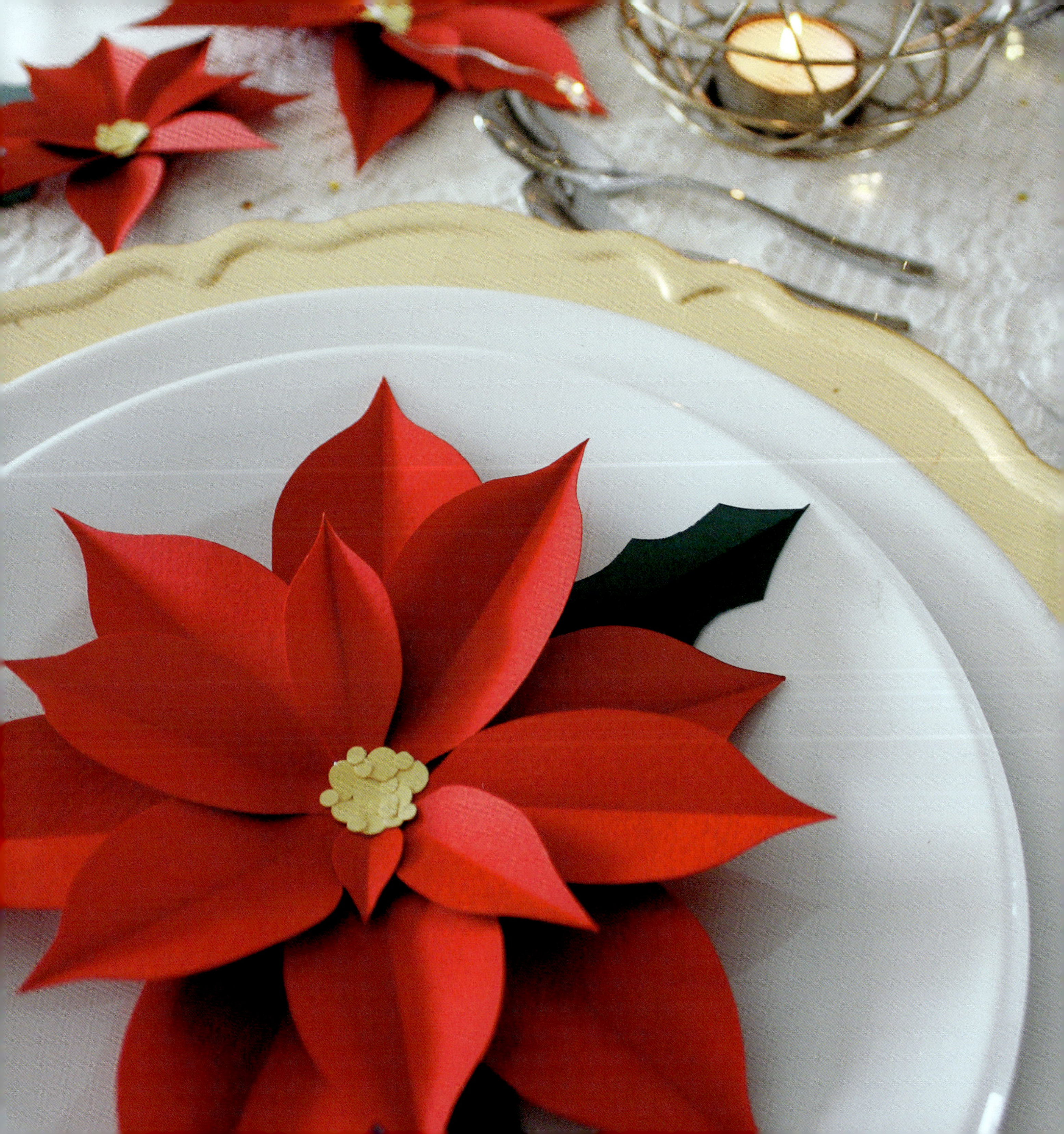

ANLEITUNG

1. Aus rotem oder weißem Papier Streifen von etwa 5 x 25 cm zurechtschneiden und diese mithilfe des Lineals einmal längs in der Mitte falten.

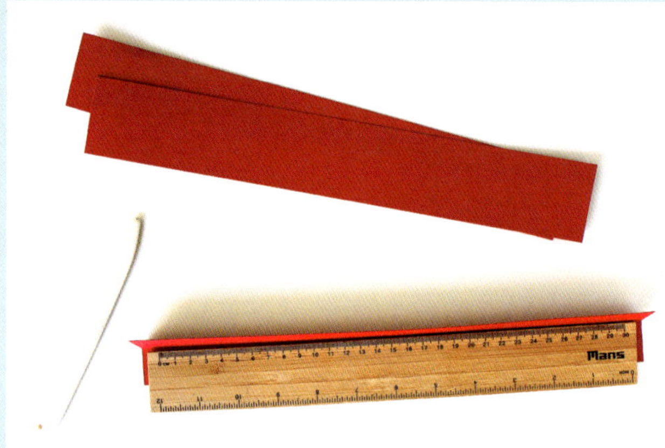

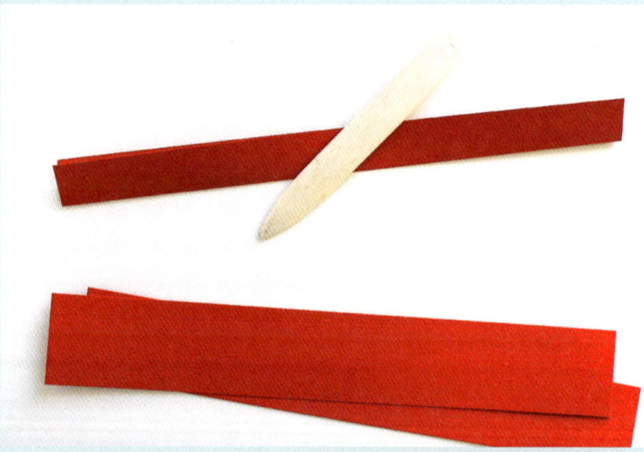

2. Mithilfe des Falzbeins die Falten nachfahren.

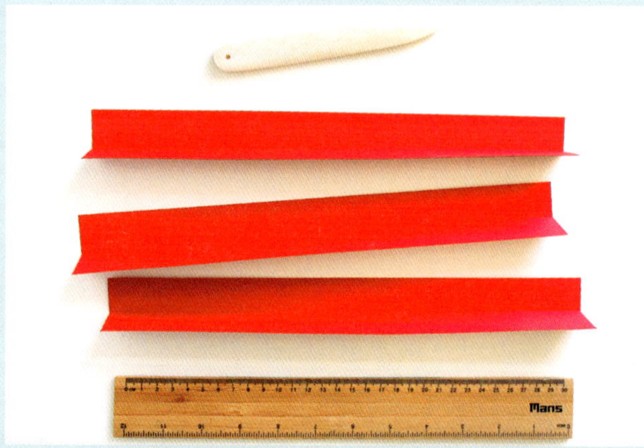

3. Alle Streifen auf diese Weise falten.

4. Daraus mit der Schere an der gefalteten Seite wellenförmige Blätter für die Blüte ausschneiden.

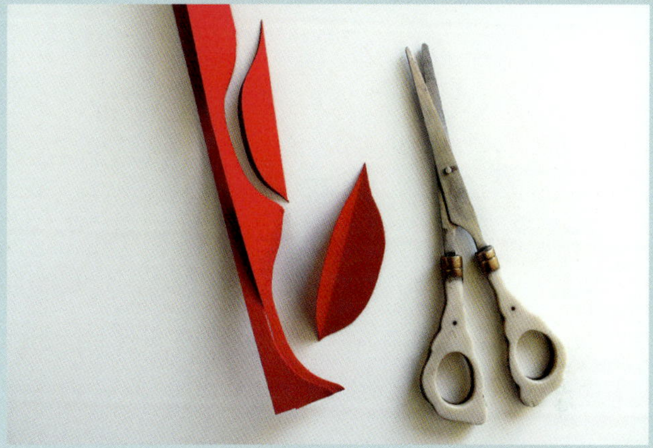

5. Man benötigt Blätter in unterschiedlichen Größen, etwa 4 große, 3 mittelgroße und 3 kleine.

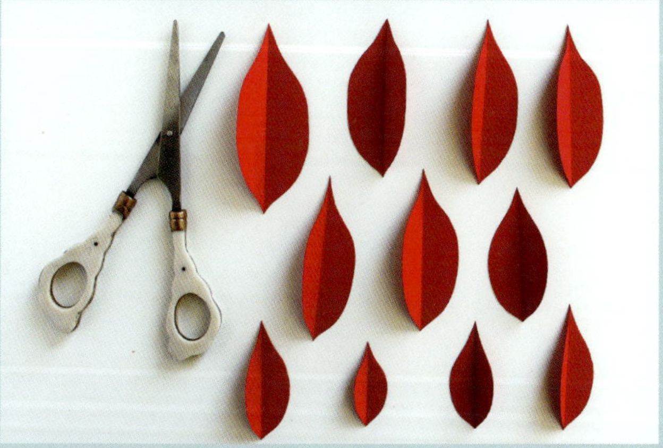

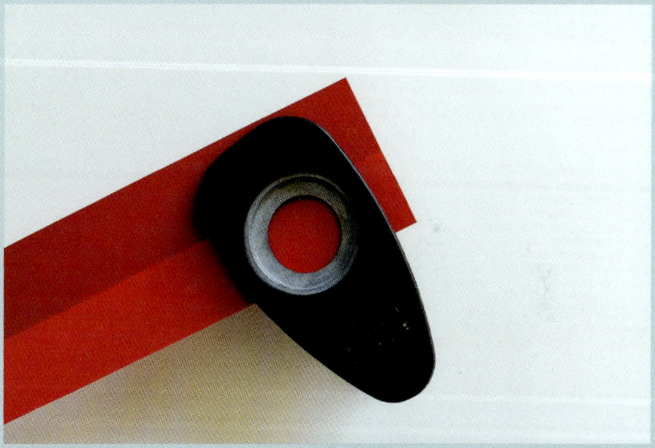

6. Mit der Lochzange Kreise aus dem Papier ausstanzen, auf die dann die Blätter aufgeklebt werden.

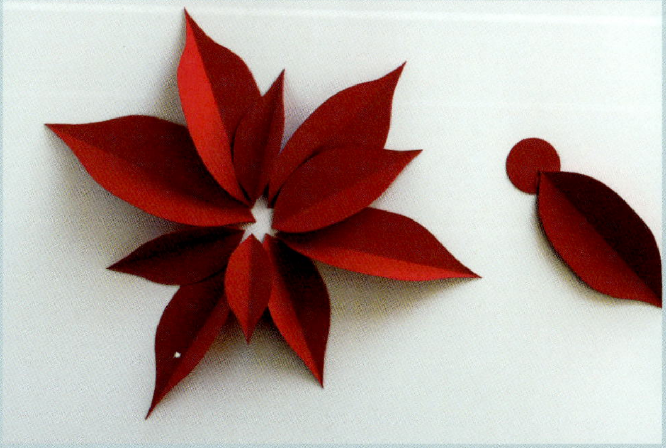

7. Die Blätter arrangieren und dann mit Heißkleber befestigen, ...

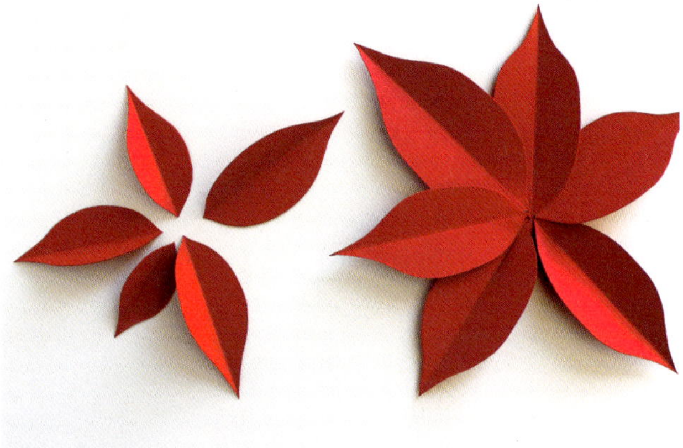

8. ... und zwar zuerst die großen, dann die mittelgroßen und zuletzt die kleinen, ...

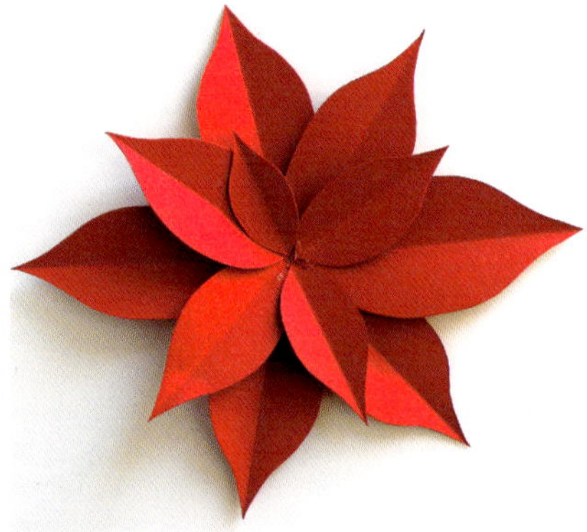

9. ... bis die Blüte so ähnlich wie auf diesem Foto aussieht.

10. Mit der kleinen Lochzange Kreise aus gelbem Papier ausstanzen. Diese mithilfe eines Pinsels mit Vinylkleber in der Blütenmitte befestigen.

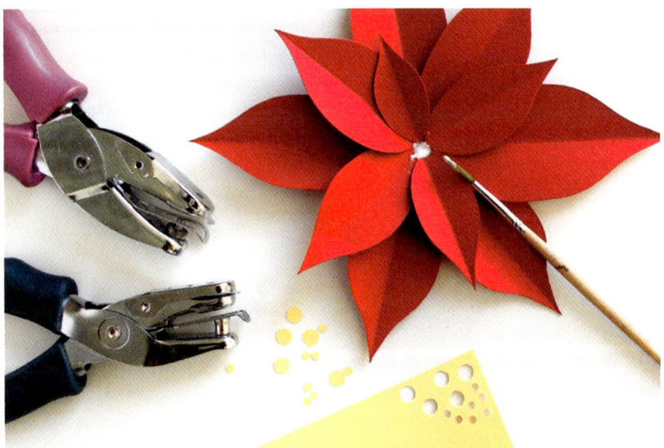

11. Der Christstern ist fertig und kann als Dekoration verwendet werden!

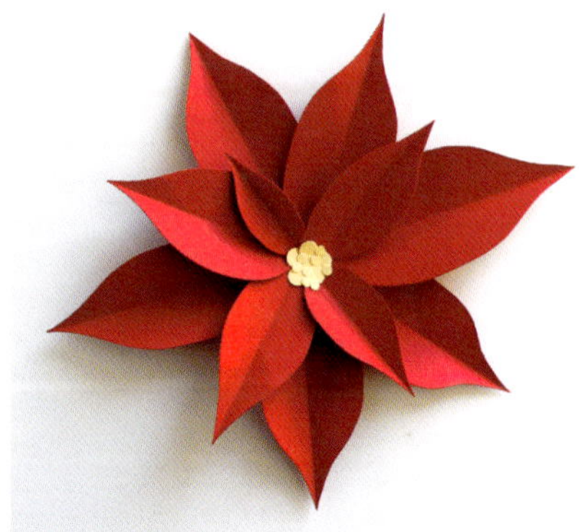

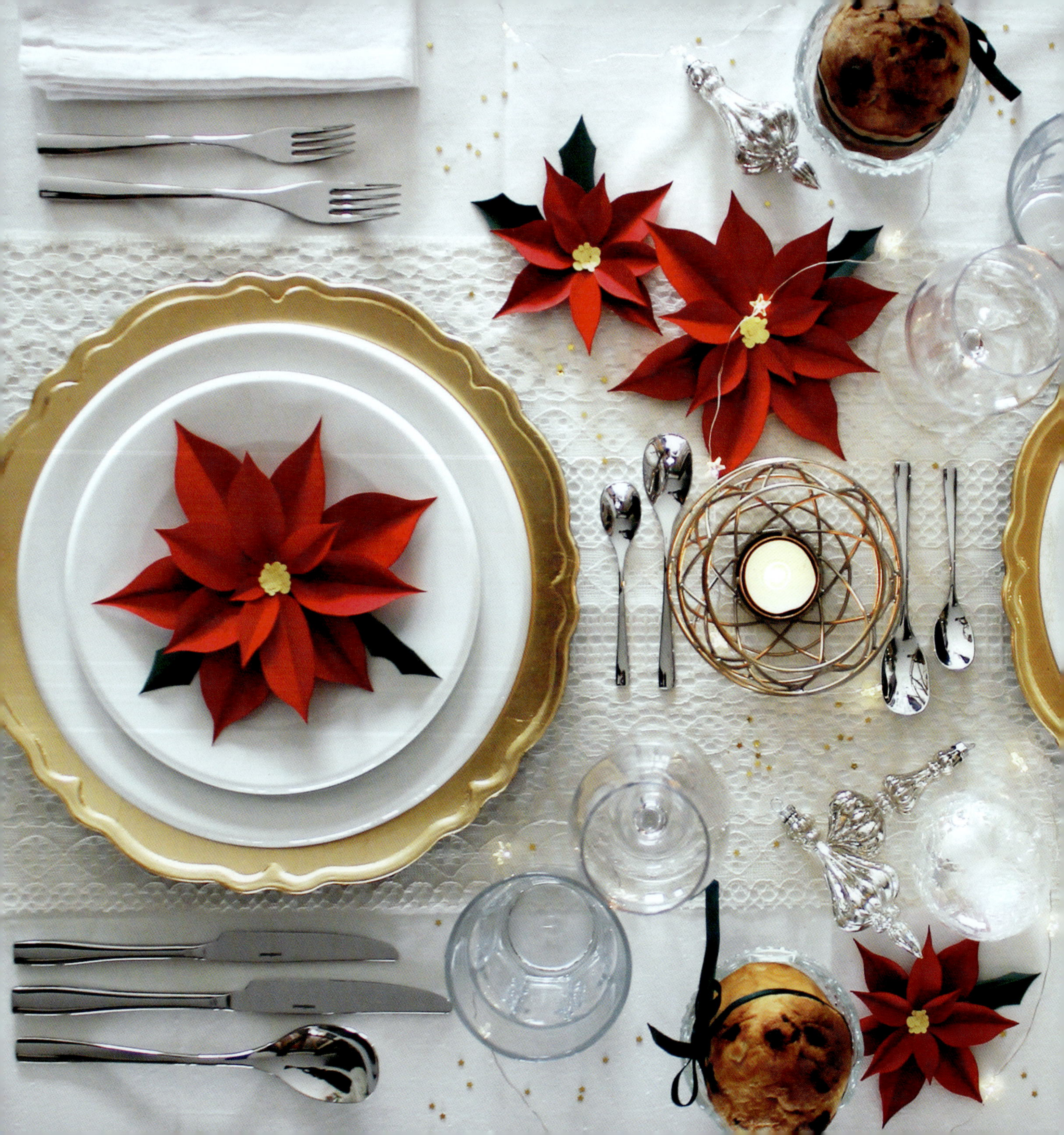

Karte zum Valentinstag

Die Technik des Paper Cutting eignet sich sehr gut, um Karten für jede Gelegenheit anzufertigen. Hier habe ich ein Herz zugeschnitten, das man zum Valentinstag verschenken kann, aber natürlich auch zu anderen Gelegenheiten, um einer Liebe oder auch einfach einer Freundschaft Ausdruck zu verleihen.

MATERIAL

- **Vorlagen siehe S. 142**
- **rosanes und rotes Papier (oder in zwei anderen Farben, 160 g/m²)**
- **Lineal**
- **ablösbares Klebeband**
- **doppelseitiges Schaumklebeband**
- **Skalpell**
- **dünne Kordel**
- **Schneidematte**

Diese Karte besteht aus zwei „Schichten", aus zwei aufeinandergelegten Papieren. Eines davon mit dem großen Paper-Cutting-Motiv, dessen Schattenspiel und Tiefe zwischen zwei anderen beschnittenen Papieren besonders gut zur Geltung kommt.

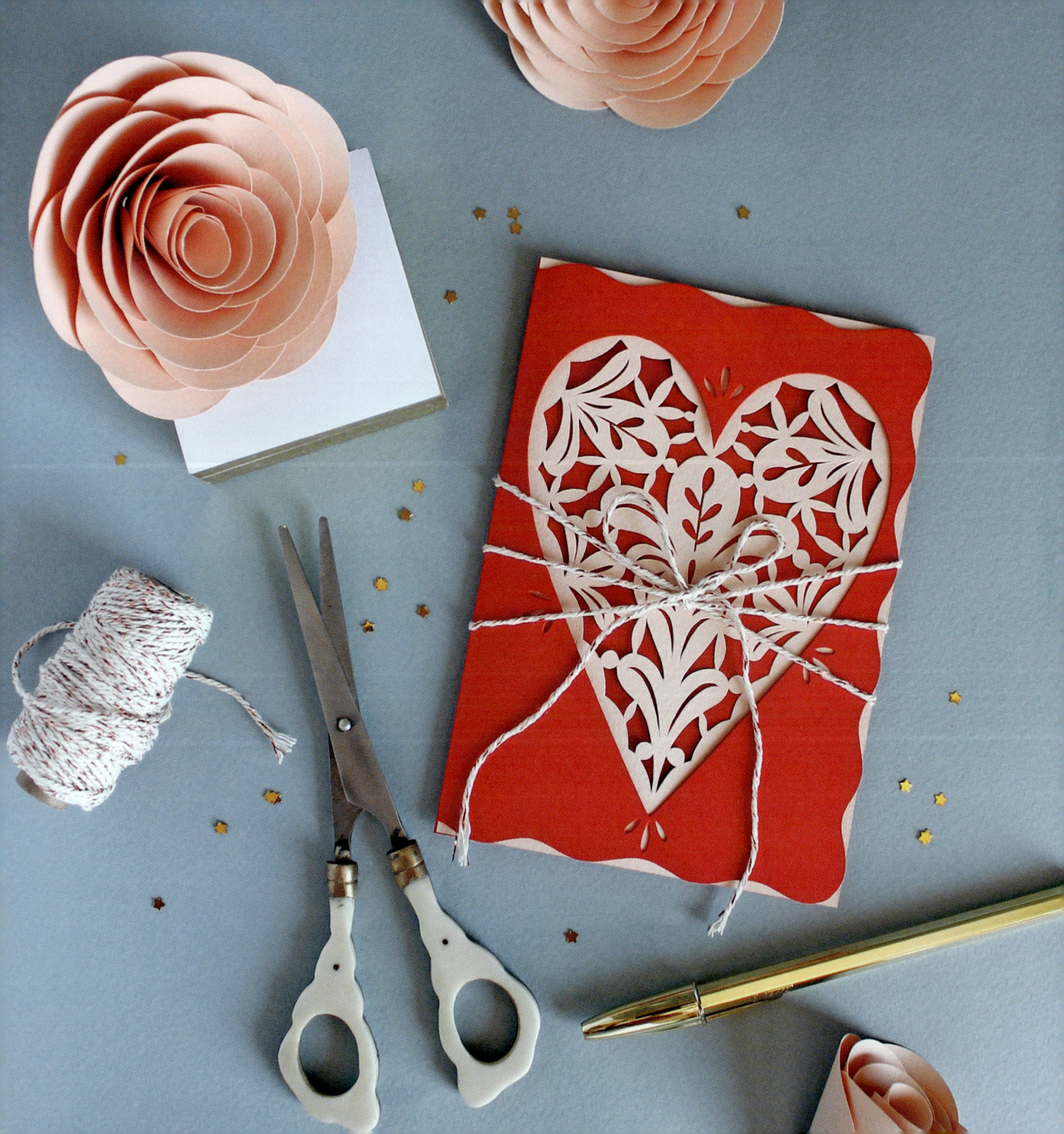

ANLEITUNG

1. Die Vorlage mit dem Herz auf Papier übertragen und mit ablösbarem Klebeband auf das rosafarbene Papier kleben.

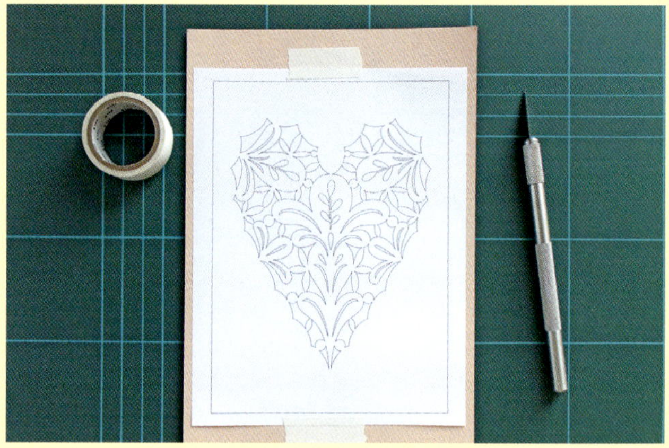

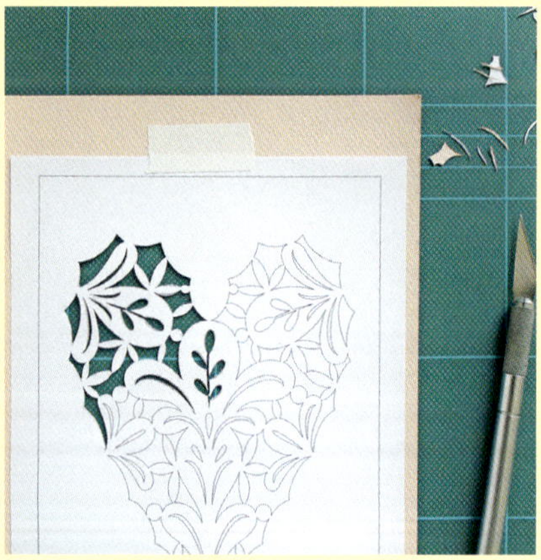

2. Von der Mitte aus das Herz ausschneiden …

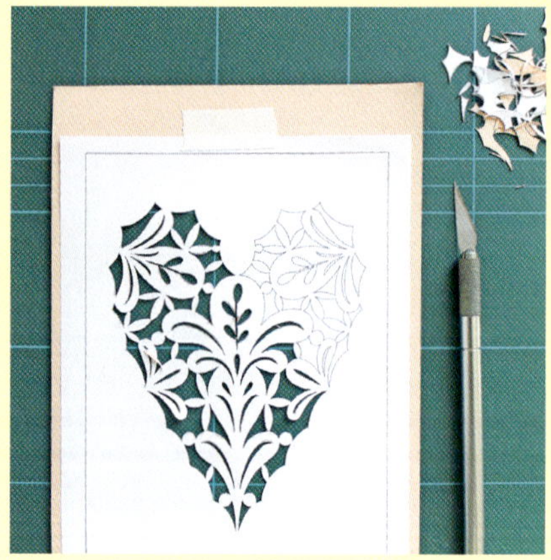

3. … und nach außen hin arbeiten.

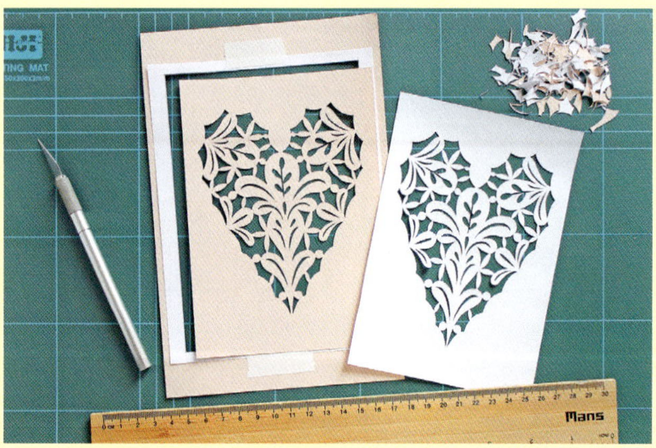

4. Wenn das Herz fertig ist, die Karte mithilfe des Lineals zuschneiden.

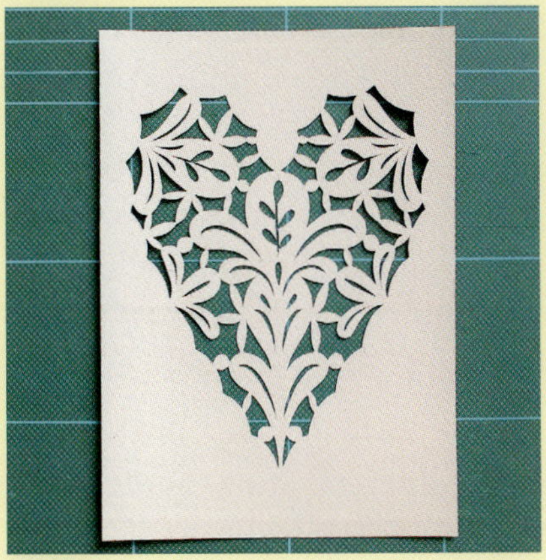

5. So sieht das innen liegende Papier für die Karte nun aus.

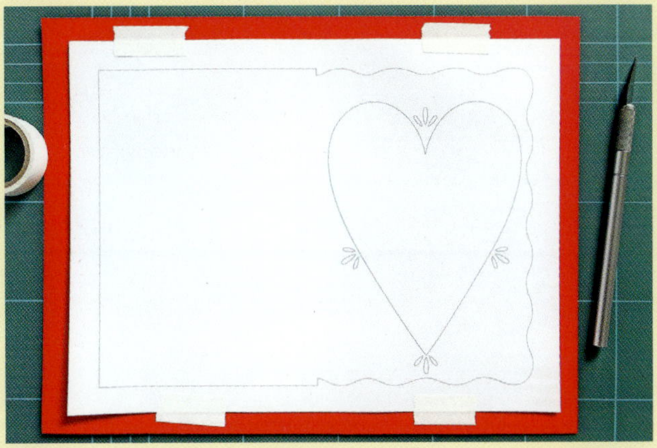

6. Dann die Vorlage für das Deckblatt der Karte mit ablösbarem Klebeband wie auf dem Foto gezeigt auf das rote Papier kleben.

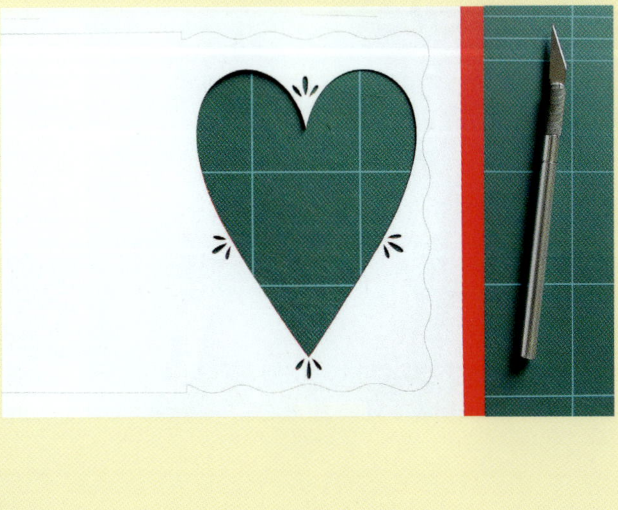

7. Zunächst das Herz in der Mitte ausschneiden …

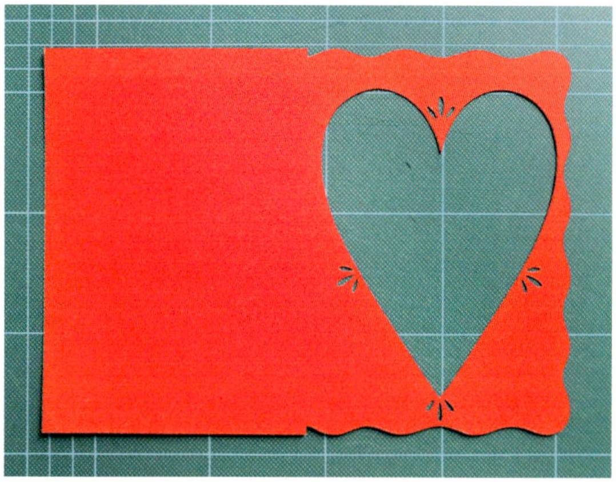

8. ... und dann das äußere Muster.

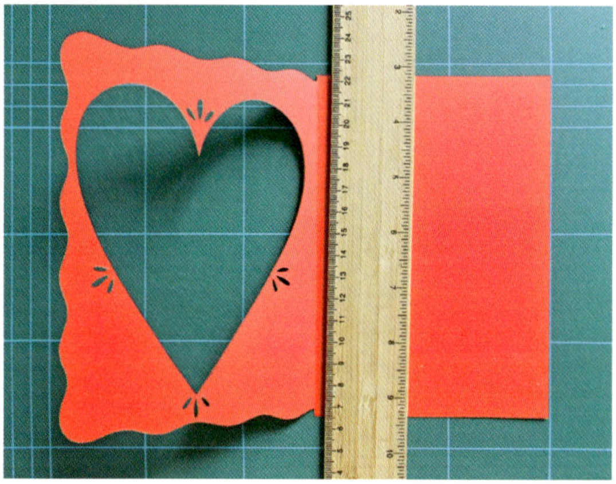

9. Mithilfe des Lineals die Karte in der Mitte falten.

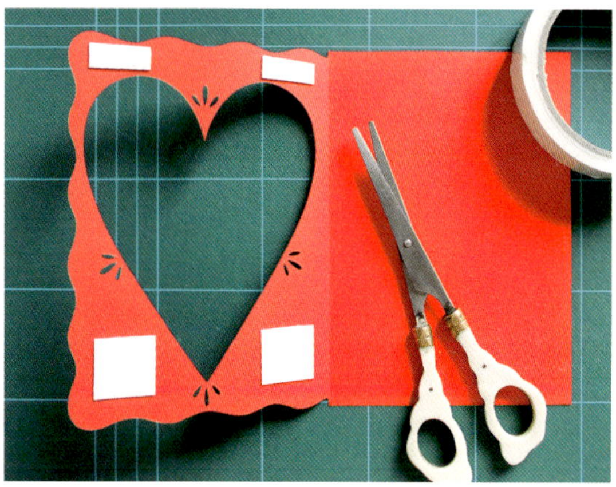

10. Vier Stücke vom doppelseitigen Schaum-Klebeband abschneiden und diese auf der Rückseite ober- und unterhalb des Herzens jeweils in den Ecken anbringen.

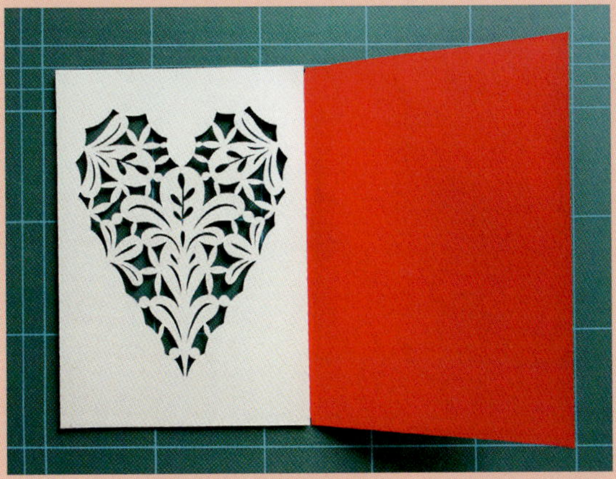

11. Das ausgeschnittene Herz daraufkleben, ...

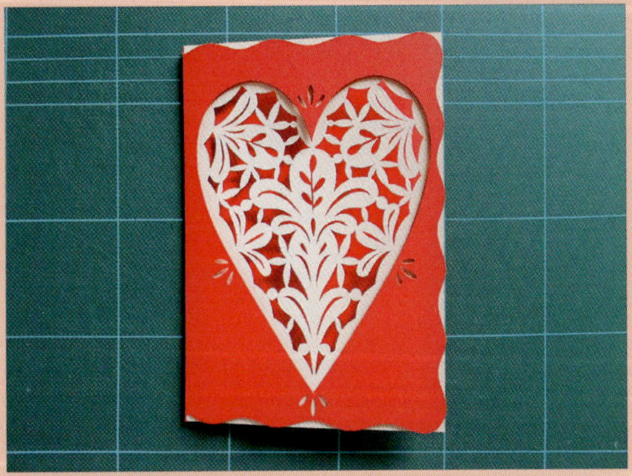

12. ... die Karte zusammenfalten und schon ist sie fertig. Jetzt noch einen Gruß an einen lieben Menschen hineinschreiben und die Karte nach Belieben mit einer dünnen Kordel verschließen.

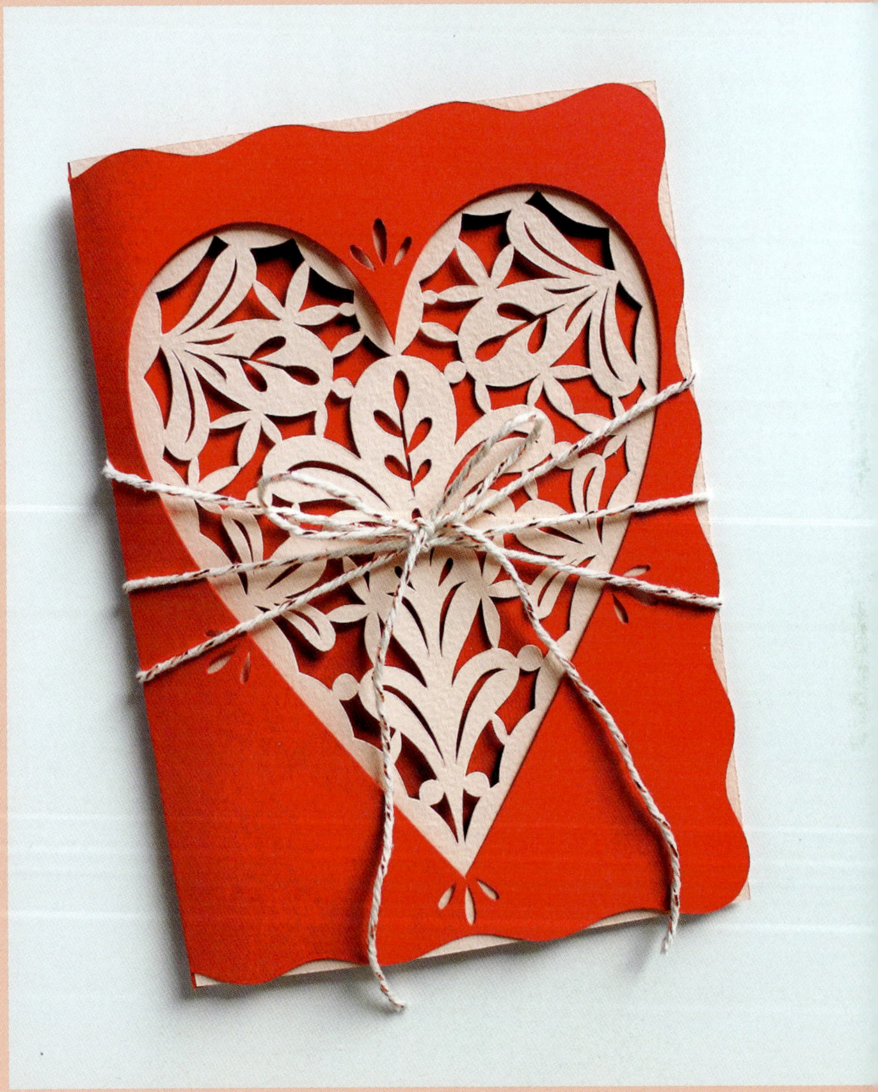

Pop-up-Karte

Ich freue mich jedes Mal, wenn ich eine Glückwunschkarte erhalte. Ich habe hier eine mit einem einfachen Pop-up-Motiv kreiert, die zu einem Geburtstag, zum Muttertag oder zu einem anderen wichtigen Ereignis angefertigt werden kann. Erinnern wir uns daran, wie schön es ist, unseren Gefühlen und Gedanken handschriftlich Ausdruck zu verleihen, und nehmen wir die Tradition wieder auf, unseren Liebsten Karten zu schreiben!

MATERIAL

- **Vorlagen siehe S. 142**
- **farbiges Papier, 20,5 x 29,5 cm und 21 x 29,7 cm (160 g/m^2)**
- **Motivstanzer in Blumenform in 2 verschiedenen Größen**
- **Heißkleber**
- **Lineal**
- **Bleistift**
- **Cuttermesser**
- **Schere**
- **Vinylkleber**
- **Satinband**

Die Pop-up-Karte ist so besonders, weil sie einen Überraschungseffekt bereithält! Fertigen Sie dafür je nach Anlass statt der Blumen auch ein anderes Motiv an. Der Fantasie sind keine Grenzen gesetzt!

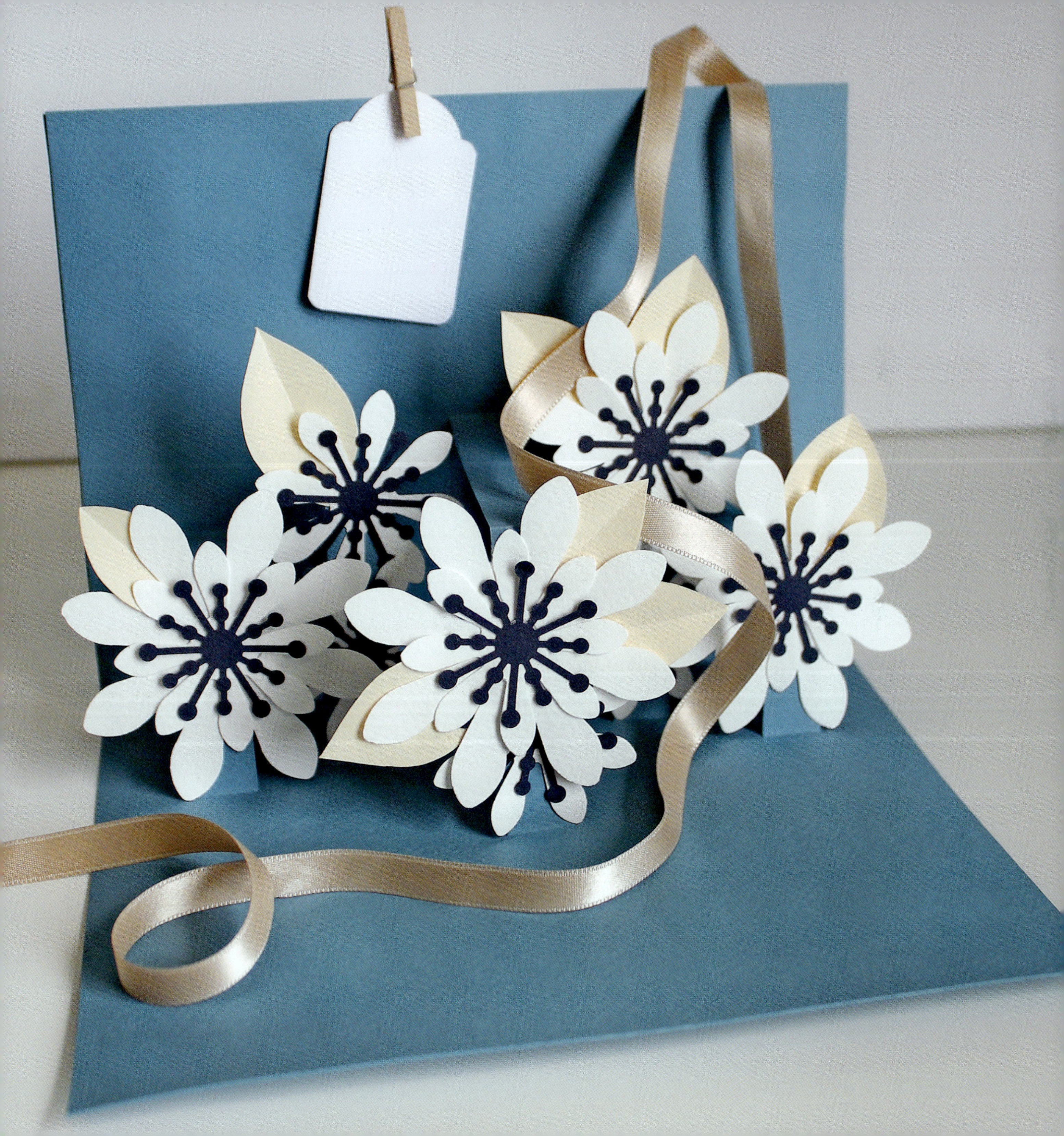

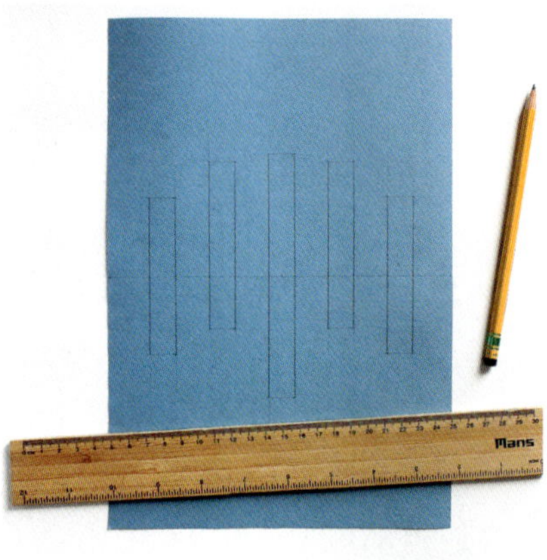

ANLEITUNG

1. Auf dem kleineren Papier mit Bleistift die Markierungen wie auf der Vorlage auf S. 142 einzeichnen.

2. Diese mit dem Cuttermesser einschneiden und das Papier in der Mitte falten, dabei die eingeschnittenen Streifen, auf denen die Pop-up-Motive befestigt werden, in die entgegengesetzte Richtung falten.

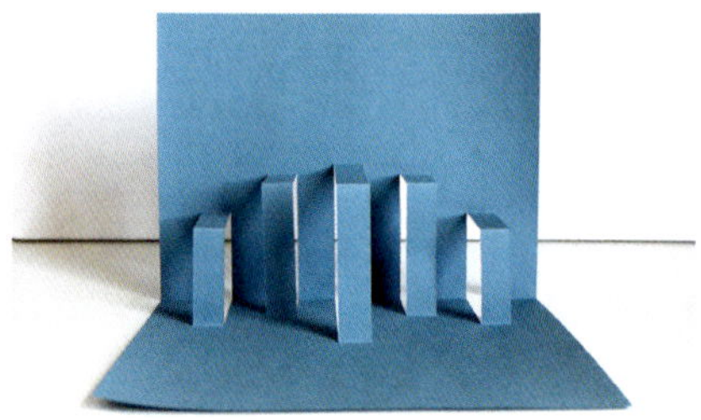

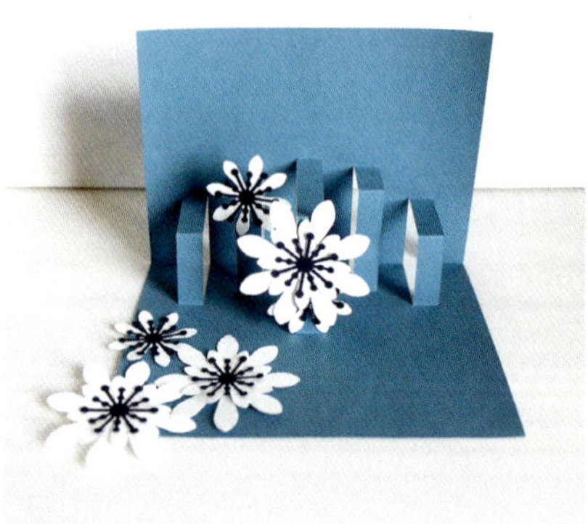

3. Wie auf Seite 20 beschrieben, mit den Motivstanzern Blumen ausstanzen und diese mit Heißkleber auf die Streifen kleben. Überprüfen, ob die Blumen an den Rändern nicht überstehen, wenn die Karte zugeklappt wird, vor allem die seitlichen und die mittlere.

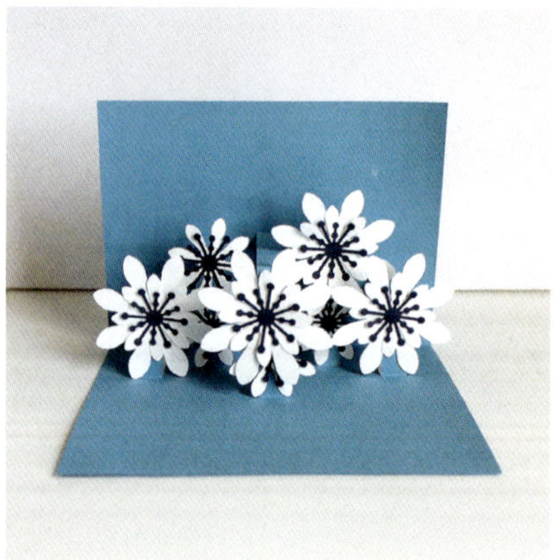

4. So sieht die Karte mit den aufgeklebten Blumen aus. Meine Anordnung ist mit Absicht nicht symmetrisch, damit es nicht zu streng wirkt.

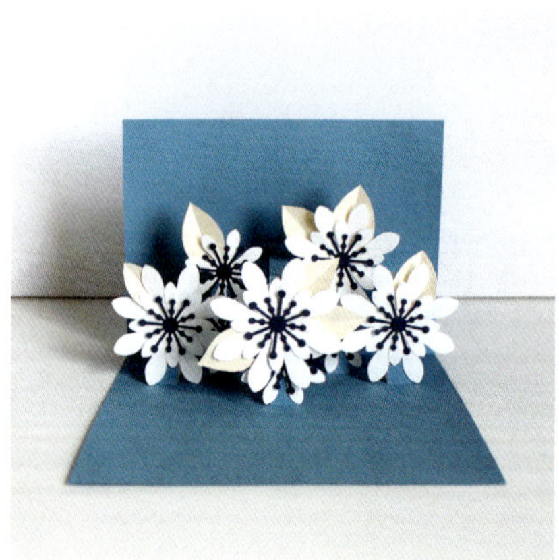

5. Aber um das Ganze noch bewegter zu gestalten, habe ich mit der Schere noch Blätter ausgeschnitten, diese mittig gefaltet, damit sie räumlicher wirken, und mit Heißkleber an den Blumen befestigt.

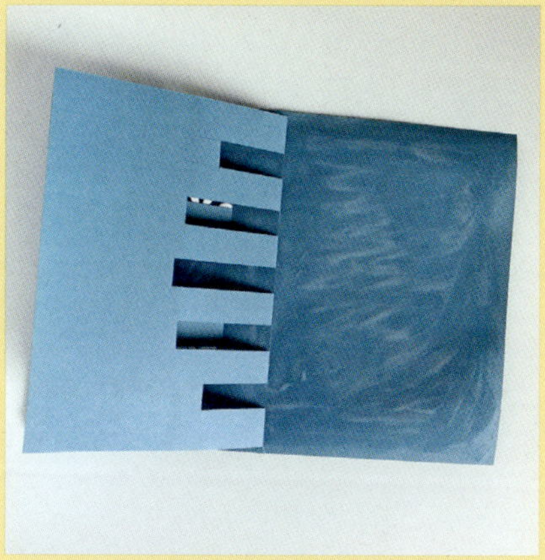

6. Nun das zweite Papier mittig falten, dünn mit Vinylkleber bestreichen (oder doppelseitiges Klebeband anbringen) und die Karte daraufkleben. Mit dem Cuttermesser die Ränder begradigen.

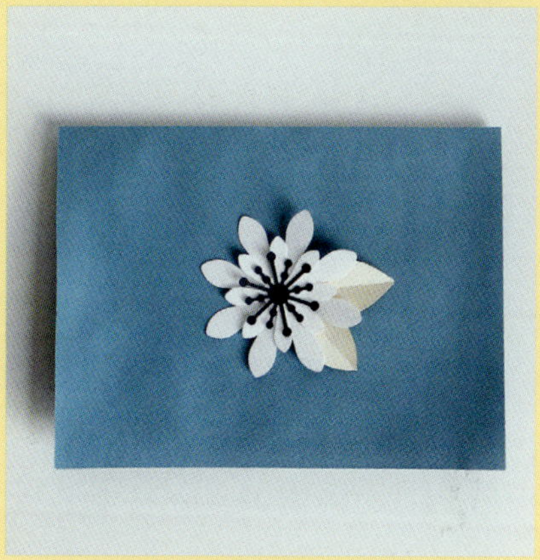

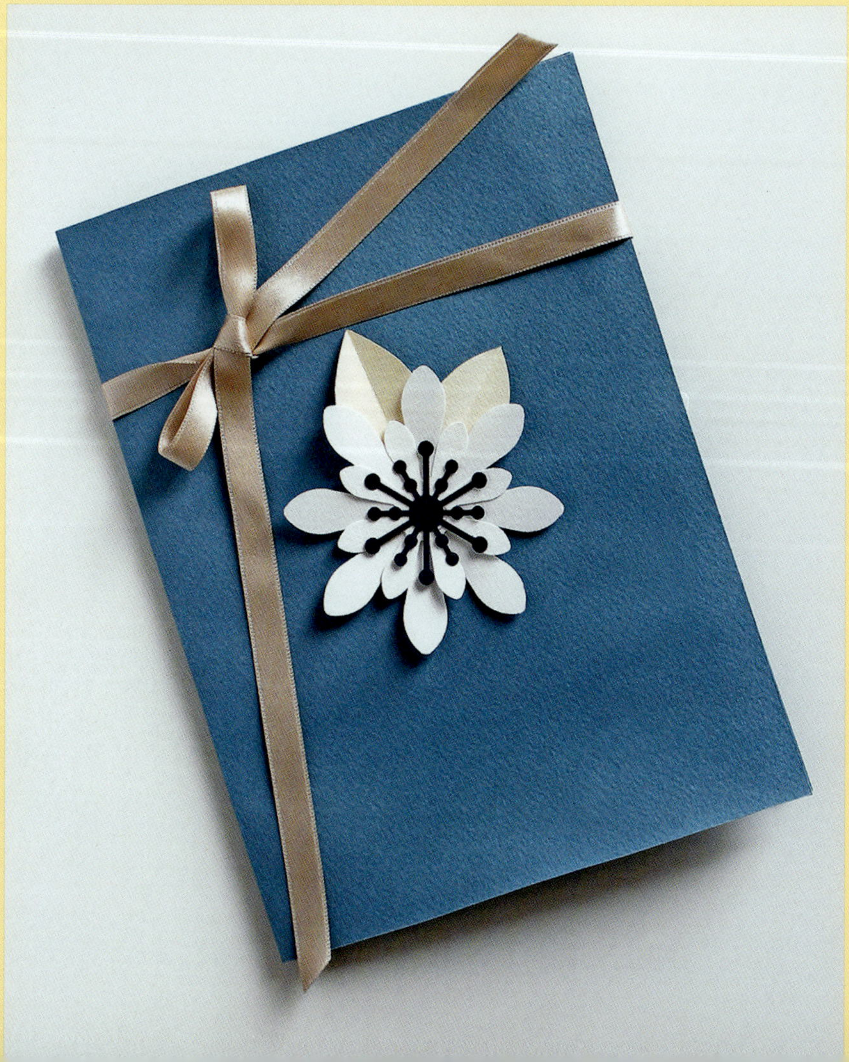

7. Noch eine Blume mit zwei Blättern anfertigen und mit einem Tropfen Heißkleber auf der Vorderseite der geschlossenen Karte anbringen.

8. Einen Gruß in die Innenseite schreiben, die Karte zuklappen und ein Satinband darum binden. Dieses mit einer Schleife schließen – und die Karte kann überreicht werden!

Gastgeschenke

Der Brauch, einem Gast nach einem Fest ein kleines Geschenk mitzugeben, wird immer beliebter. Dies ist bei Kindergeburtstagen meist ein kleines Tütchen mit einer Süßigkeit oder auch einer kleinen Erinnerung an die Feier. Tortenspitzen eignen sich perfekt für solche Gastgeschenke, sie sind sehr dekorativ und vielseitig und können auf ganz unterschiedliche Weise gestaltet werden.

MATERIAL

- **Tortenspitze, ø 16 und 10 cm**
- **Heißkleber**
- **Papiertütchen**
- **Satinband**

Schmetterlinge aus Tortenspitzen sind leicht und schnell gemacht, man kann in kurzer Zeit eine große Anzahl anfertigen und muss dafür nur wenig Geld ausgeben. Aber die Wirkung ist beeindruckend!

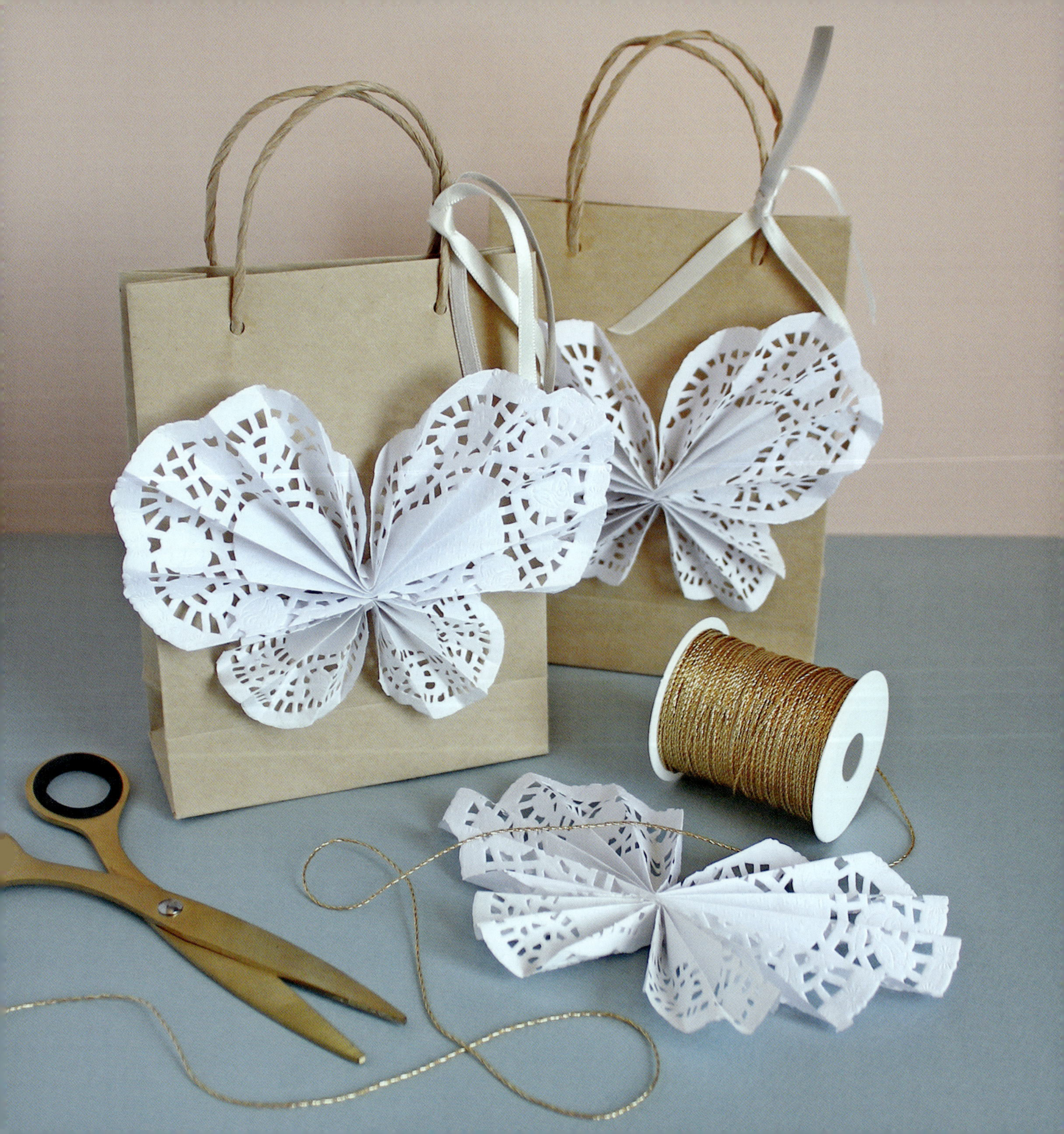

ANLEITUNG

1. Zwei Tortenspitzen in den angegebenen Größen mit ähnlichen Proportionen zurechtlegen.

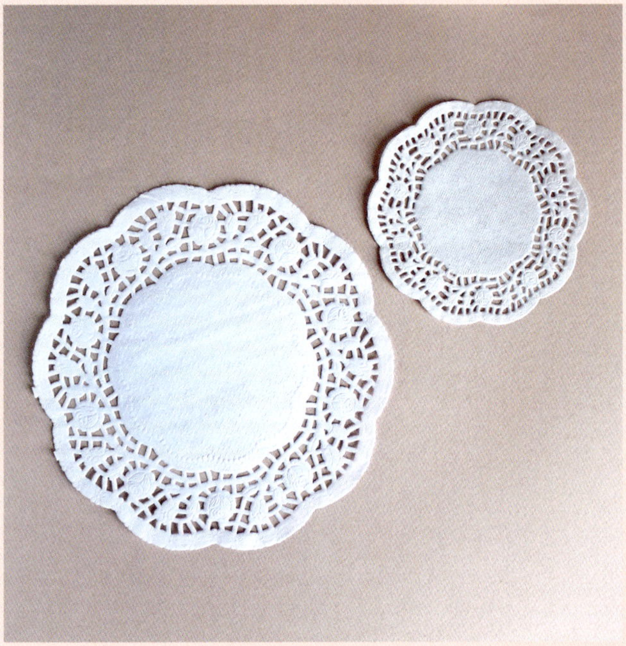

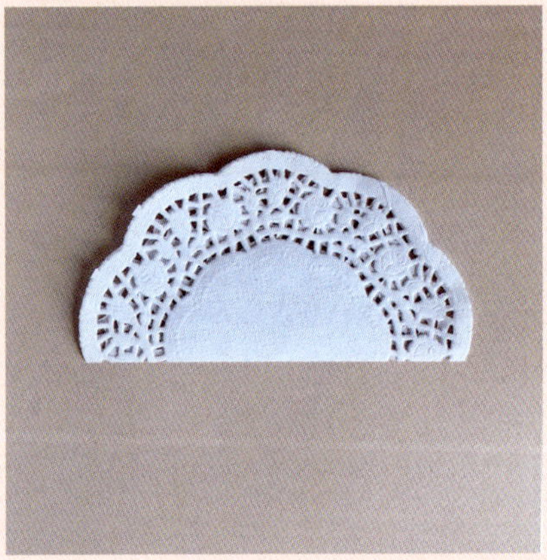

2. Mittig falten.

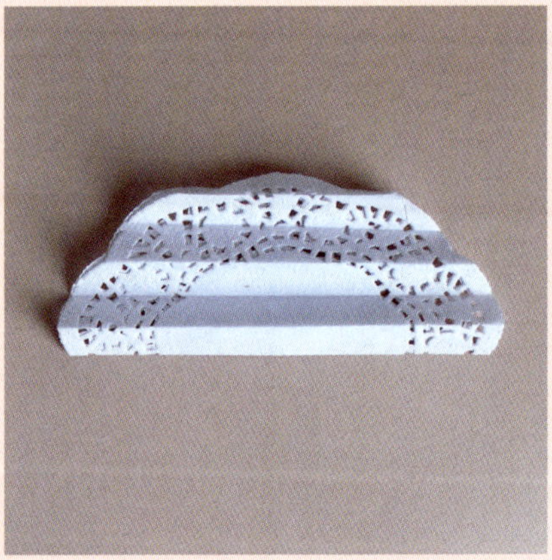

3. Eine gefaltete Tortenspitze in Ziehharmonikafalten legen.

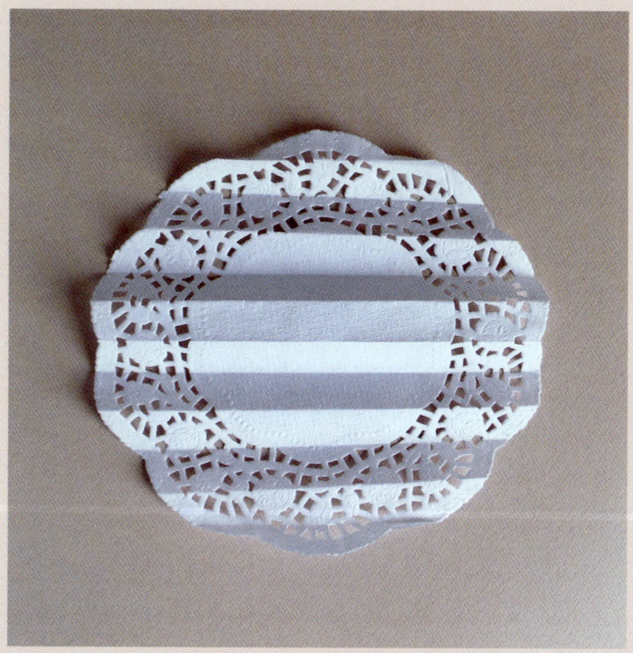

4. Die Falten vorsichtig öffnen.

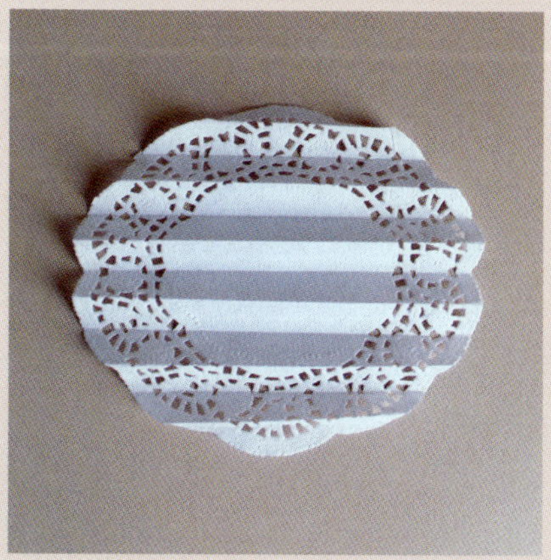

5. Die geöffnete Tortenspitze wieder in Ziehharmonikafalten legen, dabei erscheinen die Falten auf einer Hälfte andersherum – die vorherigen Bergfalten sind nun Talfalten und umgekehrt.

6. Die Falten in der Mitte fest zusammendrücken, an den Seiten etwas auseinanderziehen. Wie man auf dem Foto sieht, erkennt man schon die Schmetterlingsform.

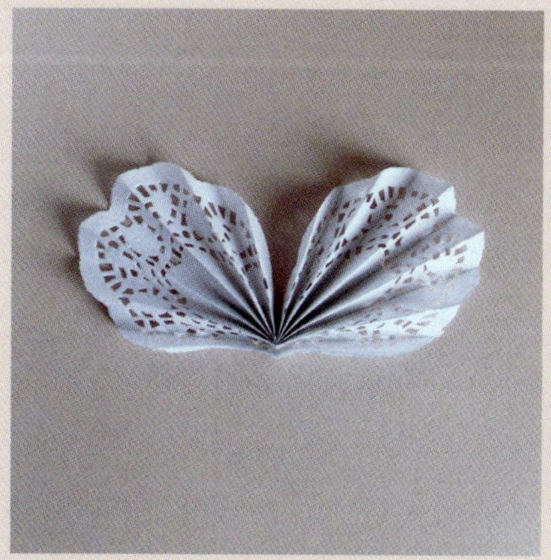

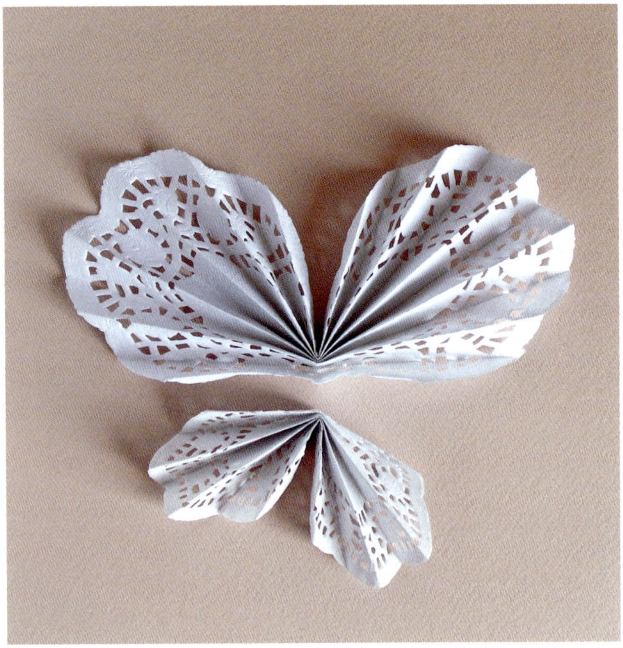

7. Die Arbeitsschritte 1 bis 6 mit der zweiten Tortenspitze wiederholen.

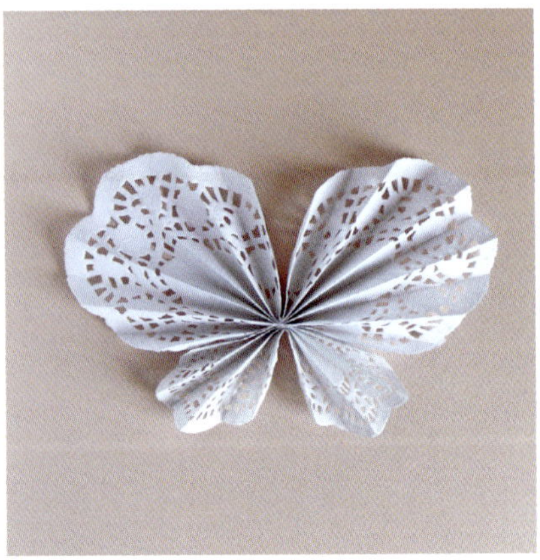

8. Mit Heißkleber die Flügel aneinanderkleben und, falls nötig, die Falten mit einem Tropfen Klebstoff fixieren.

9. Die Schmetterlinge sind nun fertig ...

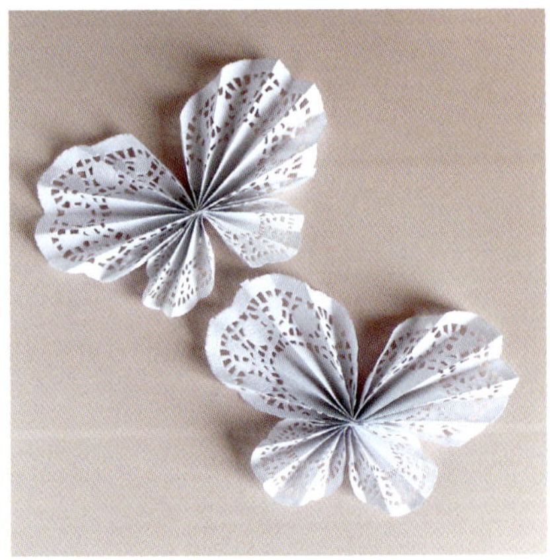

10. ... Jetzt müssen sie nur noch mit Heißkleber auf das Papiertütchen geklebt werden. Satinbänder an die Henkel binden oder mit einer Schleife verschließen, dann wirkt die Dekoration noch romantischer.

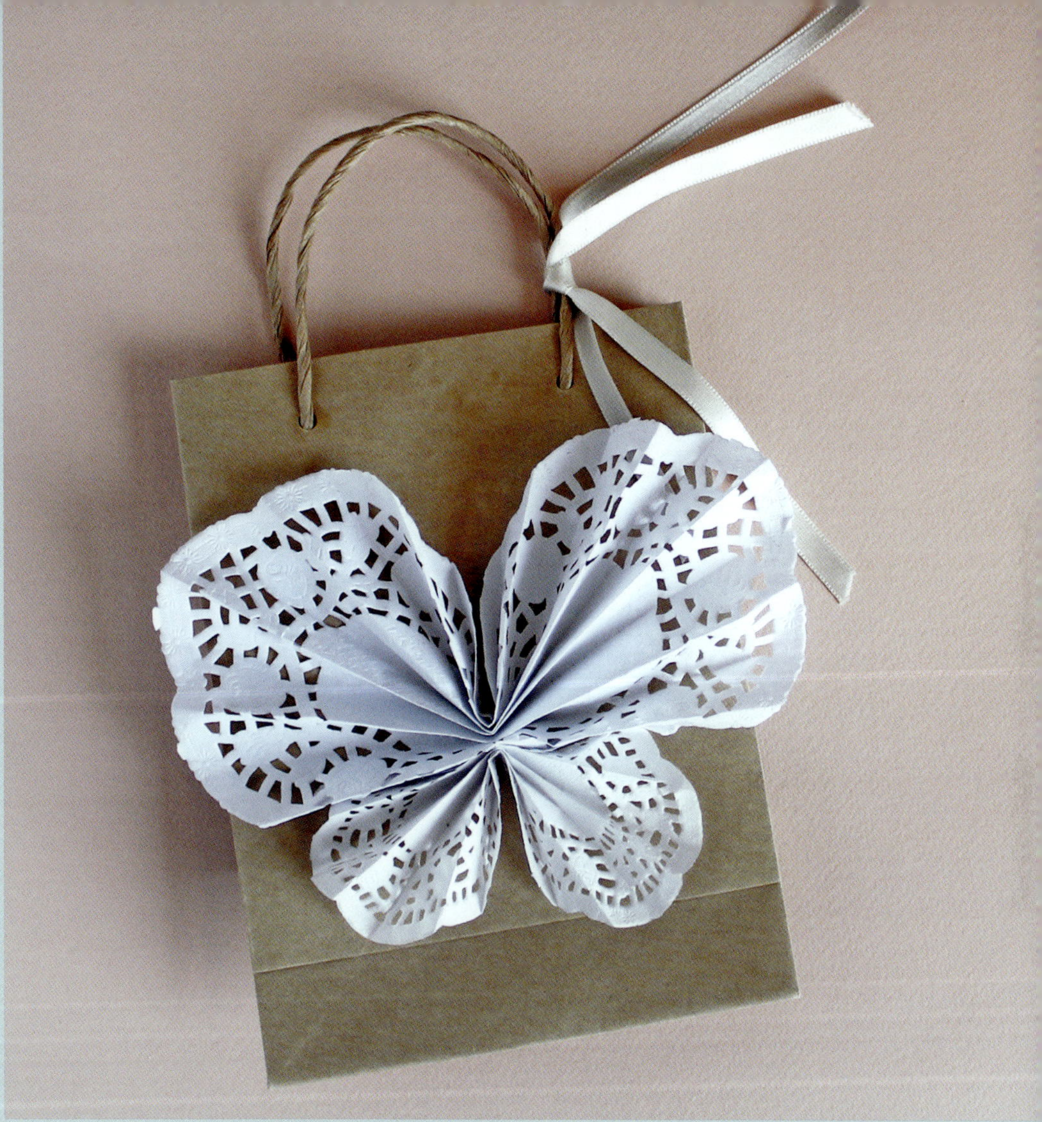

Tipp

Für eine Deko im Landhausstil anstelle des Satinbandes ein Baumwollband (in Natur oder Weiß, wie man sie in der Küche verwendet) oder ein Spitzenbändchen an die Tüte binden.

Schachtel in Herzform

Eine Schachtel kann immer etwas Wertvolles beherbergen. Zum Valentinstag, aber auch zu einer anderen Gelegenheit, bei der man seine Zuneigung zeigen möchte, kann man ihn oder sie mit dieser Schachtel überraschen.

MATERIAL

- **Vorlagen siehe S. 143**
- **Papier in beliebiger Farbe (160 g/m^2)**
- **Lineal**
- **Cuttermesser**
- **Vinylkleber**
- **Pinsel**
- **Satinband oder Baker's Twine**

Ob für ein kleines Geschenk, ein Schmuckstück oder eine spezielle Botschaft, die Herz-Schachtel ist der perfekte Weg, um die Person, der man seine Liebe und Zuneigung zeigen möchte, zum Lächeln zu bringen.

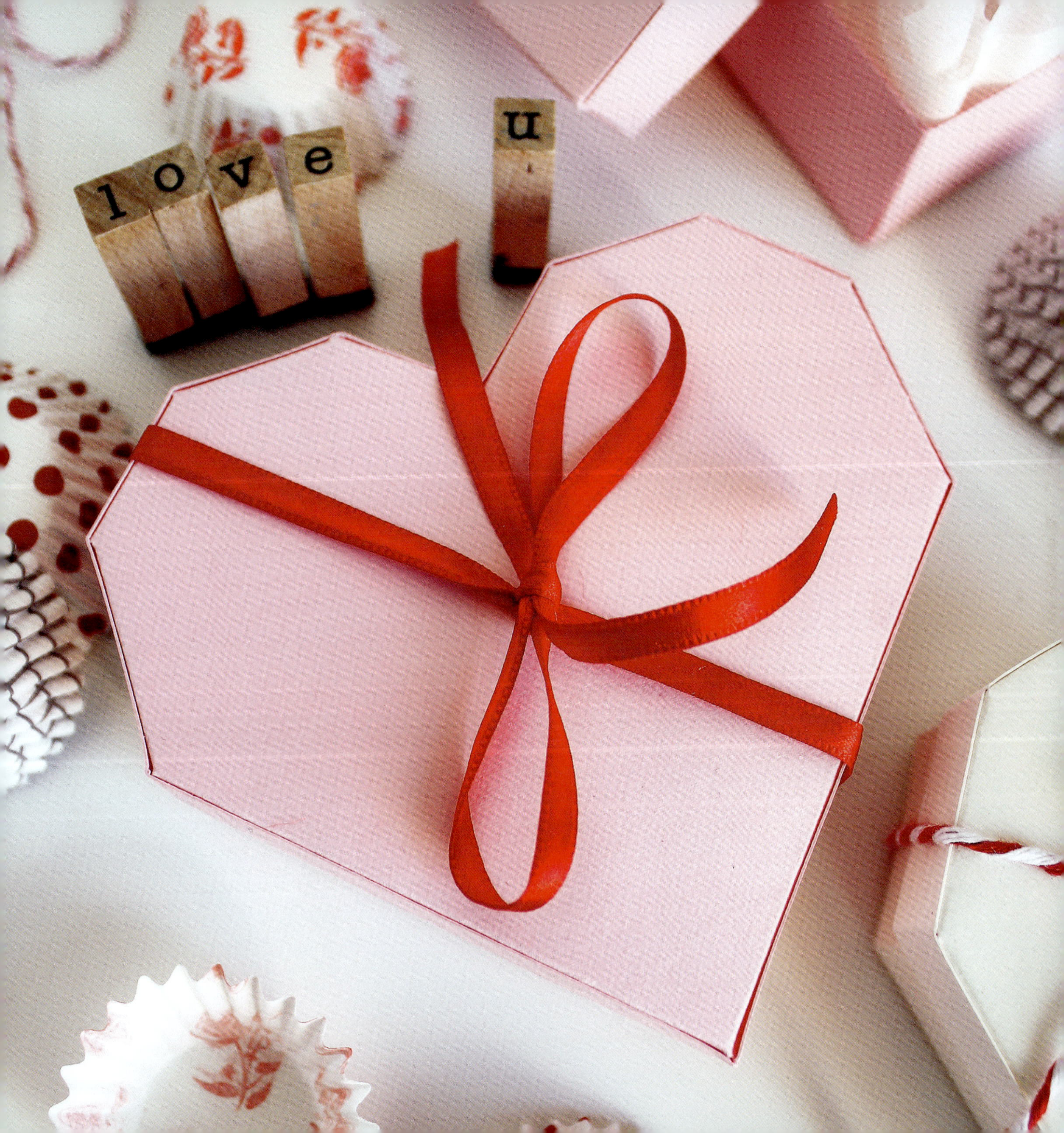
love u

ANLEITUNG

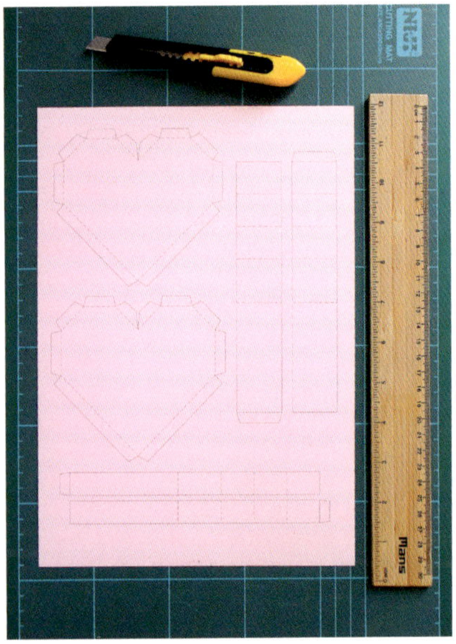

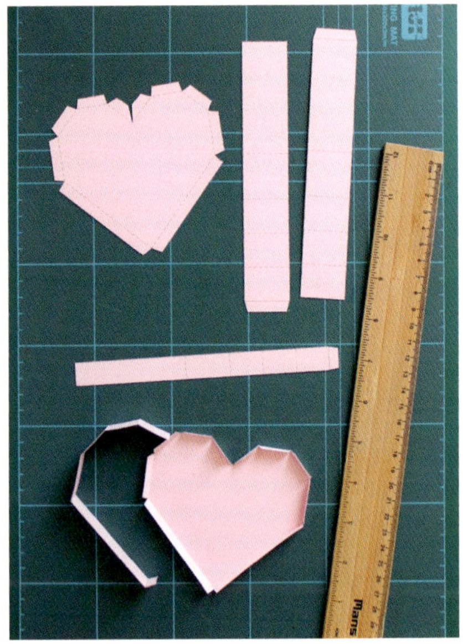

1. Die Vorlagen direkt auf das farbige Papier, aus dem die Schachtel angefertigt werden soll, übertragen.

2. Mit dem Cuttermesser alle Teile ausschneiden. Für gerade Linien das Lineal oder ein Geodreieck zu Hilfe nehmen.

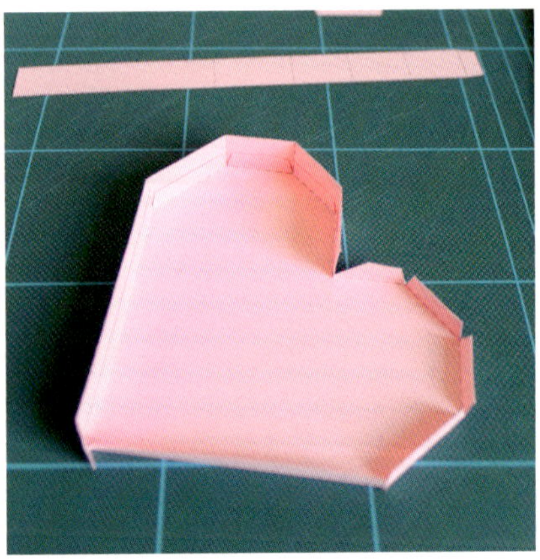

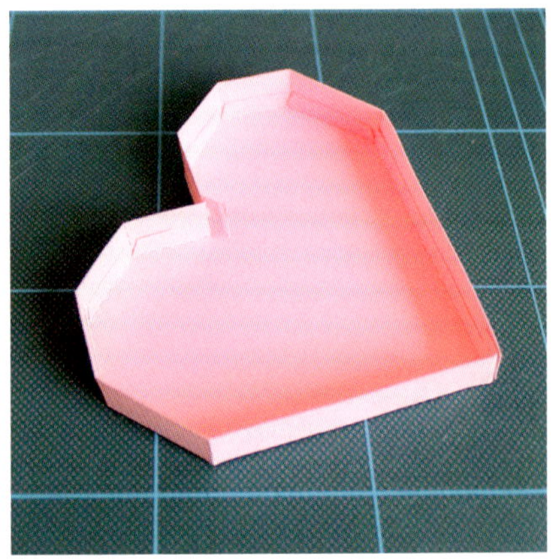

3. Die Außenkanten des Deckels mithilfe des Pinsels dünn mit Vinylkleber bestreichen und einen der entsprechenden Papierstreifen daraufkleben.

4. Auch den anderen Streifen aufkleben und wie auf dem Foto gezeigt die Teile aneinanderfügen.

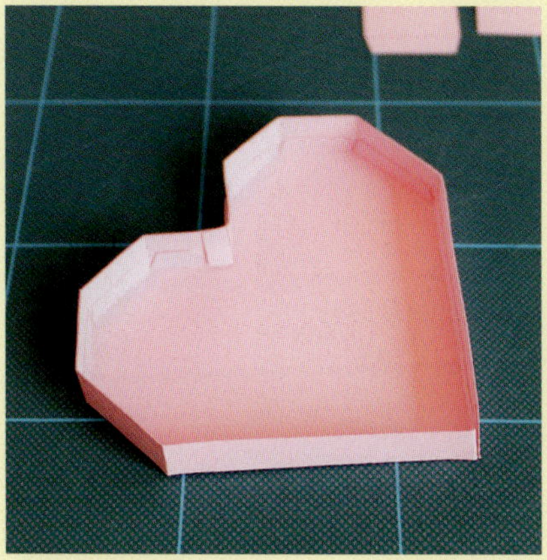

5. Der Deckel ist nun fertig.

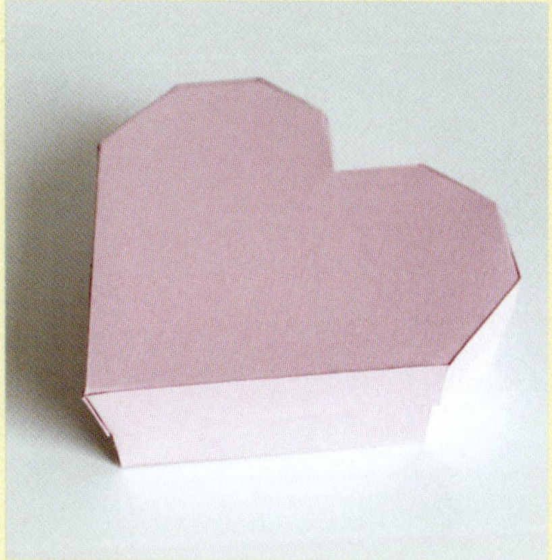

6. Jetzt dasselbe für die Unterseite wiederholen. Die beiden Herzen aufeinandersetzen und fertig ist die Schachtel. Jetzt kann sie noch mit einem Bändchen oder einem Geschenkanhänger dekoriert werden.

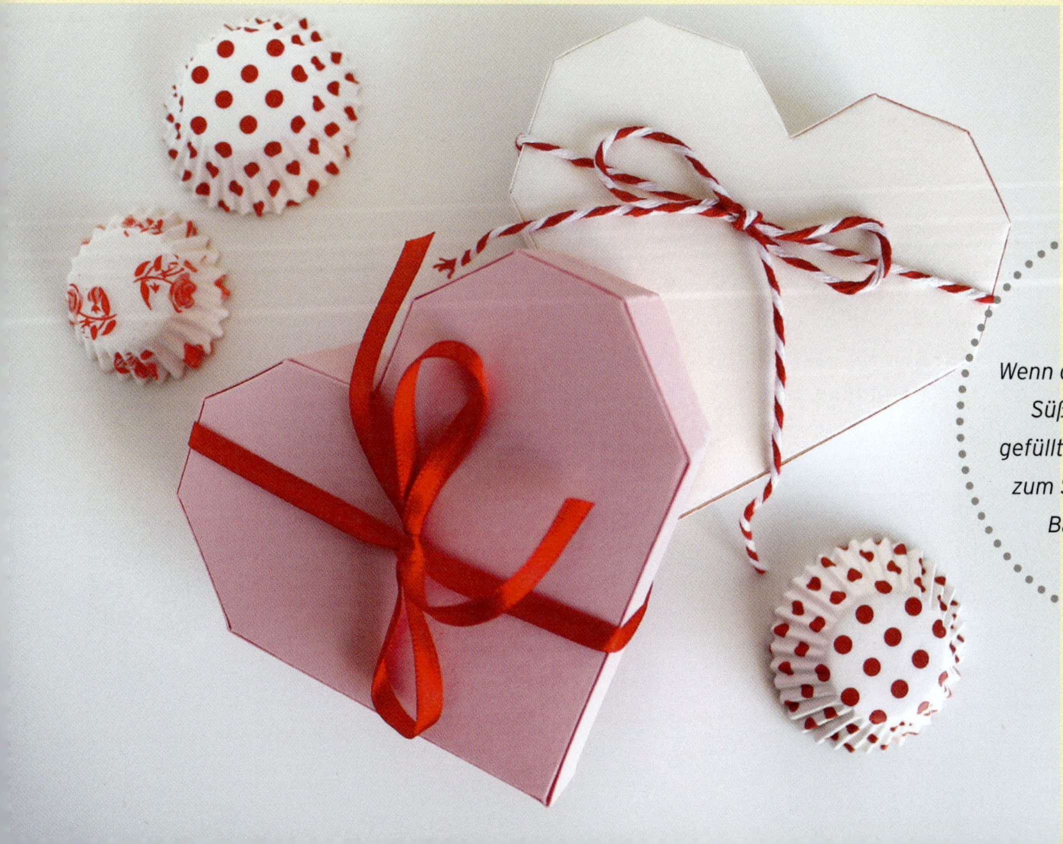

Tipp

Wenn die Schachtel mit kleinen Süßigkeiten oder Keksen gefüllt werden soll, diese zuvor zum Schutz mit einem Stück Backpapier auslegen.

Cake Topper

Dies ist nur eine von unzähligen Möglichkeiten für einen Cake Topper, eine derzeit sehr beliebte Dekoration, um Torten oder Kuchen mit Grafiken, Symbolen oder Text zu verschönern. Ich schlage hier eine „Last-Minute-Lösung" vor, die sich je nach Gelegenheit und Anlass beliebig abwandeln und erweitern lässt.

MATERIAL

* **Vorlagen siehe S. 143**
* **farbiges und cremeweißes Papier (160 g/m²)**
* **Schere**
* **Motivstanzer in Blumenform**
* **Lochzange für Kreise, ø 3 mm**
* **Heißkleber**
* **Holzspieße**
* **Vinylkleber**
* **Pinsel**

Überraschen Sie Ihre Lieben mit einem ganz individuell gestalteten Cake Topper. Das kann eine bestimmte Botschaft und eine hübsche Dekoration sein – sie werden sich doppelt freuen!

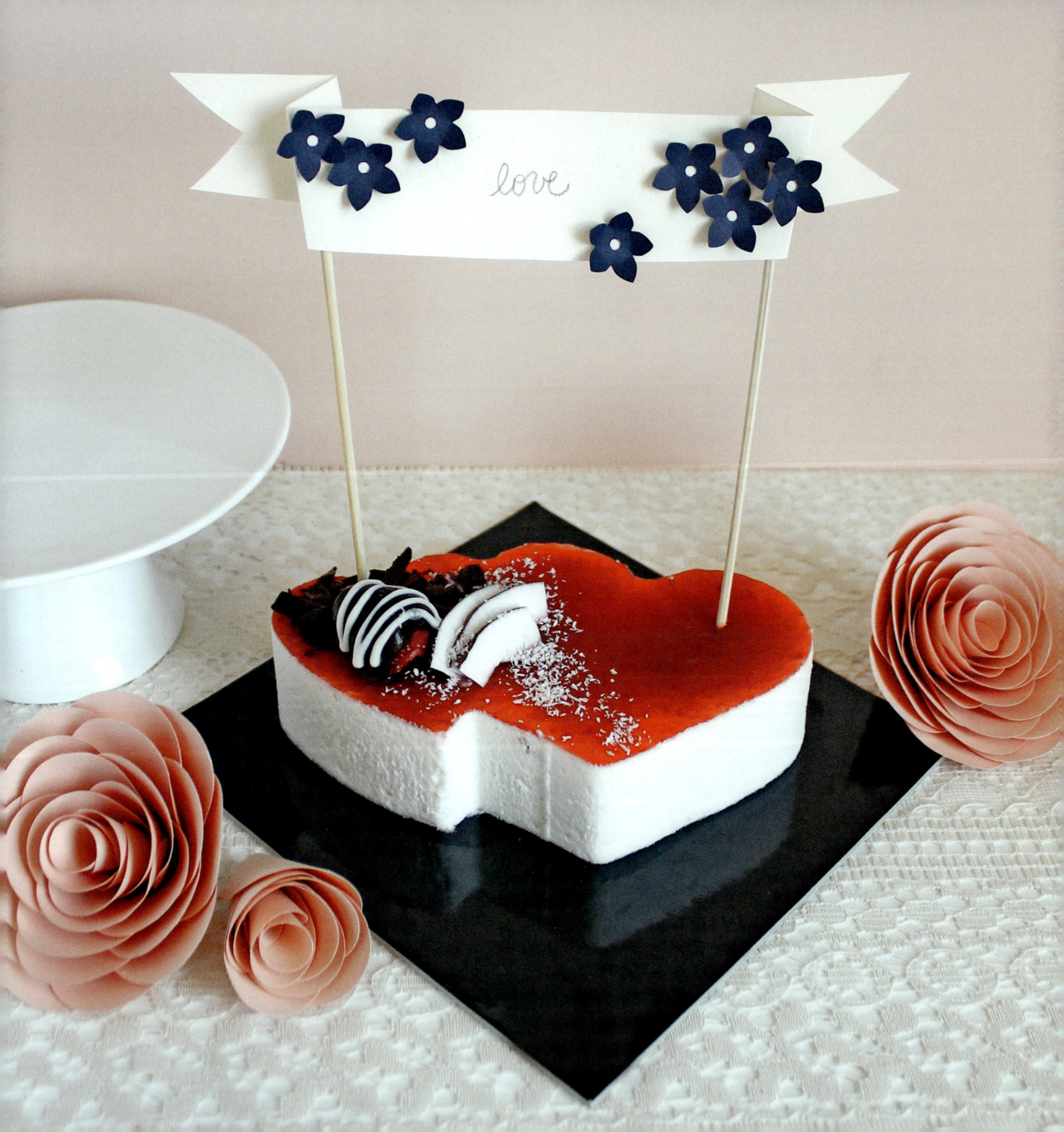
love

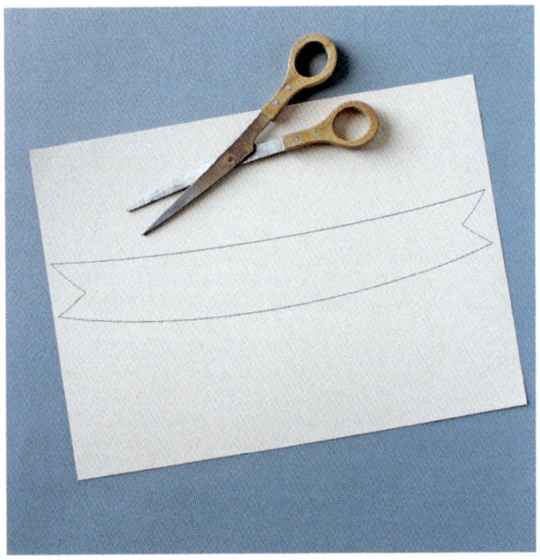

ANLEITUNG

1. Die Vorlage auf cremeweißes Papier übertragen und ausschneiden.

2. Die rechte Seite des Streifens etwa 5 cm nach hinten falten.

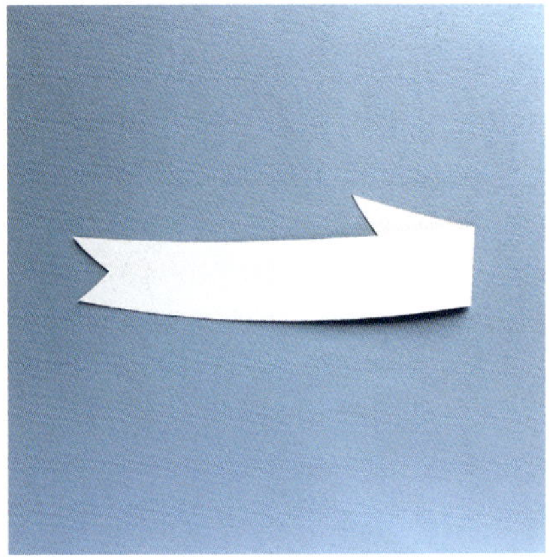

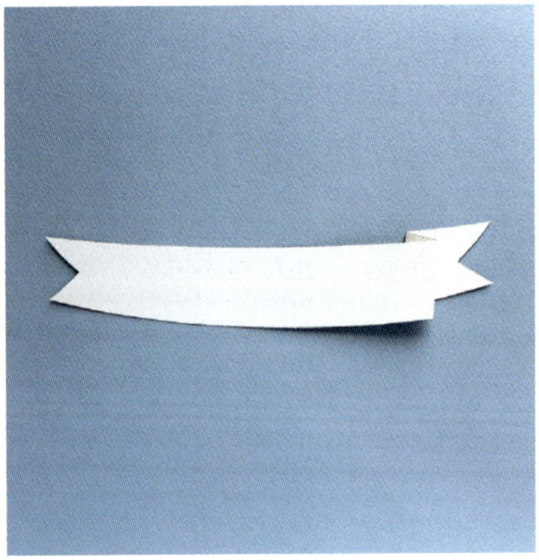

3. Dann etwa 1,5 cm neben der ersten Falte dieses Stück wieder zurückfalten.

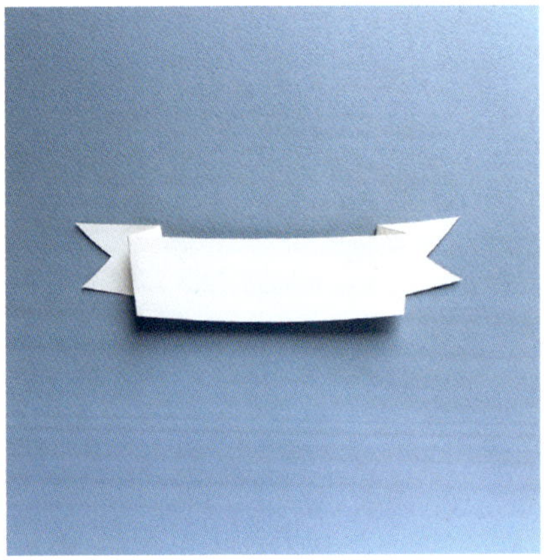

4. Den Vorgang auf der linken Seite wiederholen.

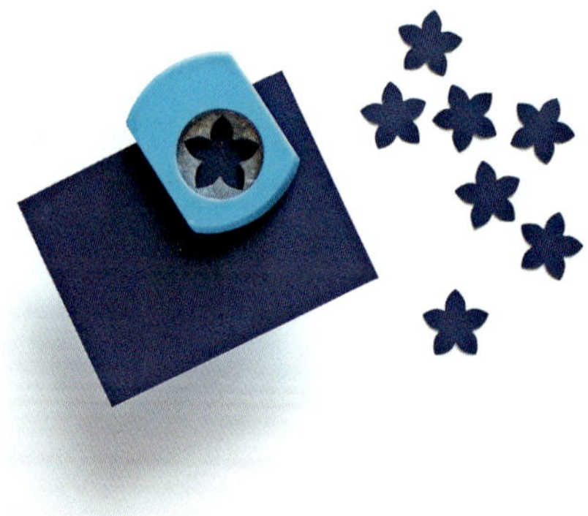

5. Mit dem Motivstanzer Blümchen aus dem farbigen Papier als Dekoration für den Cake Topper ausstanzen.

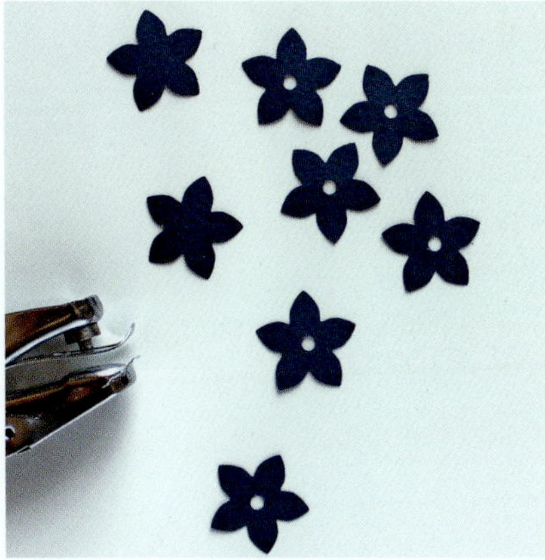

6. Mit der Lochzange in die Mitte jeweils ein Loch stanzen.

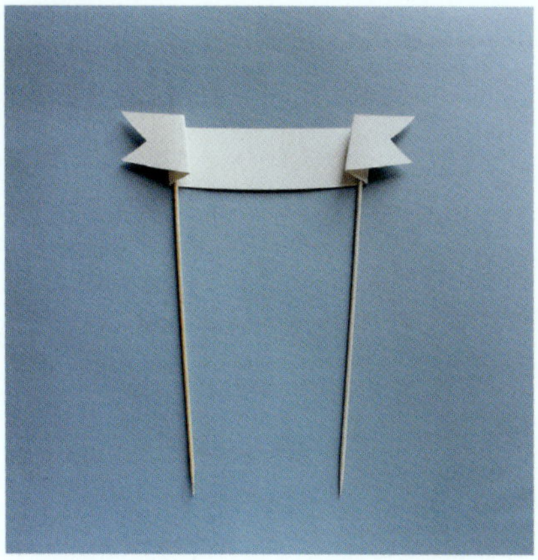

7. Die Holzspieße an der Rückseite des Cake Topper befestigen, dafür etwas Heißkleber in den Falten anbringen.

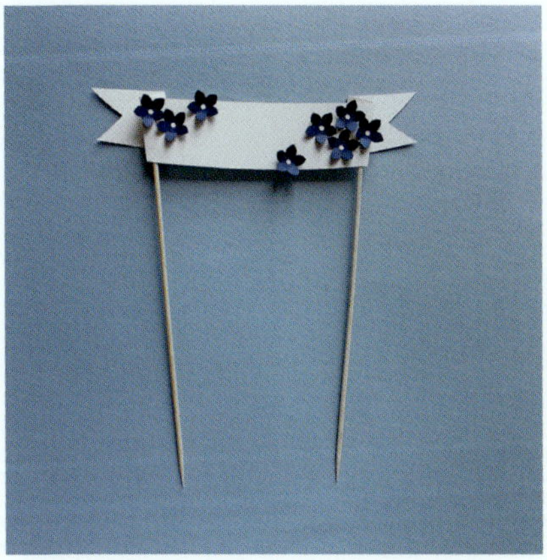

8. Mit dem Pinsel dünn Klebstoff auf die Rückseite der Blümchen auftragen und diese auf den Papierstreifen kleben.

9. Eine Botschaft oder einen Glückwunsch auf den Streifen schreiben und den Cake Topper in die Torte stecken: Let's party!

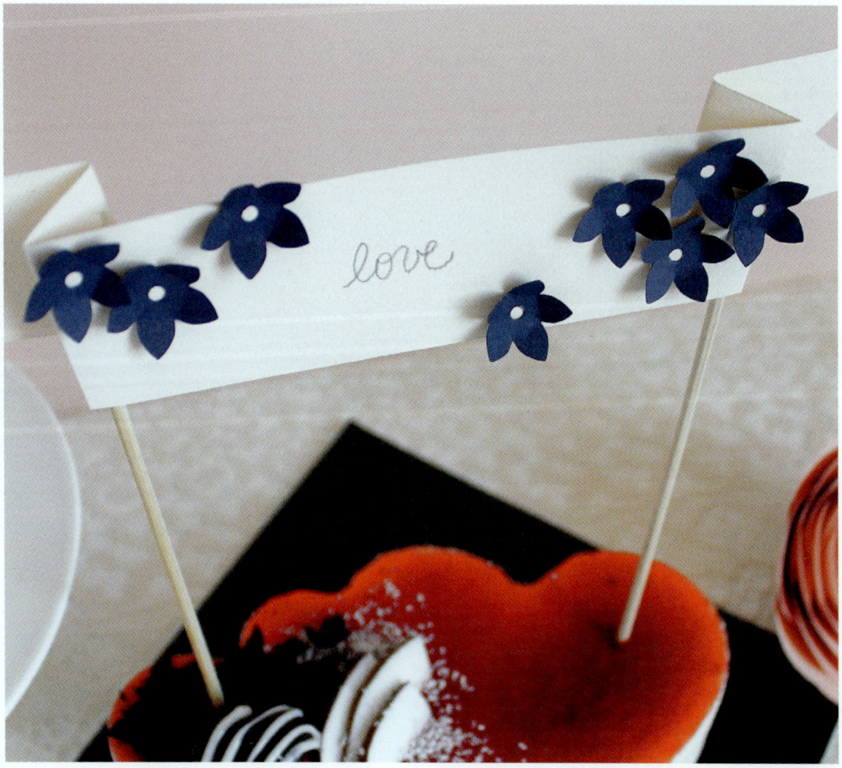

Vorlagen

Die Vorlagen sind, wenn nicht anders angegeben, alle in Originalgröße abgebildet.

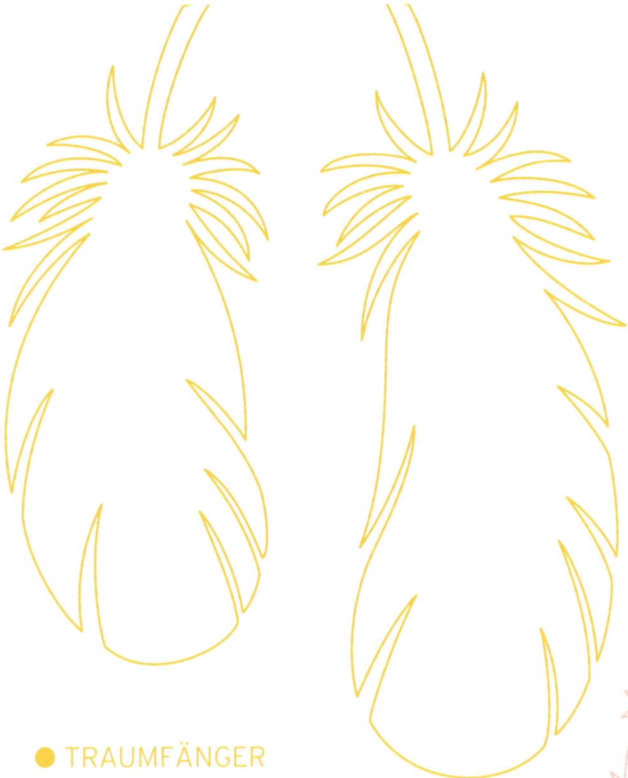

TRAUMFÄNGER

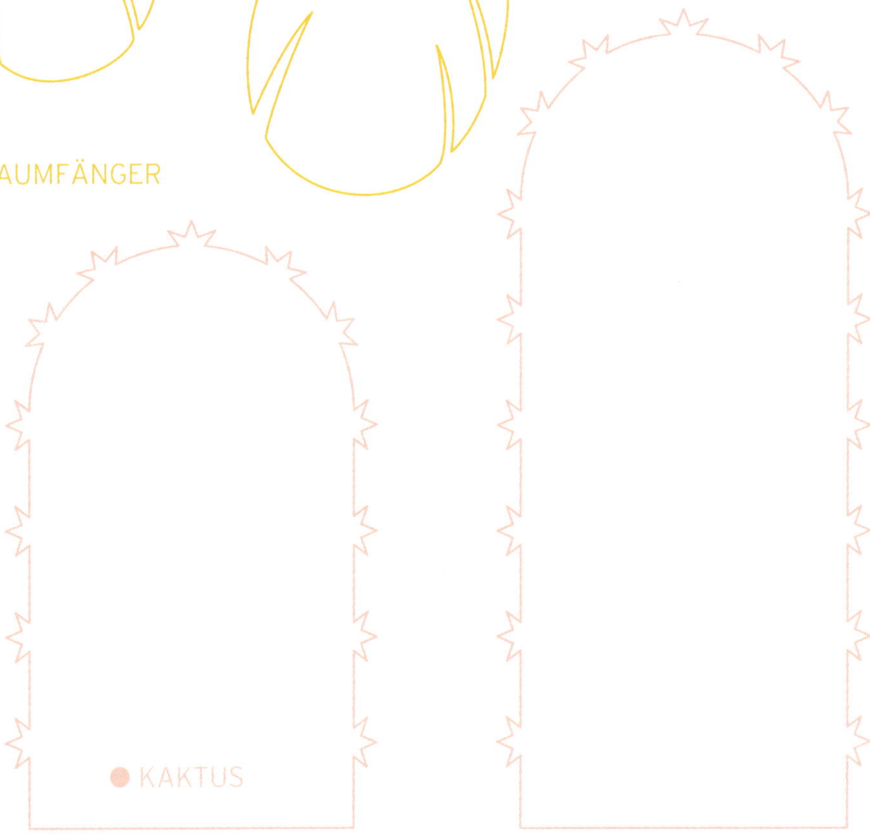

KAKTUS

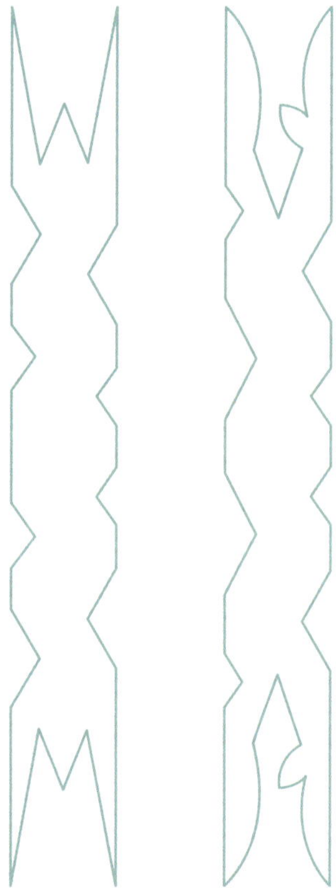

SCHNEEFLOCKEN

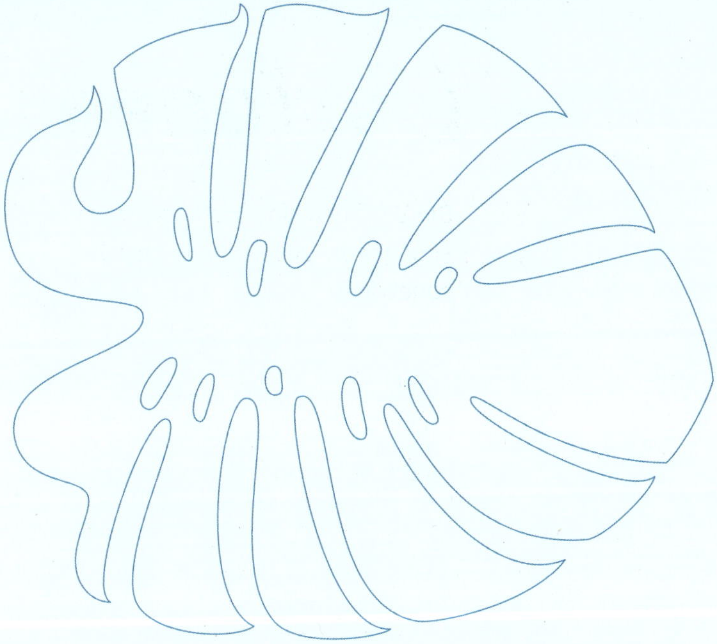

● EXOTISCHER BLUMENSTRAUSS

Die Vorlage nach Belieben vergrößern

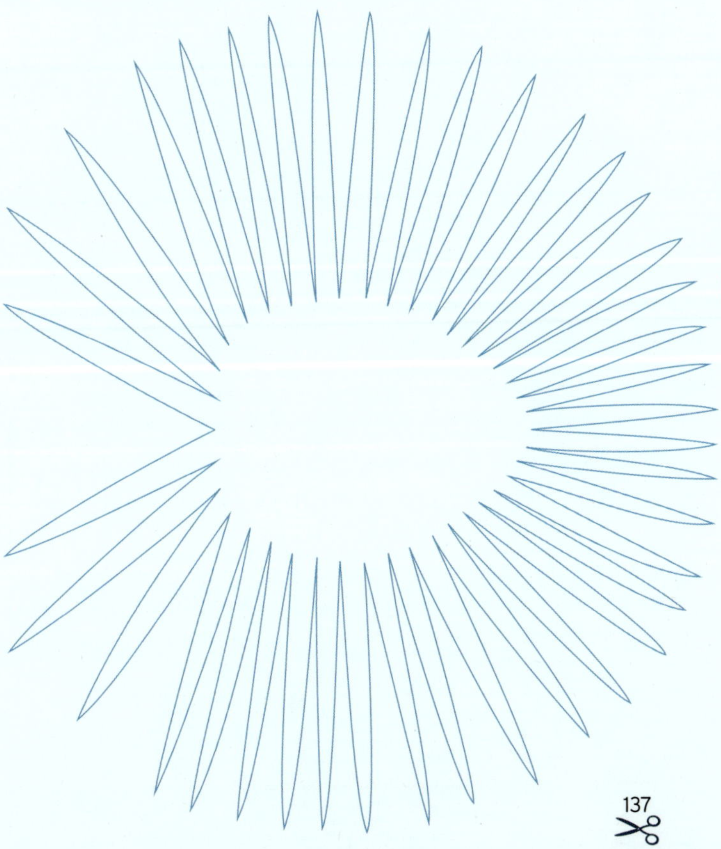

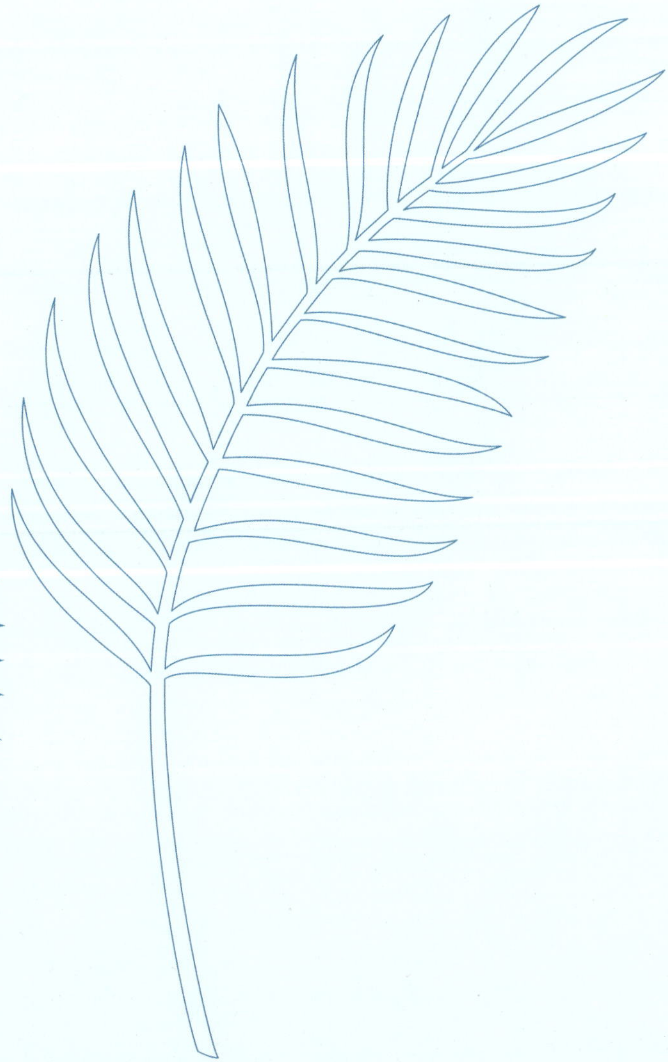

● EXOTISCHER BLUMENSTRAUSS

Die Vorlage nach Belieben vergrößern

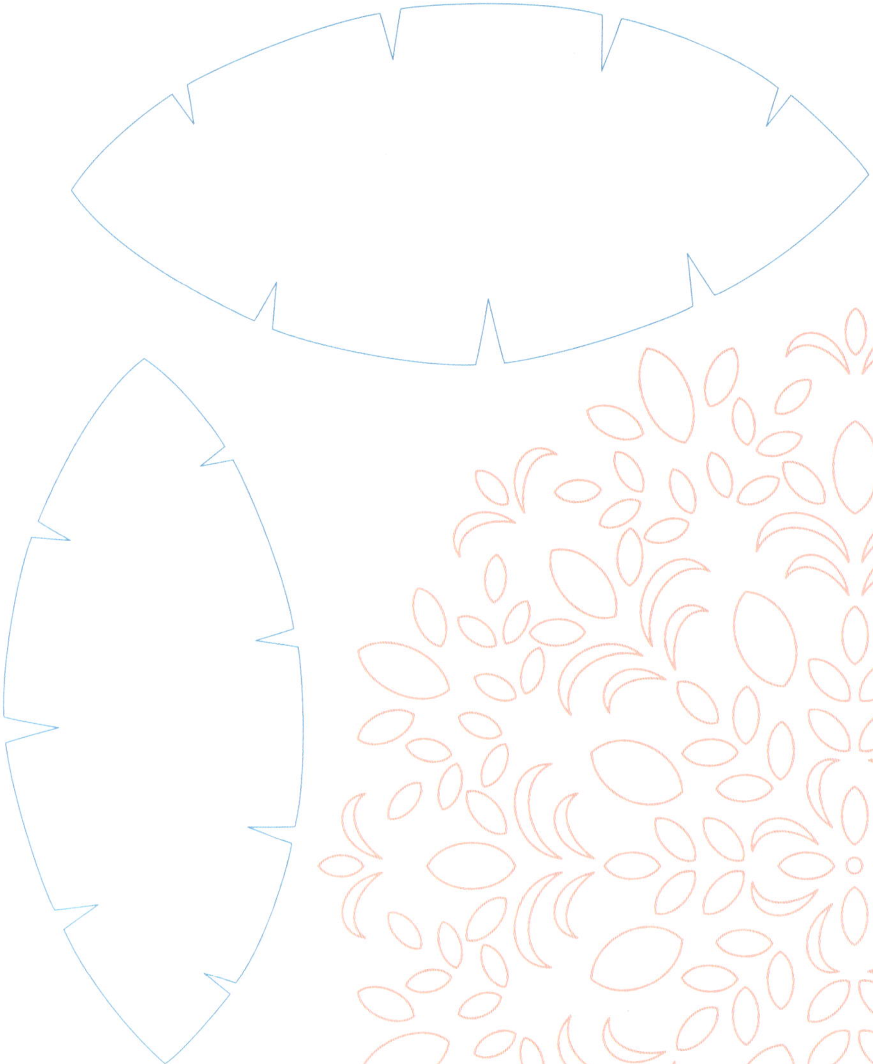

● MANDALA PAPER CUTTING

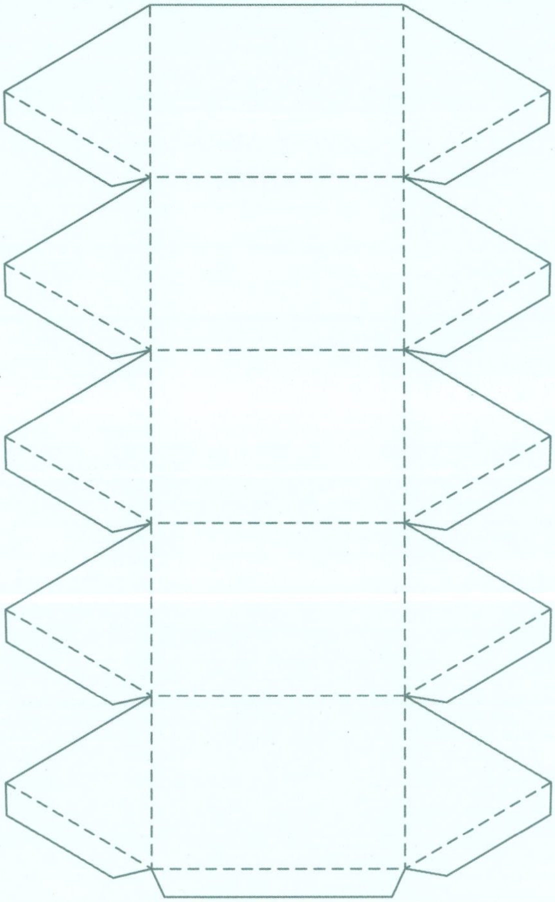

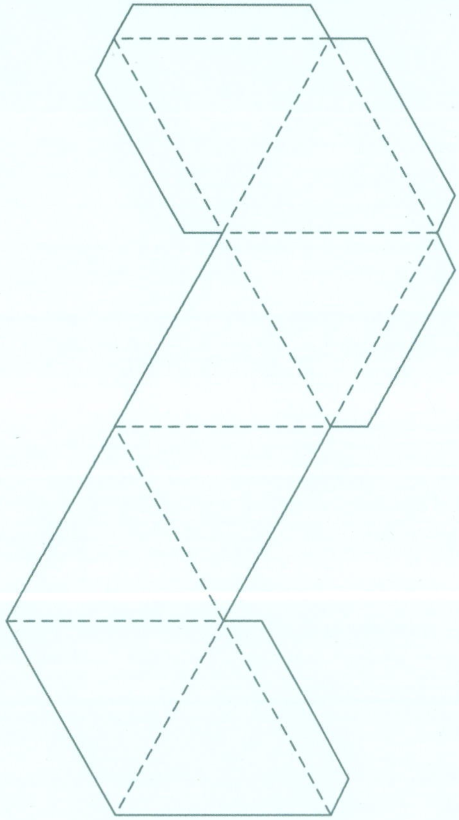

● GIRLANDE MIT GEOMETRISCHEN KÖRPERN

Die Vorlage nach Belieben vergrößern

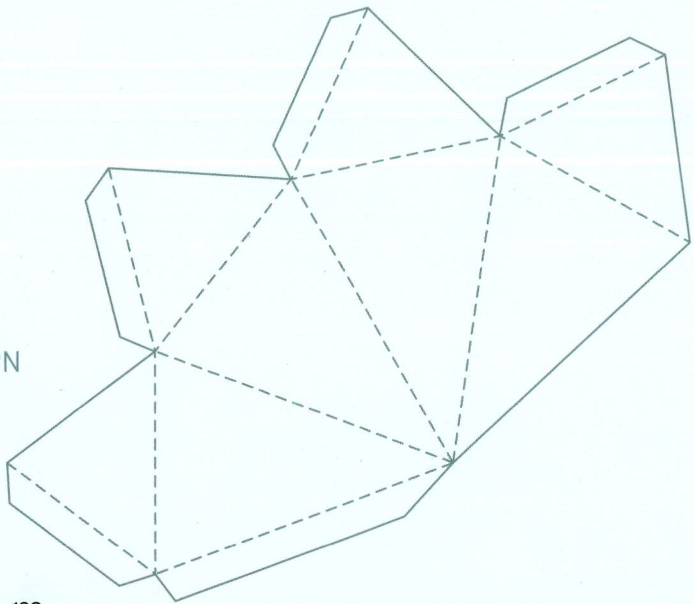

● LICHTERHÄUSCHEN

Die Vorlage nach Belieben vergrößern

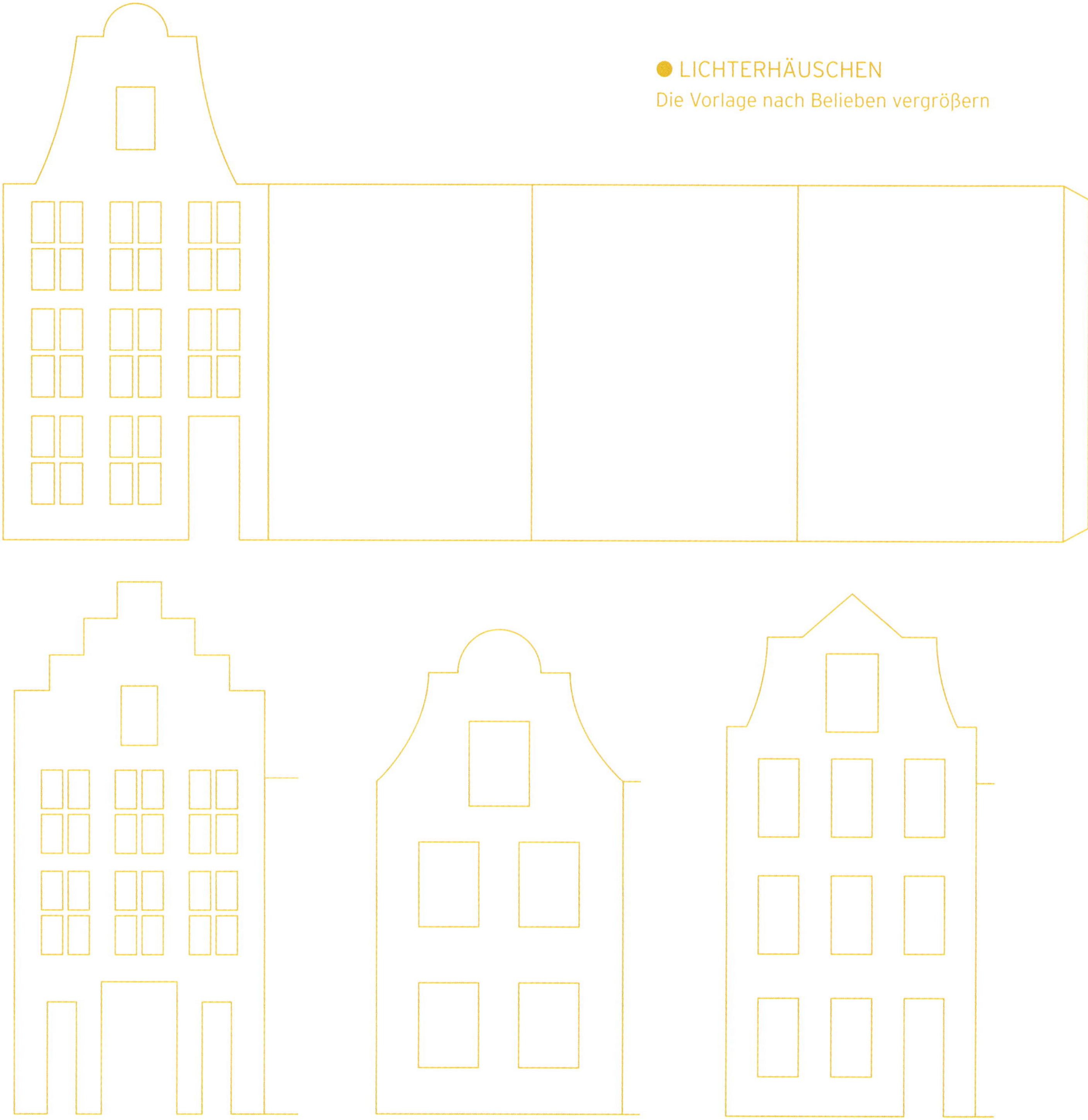

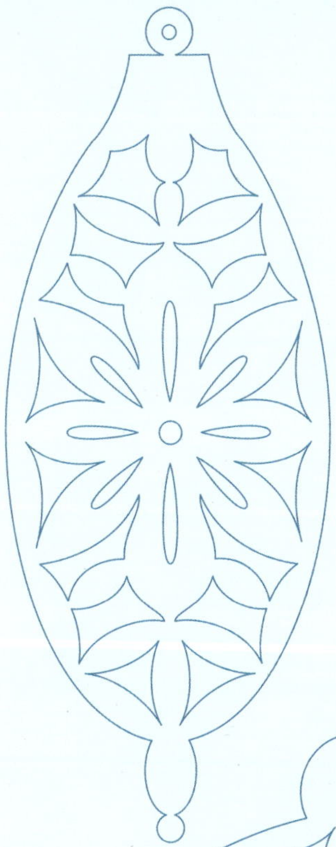
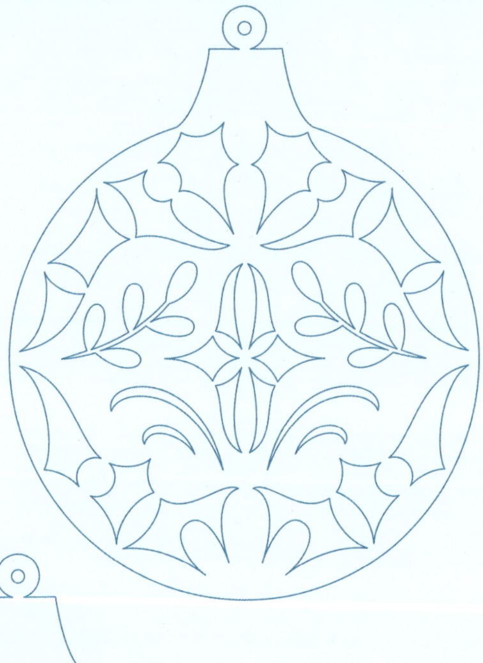
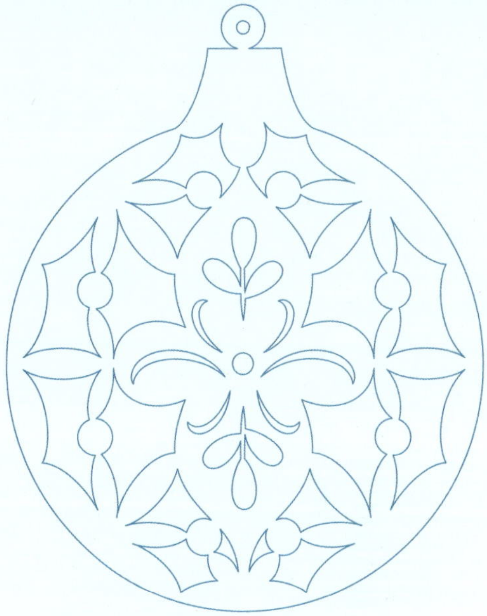

CHRISTBAUMSCHMUCK

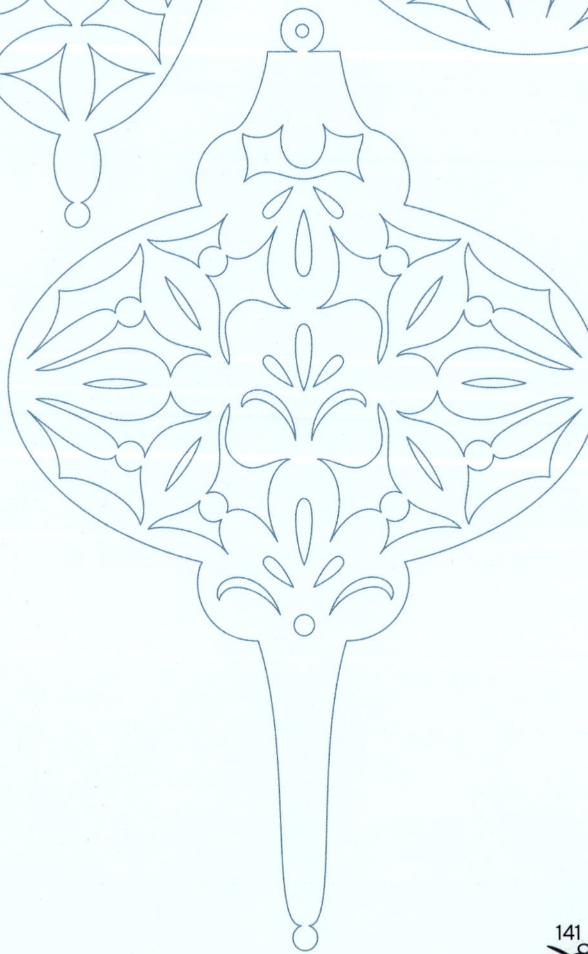
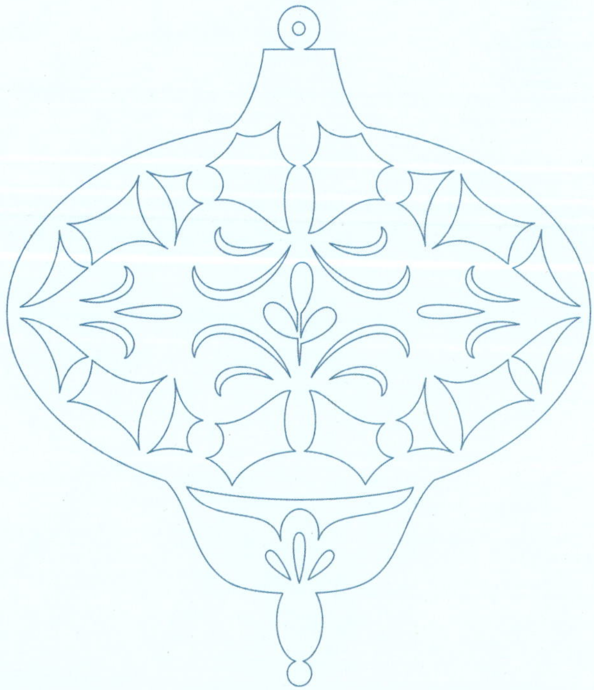

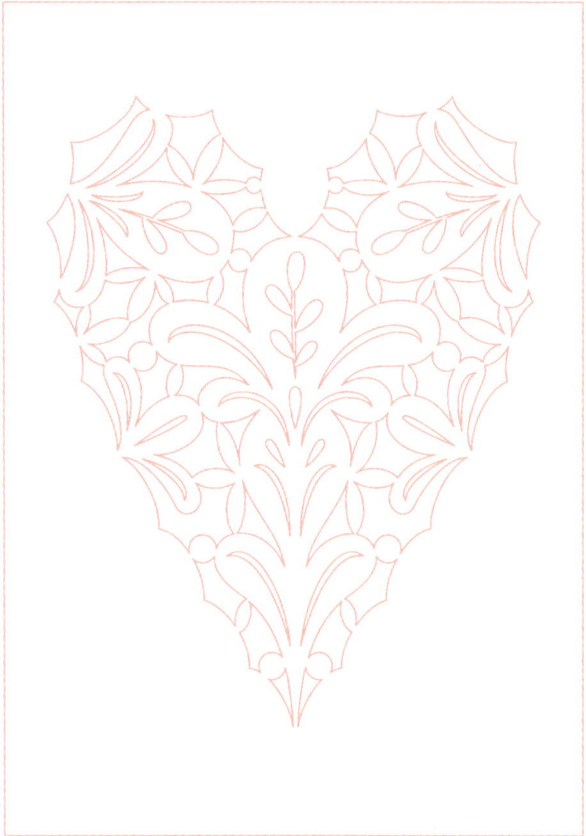

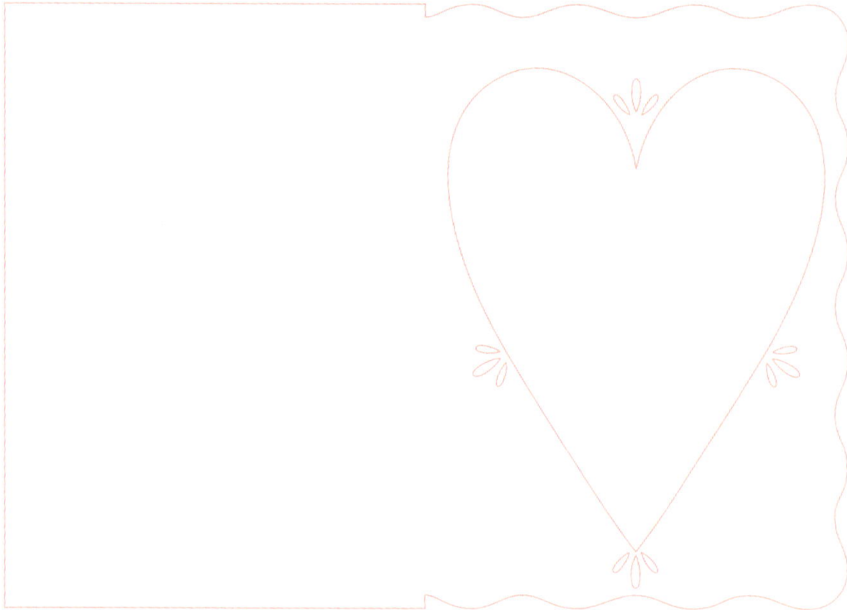

● KARTE ZUM VALENTINSTAG

Die Vorlage nach Belieben vergrößern

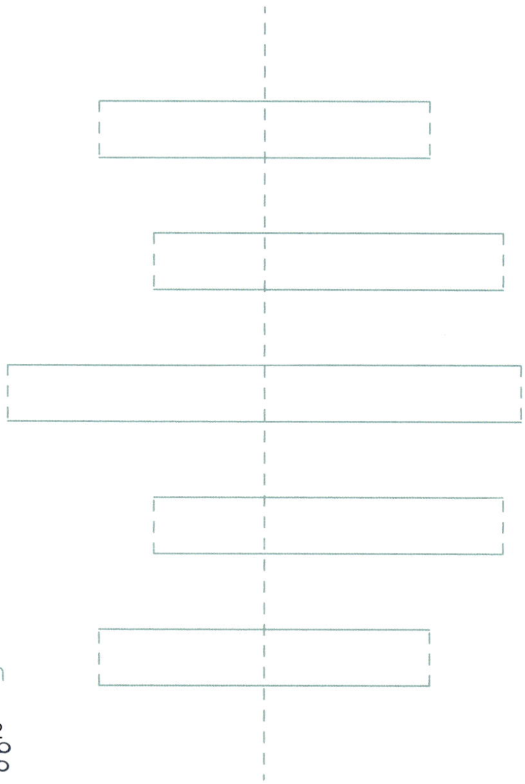

● POP-UP-KARTE

Die Vorlage nach Belieben vergrößern

SCHACHTEL IN HERZFORM

Die Vorlage nach Belieben vergrößern

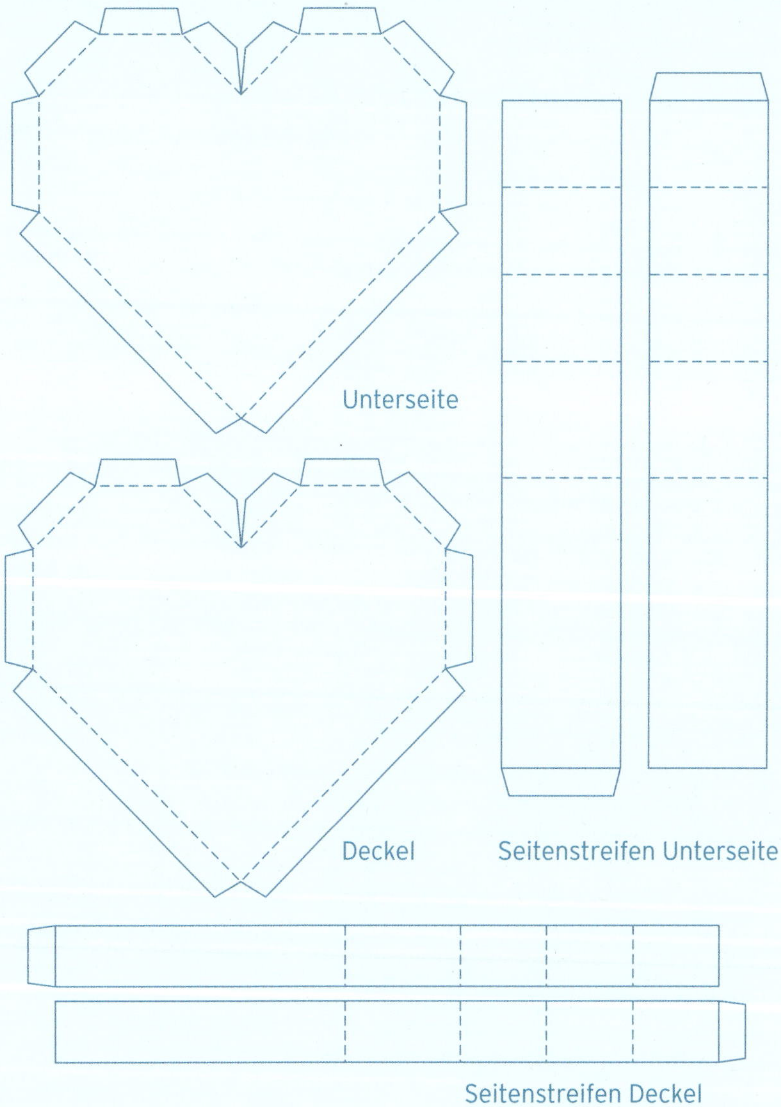

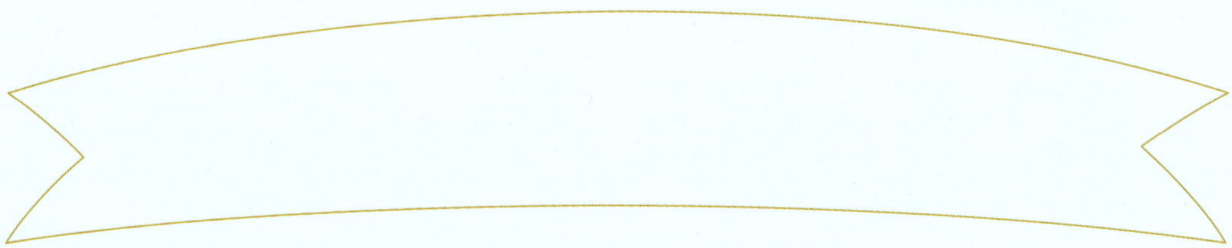

CAKE TOPPER

Die Vorlage nach Belieben vergrößern

Dieses Buch ist dem Kind in mir gewidmet, das wieder zum Leben erweckt wurde und das hoffentlich auch in Ihnen lebt.

Impressum

Originalausgabe ist erstmals erschienen unter dem Titel „Papercrafts" bei: © Il Castello S.r.l., Milano 73/75 12 – 20010 Cornaredo (Milano), Italia

Für die deutsche Ausgabe:
Produktmanagement: Xenia Kuczera
Übersetzung: Dr. Katrin Korch, www.literatur-und-mehr.de
Lektorat: Uta Koßmagk
Satz: Martin Jablonka
Umschlaggestaltung: Andreas Kersten
Herstellung: Bettina Schippel, Kathleen Baumann
Printed in Slovenia by Florjancic

★★★★★

Sind Sie mit diesem Titel zufrieden? Dann würden wir uns über Ihre Weiterempfehlung freuen. Erzählen Sie es im Freundeskreis, berichten Sie Ihrem Buchhändler oder bewerten Sie beim Onlinekauf. Und wenn Sie Kritik, Korrekturen oder Aktualisierungen haben, freuen wir uns über Ihre Nachricht an Christophorus Verlag, Postfach 40 02 09, D-80702 München oder per E-Mail an lektorat@verlagshaus.de.

Unser komplettes Programm finden Sie unter

www.christophorus-verlag.de

In diesem Buch wird aus Gründen der besseren Lesbarkeit das generische Maskulinum verwendet. Weibliche und anderweitige Geschlechteridentitäten werden dabei ausdrücklich mitgemeint, soweit es für die Aussage erforderlich ist.

Die Deutsche Nationalbibliothek verzeichnet diese Publikation in der Deutschen Nationalbibliografie; detaillierte bibliografische Daten sind im Internet über http://dnb.de abrufbar.

ISBN 978-3-8388-3803-8

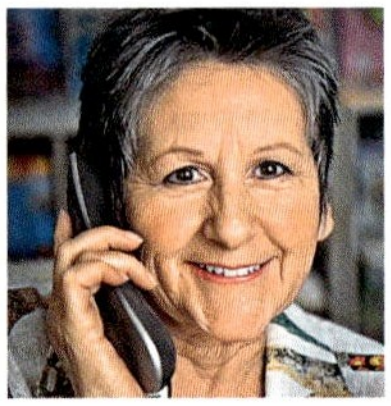

Kreativ-Service

Sie haben Fragen zu den Büchern und Materialien? Frau Erika Noll ist für Sie da und berät Sie rund um alle Kreativthemen. Rufen Sie an! Wir interessieren uns auch für Ihre eigenen Ideen und Anregungen. Sie erreichen Frau Noll per E-Mail: **kreativ-service@c-verlag.de** oder Tel.: **+49 (89) - 1306 99-577.**

Besuchen Sie uns im Internet: www.christophorus-verlag.de und www.selbstgemacht.de